ÉRIC LAURENT

Éric Laurent est grand reporter et spécialiste de politique internationale. Enquêtant sur les intérêts secrets et le jeu caché des hommes de pouvoir, il est l'auteur de nombreux romans et documents à succès, notamment *Un espion en exil* ; *Karl Marx Avenue* ; *Hassan II, la mémoire d'un roi* ; *La guerre du Kosovo* ; *Le grand mensonge*.
En 1990, le livre qu'il a coécrit avec Pierre Salinger, *La guerre du Golfe*, s'est vendu à près de 200 000 exemplaires. En 1994, avec Marek Halter, il publie *Les fous de la paix*. En 2003, dans *La guerre des Bush*, traduite en 19 langues et vendue à plus de 160 000 exemplaires, il dévoile les stratégies inavouées de la guerre en Irak : intérêts financiers, poids des secrets familiaux, obsessions dangereuses… Il poursuit son enquête sur le président des États-Unis dans *Le monde secret de Bush*. Ces deux livres ont fait l'objet d'une adaptation télévisuelle, *Le monde selon Bush*, que plus de 3 millions de téléspectateurs ont vue sur France 2, et le film, diffusé en salle, a rencontré une large audience.
L'année suivante paraît *La face cachée du 11 septembre*, fruit de ses recherches mais aussi de ses réflexions sur le terrorisme d'aujourd'hui, également traduit dans de nombreux pays. Son dernier livre, *La face cachée du pétrole*, a paru chez Plon en 2006.

LA FACE CACHÉE DU PÉTROLE

DU MÊME AUTEUR
CHEZ POCKET

LA GUERRE DES BUSH
LE MONDE SECRET DE BUSH
LA FACE CACHÉE DU 11 SEPTEMBRE

ÉRIC LAURENT

LA FACE CACHÉE DU PÉTROLE

Postface inédite de l'auteur

PLON

ISBN : 978-2-266-16909-7

La différence entre un optimiste et un pessimiste tient au fait que le pessimiste est habituellement mieux informé.

Claire BOOTH LUCE

Remerciements

Je tiens à remercier Jacques Gravereau, Charles Urjewicz, Fabienne Le Bihan, Xiaoya Li, Nicolas Sarkis, Anton Brender, Christian Paris et Clara qui a su, comme toujours, déchiffrer avec discernement mon écriture malaisée.

Avant-propos

Le 31 janvier 2006, alors que le baril de brut atteignait 68,25 dollars, son cours ayant progressé de plus de 12 % depuis le début de l'année, les onze ministres de l'OPEP[1] réunis à Vienne publièrent un communiqué lapidaire. Ils avaient décidé de maintenir leur production à son niveau actuel en dépit de l'explosion de la demande. L'explication fournie pour justifier le maintien du *statu quo* semblait tout à fait plausible : les prix élevés du pétrole leur garantissaient des bénéfices records.

En fait, la vérité était à l'opposé : si les membres de l'OPEP conservent le même niveau de production, c'est parce qu'ils sont désormais incapables d'augmenter leurs approvisionnements, leurs réserves, largement surévaluées, déclinant rapidement ; y compris

1. Organisation des pays exportateurs de pétrole regroupant l'Iran, l'Irak, l'Arabie Saoudite, le Koweït, le Venezuela, le Qatar, le Gabon, le Nigeria, les Émirats arabes unis, l'Équateur, l'Indonésie, la Libye, l'Algérie ; l'Équateur et le Gabon se sont retirés de l'organisation respectivement en 1992 et 1994.

celles de l'Arabie Saoudite, premier pays producteur de la planète.

Une réalité soigneusement dissimulée. Pays producteurs, compagnies pétrolières et gouvernements des États consommateurs, du moins ceux qui sont informés, s'efforcent de cacher à tout prix cette vérité en raison de l'onde de choc qu'elle déclencherait et de ses effets sur les économies et les opinions.

Ce déclin caché de l'OPEP touche également de nombreux autres pays pétroliers. Au pire moment : ce tarissement de réserves disponibles coïncide avec un accroissement sans précédent de la consommation. Sans qu'il existe le moindre recours.

Nous vivons désormais le dernier acte d'une pièce « pleine de bruit et de fureur ». Elle a débuté il y a près d'un siècle et s'est toujours jouée à huis clos.

L'univers du pétrole est dominé depuis toujours par l'opacité et la désinformation. Cette matière première, nous l'avons trop oublié, a toujours été un enjeu de pouvoir : en raison de son rôle stratégique, des faibles coûts d'extraction et des bénéfices exceptionnels qu'elle génère.

Le pétrole a assuré une croissance sans précédent et façonné notre prospérité ; pourtant les consommateurs, citoyens par ailleurs, n'ont jamais eu accès à la plus petite parcelle d'information et de vérité.

Ce livre, qui est le fruit de plus de trente années d'expérience et de rencontres, s'efforce de lever le voile sur un certain nombre de secrets soigneusement soustraits à la connaissance du public. J'ai compris très tôt, au début des années 70, combien le pétrole avait été au cœur même des grands conflits du XXe siècle.

En 1972 puis en 1974, deux rencontres, que je mentionne dans ce livre, l'une avec un dirigeant nazi, l'autre avec un ancien Premier ministre britannique qui fut le bras droit de Churchill, m'ont éclairé sur le rôle décisif du pétrole au cours de la Seconde Guerre mondiale.

Entre-temps, je découvrais, à l'occasion du premier choc pétrolier en 1973, un Occident incrédule et apeuré qui semblait vaciller et redoutait d'être dépossédé de son pouvoir... et de ses privilèges. Les pays producteurs apparaissaient comme les vainqueurs. Une illusion aussi brève et infondée que la peur éprouvée par l'Occident. Le premier livre que j'ai publié, en 1975 [1], fut le résultat d'entretiens avec un des artisans des nationalisations pétrolières en Irak, en Libye et en Algérie.

Pendant les années qui ont suivi, j'ai assisté aux réunions de l'OPEP, noué des contacts et rencontré les principaux acteurs de ce « grand jeu » : présidents de compagnies, spéculateurs, chefs d'État comme Kadhafi, Saddam Hussein, le shah d'Iran puis celui qui allait provoquer sa chute et le second choc pétrolier, l'imam Khomeyni, alors en exil dans un petit pavillon à Neauphle-le-Château.

1. Nicolas Sarkis, *Le Pétrole à l'heure arabe, entretiens avec Éric Laurent,* Stock, 1975.

Un de mes interlocuteurs m'a un jour déclaré en boutade : « L'univers du pétrole est exactement de la même couleur que le liquide tant convoité : noir, exacerbant les penchants les plus sombres de la nature humaine. Il suscite les convoitises, attise les passions, provoque trahisons et affrontements meurtriers, conduit aux manipulations les plus éhontées. » J'ai pu vérifier avec le temps que ces propos étaient tout à fait fondés.

Alors que nous devons nous préparer non pas à un pétrole cher mais au manque de pétrole, je reste fasciné par la permanence de ces comportements.

Au début du siècle l'Iran et l'Irak, avant de devenir des États souverains, n'étaient que de gigantesques concessions pétrolières fournissant des bénéfices « exceptionnels », c'est le mot d'un actionnaire de l'époque, aux consortiums qui les exploitaient. Ce qui s'est passé en Irak en 2003, avec l'intervention militaire américaine puis la prise de contrôle des champs pétroliers du pays, relève de la même logique.

Dès leur entrée en fonctions, Bush et Cheney, une des révélations de cette enquête, se sont occupés davantage de la sécurité énergétique des États-Unis et des opportunités qu'offrait l'Irak que de la menace terroriste et du danger que pouvait représenter Al-Qaida.

Février 2006

1

Le monde n'aime pas affronter la réalité

J'ai découvert que le monde n'aime pas affronter la réalité à l'occasion du premier choc pétrolier de 1973. En quelques jours, tout semble basculer. Le 14 octobre marque l'échec, à Vienne, des négociations entre pays membres de l'OPEP (Organisation des pays exportateurs de pétrole) et compagnies pétrolières. Le 16 octobre, six États du Golfe, l'Arabie Saoudite, l'Iran, l'Irak, Abu Dhabi, le Qatar et le Koweït décident unilatéralement d'augmenter le prix « posté [1] » du brut, le faisant passer de 2 à 3,65 dollars le baril.

Avec le recul, cette augmentation apparaît dérisoire, mais quand la décision est prise, au cours d'une réunion à Koweït City, le ministre saoudien du Pétrole, Sheikh Yamani, déclare à ses collègues : « C'est un moment que j'attendais depuis longtemps [2]. »

1. Prix théorique servant de base au calcul des redevances et des recettes fiscales des pays exportateurs.

2. Daniel Yergin, *The Prize*, Simon and Schuster, New York, 1993, p. 606.

Dix jours auparavant, en plein déroulement de la fête juive du Yom Kippour, les armées égyptienne et syrienne ont attaqué l'État hébreu, déclenchant la quatrième guerre israélo-arabe.

Le 17 octobre, alors que les combats continuent de faire rage, les ministres du Pétrole des pays arabes membres de l'OPEP décident d'instaurer un embargo et optent pour une réduction de 5 % de la production. Le communiqué final, rédigé seulement en arabe, précise que « ce pourcentage [de 5 %] sera appliqué tous les mois, à partir des quantités du mois précédent, jusqu'à complète évacuation par les Israéliens des territoires arabes occupés en juin 1967 et reconnaissance des droits légitimes du peuple palestinien ».

Étrange ironie de l'Histoire, les deux événements se télescopent alors même qu'il n'existe, malgré les apparences, aucun lien direct entre eux. La hausse unilatérale des prix découle de longues et difficiles négociations entre pays producteurs et grandes compagnies pétrolières, tandis que l'embargo a été décrété, selon les mots du secrétaire général de l'OPAEP[1], « uniquement pour alerter l'opinion publique des peuples occidentaux sur le problème d'Israël[2] ». Il n'a donc rien à voir avec la volonté d'augmenter le prix du pétrole. Mais il va se révéler le plus sûr moyen de pousser les prix vers des niveaux encore plus élevés.

Le 19 octobre, l'embargo devient effectif. L'Arabie Saoudite, premier pays exportateur mondial, annonce une réduction de 10 % de sa production et la cessation

1. Organisation des pays arabes exportateurs de pétrole, regroupant les huit pays arabes membres de l'OPEP.

2. Entretien avec Antony Sampson, février 1975 ; *The Seven Sisters*, Hodder and Stonghton, Londres, 1975.

de toute livraison aux États-Unis et à la Hollande, pour leur soutien appuyé à Israël. Le choix des Pays-Bas tient probablement aussi au fait que le port de Rotterdam reçoit une grande partie des chargements de pétrole en provenance du Moyen-Orient. Les tankers qui n'accostent plus dans le port hollandais permettent d'augmenter la pression sur l'Europe[1].

Il n'y eut jamais de pénurie

Pendant des décennies, le pétrole, abondant et bon marché, a servi à l'Occident d'euphorisant et d'anesthésiant. Il nous a rendus prospères mais aussi arrogants et aveugles. À l'issue de la Première Guerre mondiale, il existait en tout et pour tout 2 millions de voitures et de camions à travers le monde. Au milieu des années 1950, le nombre de véhicules est passé à 100 millions, pour atteindre, au moment de l'embargo, plus de 300 millions de voitures et camions, dont 200 millions pour les seuls États-Unis. En quelques jours, des pays producteurs de pétrole, auxquels jusqu'ici personne ne semblait s'intéresser, prennent en otage l'économie mondiale et la font vaciller. C'est du moins le souvenir durable que nous en avons gardé. Un souvenir totalement erroné, en grande partie fabriqué.

Le choc pétrolier de 1973 et ses conséquences relèvent pour une bonne part d'une imposture gigantesque, efficacement orchestrée. Il suffit d'examiner les faits un à un.

1. Louis Turner, « The Politics of the Energy Crisis », *International Affairs*, 1974, p. 404-415.

Le 19 octobre, au moment même où le royaume saoudien et ses homologues arabes décident de l'entrée en vigueur de l'embargo, le président Richard Nixon annonce publiquement l'octroi d'une aide militaire d'un montant de 2,2 milliards de dollars à destination d'Israël[1]. Dès le 8 octobre, deux jours après le déclenchement du conflit, le chef de l'État américain avait autorisé des avions d'El Al dépourvus d'immatriculation à se poser aux États-Unis pour approvisionner l'État hébreu en fournitures militaires.

Un soutien aussi appuyé à Jérusalem, alors que sur le terrain Tsahal a repris l'offensive et qu'un cessez-le-feu n'est toujours pas signé, aurait dû provoquer la fureur des pays producteurs et les inciter à durcir encore leurs positions. Il n'en est rien et l'embargo s'achève au bout de trois mois comme il s'est déroulé : dans la plus grande confusion, sans que l'on sache exactement combien de temps il a duré, la rigueur avec laquelle il a été appliqué et pourquoi il y a été mis fin. Les pays producteurs n'ont pas obtenu le moindre gain politique[2].

Jeune journaliste, je suis fasciné par l'événement. Durant cette période, je voyage fréquemment dans les pays producteurs et aux États-Unis. Plusieurs faits, que les médias, curieusement, ne soulignent pas, m'ont frappé. L'Arabie Saoudite, qui aurait dû être à la pointe du combat, s'est montrée la plus mesurée. Le

1. Henry Kissinger, *Years of Upheaval*, Little Brown, Boston, 1982.

2. A.F. Alhajji, *The Failure of the Oil Weapon : Consumer Nationalism vs Producer Symbolism*, College of Business Administration, Ohio Northern University.

roi Fayçal, alors sur le trône, a toujours écarté l'usage du pétrole comme arme politique et ne s'est rallié à cette décision qu'avec réticence, pour ne pas se retrouver isolé. En septembre 1973, un mois avant le déclenchement de la crise, il déclare qu'« un simple désaveu par les États-Unis de la politique et de l'action israéliennes aurait une portée considérable et permettrait de désamorcer l'arme du pétrole[1] ». Des propos qui ne rencontrent aucun écho à Washington, où personne, à la Maison-Blanche, au Pentagone ou au Département d'État, ne prend au sérieux une telle demande. Selon Sheikh Yamani, le ministre saoudien du Pétrole, Henry Kissinger minimisait auprès de Nixon les menaces proférées par Fayçal. Peut-être d'ailleurs avait-il raison.

Plusieurs opérateurs pétroliers m'ont en effet confié que les Saoudiens n'ont jamais appliqué à la lettre l'embargo, utilisant les services d'opérateurs indépendants et de spéculateurs pour le contourner et vendre aux pays théoriquement « boycottés ».

La vérité est bien éloignée de la légende : en 1973, il n'y a jamais eu de véritable pénurie de pétrole.

Je suis par contre frappé par le climat d'hystérie qui règne dans les pays consommateurs. Pendant des décennies, le prix du baril a, agréablement pour nous, stagné à 1 ou 2 dollars[2]. Pour la première fois de son

1. Congrès des États-Unis, *Multinational Hearings, 1974*, section 7, Washington.

2. Durant la période 1955-1970, le dollar américain a connu une dépréciation de 34,7 % qui a augmenté après 1971, passant d'une moyenne annuelle de 4,4 % en 1971, à 3,2 % en 1972, 4,7 % en 1973 et 9,3 % en 1974. Ce qui allégeait d'autant la facture pétrolière et réduisait les revenus des pays exportateurs. Nicolas Sarkis, *op. cit.*

histoire, le monde riche a atteint un niveau de bien-être et de développement économique sans précédent, grâce à une matière première achetée à un prix quasi symbolique. Ce constat rend les mouvements de panique encore plus indécents.

Aux États-Unis, sur la côte Est comme à Los Angeles, je vois les files de voitures s'allonger à proximité des stations-service en activité, les conducteurs maintenant les moteurs allumés et l'air conditionné branché, brûlant plus d'essence qu'ils ne pourront en acheter. Le consommateur américain vit désormais dans l'angoisse du « réservoir vide » et ne pense qu'à faire le plein, alors que jusqu'alors il circulait avec une jauge proche de zéro. Les stockages de précaution se multiplient et les États-Unis, comme l'Europe, confrontés cette année-là à un hiver glacial, déclenchent une forte augmentation de la demande mondiale en pétrole. Il existe pourtant une large capacité excédentaire mais, face à l'ampleur de cette demande, elle disparaît rapidement, provoquant une importante tension sur les prix.

Les consommateurs, angoissés par cette pénurie redoutée et des prix qui atteignent le « sommet vertigineux » de 5 dollars le baril, attendent avec impatience le retour aux niveaux raisonnables d'avant.

Une vérité soigneusement cachée

La crise de 1973 vient de sonner le glas du pétrole bradé et de la toute-puissance des compagnies pétrolières, qui contrôlaient 80 % des exportations mondiales. Au plus fort de l'embargo, les « sept sœurs » – Exxon, Shell, Texaco, Mobil, BP, Chevron et Gulf –

publient des bénéfices records. Ceux d'Exxon, par exemple, sont en hausse de 80 % par rapport à l'année précédente. Ces gains proviennent de la plus-value considérable réalisée sur les stocks détenus par ces compagnies.

Les consommateurs soupçonnent ces firmes d'avoir partie liée avec les pays producteurs. Après des décennies de règne sans partage, les grandes sociétés pétrolières voient une grande partie du pouvoir leur échapper au profit de pays producteurs qu'elles ont pendant longtemps méprisés. Mais le soupçon des consommateurs n'est pas dénué de fondement. En coulisse, dans le plus grand secret, producteurs et *majors* du pétrole ont noué la plus improbable des alliances ; une vérité soigneusement cachée encore aujourd'hui et que nous révélons dans les chapitres suivants. Sans cet accord, le « choc » pétrolier n'aurait jamais eu lieu.

Phénomène identique pour les prix. À la fin de l'année 1973, le coût du baril est passé de 5,20 à 11,65 dollars en deux mois. Mais, contrairement à ce qui a toujours été affirmé, ce n'est pas le bref embargo décrété par les producteurs qui a conduit au quadruplement des prix, même si désormais, la leçon retenue, les prix élevés agiront sur eux comme un aimant.

Le climat d'hystérie, la peur de manquer qui règnent dans les pays industrialisés provoquent la flambée des cours. Les consommateurs, en se comportant au fond comme des enfants gâtés et égoïstes, refusant d'affronter la réalité, contribuent à amplifier la crise [1].

1. Jerry Taylor et Peter Van Doren, « An Oil Embargo Won't Work », *The Wall Street Journal*, 10 avril 2002.

Une situation fascinante à observer : une opinion qui rejette la plus petite contrainte imposée à son mode de vie et de consommation ; des responsables politiques atones, incapables de réagir efficacement et d'anticiper l'avenir. Pour éviter de devenir impopulaires en imposant une réduction de la consommation, ils décident de réduire la vitesse sur les routes – le seul résultat sera la réduction de 23 % du nombre de victimes d'accidents – et d'amplifier les consignes pour lutter contre le gaspillage d'énergie sur les lieux de travail. Une illustration parfaite de la formule cynique du pilier de la IVe République Henri Queuille : « Il n'y a pas de problème, si complexe soit-il, qui ne puisse être résolu par une absence de décision politique. »

L'« Américain immergé dans le pétrole »

Deux auteurs anglais, Davenport et Cooke, formulent dès 1923 une observation d'une grande justesse : « En une certaine mesure, l'Américain ne vit-il pas immergé dans le pétrole ? En tout cas, il ne peut faire un mouvement sans lui. Un Américain sur dix possède une voiture et le reste économise pour en acheter une [1]. »

Cinquante ans plus tard, les États-Unis constituent le lieu idéal pour observer la crise. À New York, de ma chambre d'hôtel qui donne sur Central Park, je contemple un immense gouffre noir à la place des gratte-ciel scintillants de lumière qui illuminaient

1. E.H. Davenport et S. R. Cooke, *The Oil Trusts and Anglo-American Relations*, Macmillan, New York, p. 68.

Manhattan. Pour la première fois depuis la fin de la Seconde Guerre mondiale, l'Amérique affronte des pénuries. L'état d'urgence décrété le 27 novembre par Richard Nixon, prévoyant un contrôle des prix, de la production et de la répartition du pétrole, provoque l'effet inverse et aggrave le chaos. À Detroit, la grande ville industrielle du Nord où sont installés les sièges et les usines des trois géants de l'automobile, General Motors, Ford et Chrysler, l'ambiance est totalement lugubre. L'autoroute conduisant de l'aéroport de Detroit au centre-ville n'est pas éclairée et seul un énorme panneau lumineux placé sur la droite troue la nuit, indiquant le nombre exact de véhicules sortis ce jour-là des chaînes de montage. Les ventes sont naturellement en chute libre.

Pendant des décennies, General Motors, première entreprise mondiale avec plus de 800 000 salariés à travers le monde, a symbolisé la toute-puissance de l'entreprise multinationale, traversant sans préjudice les crises et les guerres. Pourtant, en cet hiver 1973, la crise paraît profonde et durable au sein de l'état-major de General Motors, installé dans l'immense gratte-ciel massif et sombre construit au cœur de la ville.

Ce géant, comme ses rivaux Ford et Chrysler, incarne plus qu'une industrie ; ces firmes sont le symbole du mode de vie américain et d'une croissance jusqu'ici triomphante. Mais ce sont en réalité des industries déjà en déclin. Depuis 1948, année où fut inventé le changement de vitesse automatique, pas la moindre innovation, si ce n'est dans l'épaisseur des pare-chocs ou la couleur des chromes. Un responsable de General Motors me confie que la différence de coût à la fabrication entre une Chevrolet et une Cadillac n'excède pas 500 dollars. À l'achat, près de 10 000 dollars séparent les prix des deux modèles. Une rente de situation qui, comme tous les privilèges, fige l'audace, perpétue les conservatismes. Le choc de 1973 semble annoncer la disparition des modèles de voitures aux lignes imposantes et à la consommation exigeante. Bref, la fin d'un monde, mais pas la fin du monde. Loin de là. Le chemin de croix de l'automobiliste américain se résume à payer, en juin 1974, 55,1 cents un gallon d'essence[1] pour lequel il devait dépenser 38,5 cents un an plus tôt. Les Américains ne représentent que 6 % de la population mondiale mais consomment 33 % de toute l'énergie produite à travers le monde.

L'OPEP, un coupable tout trouvé

Lorsque Richard Nixon apparaît à la télévision, le 27 novembre 1973, épuisé, butant sur les mots, son allocution marque les esprits : « Les États-Unis, lit-il, vont avoir à affronter les restrictions d'énergie les plus sévères qu'ils aient jamais connues, même pendant la Seconde Guerre mondiale. » Ces propos impressionnent et très vite l'ensemble des responsables désigne le coupable tout trouvé : l'OPEP, et notamment ses membres arabes.

Prenant la parole au Sénat, le sénateur Fullbright, président de la commission des Affaires étrangères, un des esprits les plus indépendants du Congrès, déclare : « Les producteurs arabes de pétrole n'ont que des forces militaires insignifiantes dans le monde d'au-

1. Le gallon utilisé en Grande-Bretagne équivaut à 4,546 litres. Aux États-Unis, il correspond à 3,785 litres.

jourd'hui. Ils sont comme de faibles gazelles dans une jungle de grands fauves. Nous devons, comme amis, le leur rappeler. Ils prendraient pour eux-mêmes des risques terribles s'ils en venaient à menacer vraiment l'équilibre économique et social des grandes puissances industrielles, la nôtre en particulier[1]. »

L'avertissement est clair, mais les pays producteurs n'ont jamais songé à s'engager dans une épreuve de force avec l'Occident. Ils n'en ont ni la volonté ni les moyens. Pourtant, une campagne extrêmement efficace va souligner les dangers que ces pays en développement font peser sur notre indépendance et notre prospérité. Dans la presse, l'OPEP devient brusquement un « cartel » dictant sa loi et aucun connaisseur du dossier ne prend la peine de rappeler qu'entre 1960, date de sa création, et 1971, date de la signature des accords de Téhéran, l'OPEP n'a jamais été en mesure d'arracher une seule hausse des prix du pétrole, même de quelques centimes. Pis, durant cette crise, le prix du pétrole, en valeur absolue, n'a cessé de baisser.

On évoque ensuite sa richesse nouvelle, les pétrodollars qui lui confèrent une puissance vertigineuse. En 1974, les pays de l'OPEP ont engrangé 140 milliards de dollars, dont 60 milliards pour les seuls membres arabes de l'organisation. Je me souviens d'un long article publié par l'hebdomadaire britannique *The Economist* qui expliquait combien de minutes, d'heures, de jours de « surplus OPEP » seraient nécessaires pour acquérir tel ou tel pan de

1. Walter Fullbright, *The Arrogance of Power*, Random House, New York 1967. Intervention au Sénat des États-Unis, novembre 1973.

l'économie mondiale. *L'Express*, peu après, soulignait qu'il suffirait de 15,6 années de « surplus OPEP » pour acheter la totalité des sociétés cotées en Bourse à travers le monde, 3,2 années pour acheter tout l'or des Banques centrales au prix de 850 dollars l'once, de 10 jours pour acheter l'ensemble des Champs-Élysées, de 8 minutes seulement pour acheter la Société de la tour Eiffel [1].

Là encore, la réalité tient peu de place. Personne ne s'attache à une autre interprétation des chiffres, qui relativise, elle, la puissance financière de l'OPEP. Ce montant, en apparence impressionnant, de 60 milliards de dollars équivaut à 14 % du revenu national du Japon, à seulement 18 % de la trésorerie des firmes multinationales, évaluée à plus de 300 milliards de dollars au début de l'année 1974, à 4,3 % du revenu national des États-Unis ou, dernier exemple, à près des deux tiers des exportations de l'Allemagne fédérale.

Ce vertige ne touche pas seulement les esprits occidentaux. Je me souviens d'une discussion, au début de l'année 1974, à Alger, avec Belaïd Abdessalam, le ministre du Pétrole. Pur produit du parti unique, cet homme massif et doctrinaire défend l'industrialisation à outrance de son pays, grâce aux revenus pétroliers qui vont, m'explique-t-il, permettre un rééquilibrage planétaire. Certains responsables de pays en développement commencent à ébaucher l'idée d'un nouvel ordre économique mondial qui, selon Abdessalam, contraindra l'Occident à accepter le transfert de 25 % de son potentiel industriel vers le tiers-monde, pour éviter d'être à nouveau frappé par l'arme du pétrole. Il

1. Nicolas Sarkis, *op. cit.*

s'agit non seulement d'un projet irréaliste, mais d'une vision déjà dépassée. Je lui demande si le développement de l'agriculture ne serait pas un choix plus judicieux ; il me réplique sèchement : « Le pétrole permettra d'assurer toutes les importations alimentaires [1]. »

Son collègue iranien, Amouzegar, analyse de manière plus fine et réaliste l'état des rapports de force en confiant : « Comme tout est fragile. » Ô combien. Quatre ans plus tard, en 1978, le monde, étonné, découvre que les surplus financiers de l'OPEP ont fondu comme neige au soleil sous les effets conjugués de l'inflation, de la chute du dollar et des prix des produits industriels et alimentaires importés à 90 % par la majorité des États arabes membres de l'OPEP. Certains pays, comme l'Irak et justement l'Algérie, manquent même cruellement de capitaux et, suprême humiliation, doivent emprunter au prix fort sur les marchés internationaux. Entre-temps, la peur a disparu et le monde développé repris sa marche en avant. En renouant avec la croissance, il recommence à croire que celle-ci apporte des solutions à tous les problèmes économiques et sociaux, sans imaginer une seconde qu'elle puisse atteindre un terme ou se révéler elle-même source de problèmes.

La revanche du Shah

Une autre réalité surprenante bat en brèche toutes les idées reçues, mais à l'époque personne n'en tire la moindre conclusion pertinente. En 1969, alors que le

1. Entretien avec l'auteur, 1974.

baril valait 1 dollar, la consommation mondiale atteignait 45 millions de barils/jour. Entre 1969 et 1978, la demande globale passe de 45 à 65 millions de barils/jour, soit une augmentation de 44 % en pratiquement dix ans, bien que les prix du pétrole aient augmenté à quatorze reprises.

Contrairement aux verdicts répétés des experts, l'explosion des tarifs pétroliers ne freine pas la consommation, mais conduit peut-être, selon le banquier américain Matthew R. Simmons, les consommateurs à avoir enfin une idée plus précise de la valeur réelle des produits dérivés du pétrole qu'ils achètent [1]. Là encore, la réalité a été masquée... ou ignorée.

En 1975, le Shah devient le personnage clé du « grand jeu » pétrolier. Envié ou craint par ses pairs, courtisé par l'Occident, il savoure pleinement toute l'attention dont il est l'objet, et sa revanche sur le destin. Il croit avoir conjuré le passé, sans avoir perçu à quel point sa vie et sa trajectoire sont liées aux enjeux pétroliers.

Je l'ai rencontré à trois reprises pour des interviews. La première eut lieu en 1973, dans son palais de Téhéran à l'écart de la ville. Je découvre l'étiquette de la Cour, ce lieu des hommages les plus serviles adressés à un homme dont le père, analphabète commandant la garde cosaque, s'était emparé du pouvoir en 1921 avec la bénédiction des Anglais, puis du trône cinq ans plus tard. Désormais, il serait Rezah Shah, le Grand, roi des rois, ombre du Tout-Puissant, vicaire de Dieu et centre de l'univers ; et aussi fondateur de la dynastie Pahlavi, dont le seul et unique successeur sera son fils.

1. Matthew R. Simmons, *Twilight in the Desert*, John Wiley and Sons, New York, 2005.

Pour mieux comprendre la psychologie de ce dernier, il faut lire le commentaire pénétrant de Ryszard Kapuściński, à partir de l'examen d'une photo : « Quiconque scrute cette photo d'un père et de son fils, prise en 1926, comprendra bien des choses. Le père a quarante-huit ans et le fils sept. Le contraste entre eux est frappant à tous égards : debout, les mains sur les hanches, l'air maussade et péremptoire, le père est immense, fort, alors qu'à ses côtés le petit garçon au garde-à-vous, frêle, pâle, inquiet, soumis, lui arrive à peine à la taille. Ils portent le même uniforme avec la même casquette, les mêmes chaussures, la même ceinture et le même nombre de boutons : quatorze. Le père, qui veut que son fils – si fondamentalement différent – lui ressemble par le plus de détails possible, a conçu cette identité vestimentaire. Le fils perçoit cette volonté et, bien qu'il soit par nature faible et hésitant, il s'efforcera à tout prix de ressembler à ce père despotique et impitoyable. Dès lors, deux natures commenceront à se développer et à coexister chez le garçon : celle qui lui est innée et celle qu'il s'appliquera, en raison de ses ambitions, à acquérir sur le modèle de son père. Il finira par tomber totalement sous sa domination, au point que bien des années après, devenu shah, il répétera automatiquement (mais souvent aussi consciemment) la conduite de papa et il invoquera même, vers la fin de son règne, son autorité [1]. »

Quand je le rencontre, il approche justement de la fin de son règne, mais aucun observateur, même le plus au fait des réalités iraniennes, ne peut l'imaginer.

1. Ryszard Kapuściński, *Le Shah*, 10/18, 1994.

En 1974, le monarque a connu sept présidents américains et, fin stratège, a fondé la sécurité de l'Iran sur un alignement aux côtés de l'Amérique. Après l'évacuation par les troupes britanniques des Émirats du Golfe, en 1971, et la conclusion d'un traité d'amitié entre l'Irak et l'Union soviétique, qui se prolonge par l'envoi de matériel militaire moderne à Bagdad, Richard Nixon et Henry Kissinger adoubent le Shah : l'Iran deviendra, selon la formule américaine qui rend le souverain si fier, « le gendarme du Golfe ». L'Arabie Saoudite est trop faible et l'Irak trop menaçant.

Au cours de notre second entretien en 1974, le Shah me parle longuement du rapport qu'il a commandé au Hudson Institute (un centre de recherches proche du ministère de la Défense américain, et donc totalement impartial dans ses analyses...) qui prévoit que l'Iran rejoindra rapidement le peloton de tête des pays industrialisés et deviendra dans dix ans la cinquième ou sixième puissance mondiale. Il s'exprime dans un français châtié, marquant parfois un bref silence quand il hésite sur un mot ou une formule. Il a des yeux tristes et souvent mélancoliques, un long nez, le port volontairement raide, comme si ce maintien allait lui conférer davantage de majesté et faire oublier à l'interlocuteur sa petite taille. Nous sommes assis dans un immense salon au mobilier imposant, chargé d'ors. Des collaborateurs se tiennent en retrait, debout, immobiles au fond de la pièce.

Depuis 1971, il a très habilement joué sur le terrain pétrolier, prônant constamment la hausse des prix sans pour autant se couper de ses alliés américains. Il n'oublie pas que les premiers gisements qui ont assuré la richesse de l'Occident ont été découverts en Perse et que le consortium qui les exploitait, l'Anglo-Iranian, maintenait son pays sous tutelle. Il me parle de la modernisation rapide de l'Iran, comme s'il voulait venger ou du moins effacer ce passé. Je l'écoute et je me demande si l'homme en face de moi est un visionnaire ou un rêveur qui s'adresse d'abord à lui-même. Le pétrole est en réalité pour lui le pire des cadeaux. Une sorte de baguette magique qui va lui permettre, croit-il, d'exaucer tous ses vœux, de plier la réalité à sa volonté, de conduire son pays à marche forcée sur la voie du progrès. Il me parle de réformes agraires accomplies, des droits de la femme et des 35 millions d'Iraniens qui vivront bientôt comme des Européens nantis. Et il n'ajoute pas, comme tout bon musulman, « si Dieu le veut ». L'Iran qu'il façonne est moderne et séculier, ce qui provoquera sa perte. La population iranienne, dans son immense majorité, est profondément religieuse et sort à peine du Moyen Âge. Et aucun de ses pairs musulmans ne pardonnera au Shah d'avoir choisi à la fois d'ignorer la religion et d'affronter un clergé chiite obscurantiste, plus gros propriétaire terrien du pays. Un clergé incarné par un ayatollah en exil à Nadjaf, ville sainte du chiisme en Irak (où se trouve la tombe du calife Ali), et dont les prêches enflammés prônent la destruction de la dynastie Pahlavi. Le Shah hausse les épaules. Qui prête attention aux vociférations haineuses de Khomeyni ?

La CIA s'active

Tout s'achève dans cette famille par un exil... toujours sur fond de pétrole. Au début de la Seconde Guerre mondiale, son père affiche des sympathies nazies. Pour Hitler, le Shah devient très vite un pion important. Le souverain admire l'Allemagne hitlérienne et déteste la Grande-Bretagne et la Russie. Cela tombe bien. Hitler rêve de mettre la main sur le pétrole voisin d'Azerbaïdjan, contrôlé par Moscou, pour ravitailler son armée et de couper les lignes d'approvisionnement britanniques ; le pétrole iranien alimente la flotte de Sa Gracieuse Majesté. De hauts responsables militaires allemands sont reçus au palais impérial. Mais, pour Rezah Shah, tout s'arrête en août 1941. Deux mois après l'invasion de l'Union soviétique par les forces allemandes, des unités britanniques et soviétiques pénètrent en Iran : pour protéger la grande raffinerie d'Abadan et les lignes d'approvisionnement de l'Armée rouge, mais aussi pour déposer le Shah.

Son fils, âgé de vingt-deux ans, monte sur le trône alors que Londres expédie son père en exil en Afrique du Sud. Douze ans plus tard mois pour mois, le 17 août 1953, il sera à son tour confronté à l'exil. En Iran, un homme occupe depuis deux ans le devant de la scène, auréolé d'un prestige croissant dans la population : le Premier ministre Mohamed Mossadegh. Ce septuagénaire à l'allure fantasque, qui apparaît souvent en public vêtu d'un pyjama, a osé l'impensable : réclamer la nationalisation des champs pétroliers de l'Anglo-Iranian qui va devenir en 1954 BP[1] et exploite le pétrole du pays. L'opposition à sa politique se durcit ? Il fait voter par le Parlement la confiscation immédiate des champs pétrolifères du géant britannique. Il déclare : « Notre devoir à l'égard du pétrole nous est dicté par les générations futures. Il faut extraire seulement ce dont nous avons besoin pour organiser notre

1. British Petroleum.

développement et laisser dans notre sol tout le reste du pétrole. Il appartient aux générations de demain[1]. » Face à de tels propos, le silence, gêné, du Shah devient assourdissant. Quand il fuit son pays le 17 août 1953, le coup d'État pour renverser Mossadegh est déjà en préparation.

L'Iran est au bord de l'asphyxie, frappé de boycott, aucun pays n'acceptant d'acheter son pétrole. Pour le plus grand bénéfice des compagnies américaines, notamment l'Aramco dont la production passe en un an de 28 à 40 millions de tonnes.

Les responsables britanniques, pourtant en première ligne dans ce conflit, respectent Mossadegh. Antony Eden, alors chef de la diplomatie et futur Premier ministre, m'a rapporté qu'il l'appelait affectueusement « Old Mossie ». « Nous n'avons jamais, a-t-il ajouté, envisagé de le renverser et nous avons transmis le dossier aux Américains[2]. » Peut-on le croire ? En tous les cas, la CIA s'active. L'homme qui coordonne l'opération s'appelle Kermit Roosevelt, petit-fils de l'ancien président Theodore Roosevelt et cousin de Franklin Roosevelt. Il a la haute main sur les activités secrètes de l'agence au Moyen-Orient et dans le Golfe. Il a déjà œuvré au renversement de Farouk en Égypte, un an plus tôt, en 1952. Le retour du Shah est honteux et sanglant. Mossadegh est emprisonné, plus de 5 000 personnes sont assassinées ou fusillées.

C'est un homme discrédité qui regagne son palais. Je pense que, dès ce moment, il est devenu politiquement schizophrène. Tous ses efforts et sa politique tendent à s'affranchir de la tutelle des États-Unis tout

1. Mohammed Mossadegh, novembre 1950.
2. Entretien avec l'auteur, 1974.

en maintenant avec eux les meilleures relations. Son retour sur le trône s'accompagne d'une nouvelle distribution des cartes en matière pétrolière. BP et Shell conservent une position majoritaire, contrôlant respectivement 40 % et 14 % des concessions iraniennes, mais appuyées par le gouvernement américain ; Exxon, Socony, Texaco, Gulf, Chevron reçoivent chacune 8 %. Ce nouvel accord renforce la position des sociétés américaines dans le golfe Persique : elles assurent désormais 55 % de la production, contre 14 % en 1938.

En écoutant parler le Shah, les trois fois où je l'ai rencontré, il y avait dans son ton et ses propos comme une volonté de se convaincre, une souffrance secrète qui affleurait parfois dans l'anxiété du regard. C'était un autocrate, peut-être même un dictateur, probablement mal préparé psychologiquement pour tenir ce rôle.

« Un million de barils à 1 dollar le baril »

Ma dernière rencontre a lieu en 1975, alors qu'il passe ses vacances d'hiver dans son chalet de Saint-Moritz, transformé en camp retranché par la police suisse et ses propres services de sécurité. Je patiente près de deux heures à l'hôtel juste à côté dans un vaste salon en compagnie d'une dizaine de personnes, des membres de la Cour et des hommes d'affaires occidentaux, c'est-à-dire deux variétés de courtisans. Il règne dans la pièce un silence total, interrompu parfois par quelques brefs échanges à voix basse. Mes rencontres avec quelques souverains et dictateurs m'ont conduit à constater deux traits caractéristiques des courtisans : ils ont le regard perpétuellement inquiet et le chuchotement fréquent.

Des gardes sont postés dans l'entrée et soudain une agitation annonce l'arrivée du Shah. Les hommes qui m'entourent se lèvent comme mus par un ressort et s'inclinent comme des automates au passage du souverain, en tenue de ski, portant un anorak épais et un fuseau noir. Un bref instant, il tourne la tête dans notre direction, sans un geste ni un salut, puis il disparaît dans ses appartements. L'attente reprend et au bout de quarante-cinq minutes je suis introduit dans sa suite où il m'accueille vêtu d'un pull-over à col roulé. Il semble ravi de l'attention que le monde entier lui porte et je crois comprendre que cela atténue la profonde blessure révélée lors d'une confidence au journaliste britannique Antony Sampson : « Nous étions une nation indépendante jusqu'au jour où, sans crier gare, les Soviétiques envahirent notre pays[1], tandis que vous, les Britanniques, vous fîtes prendre à mon père le chemin de l'exil. Puis il nous parvint aux oreilles que la compagnie [British Petroleum] installait des marionnettes, des gens qui se contentaient de claquer les talons à ses ordres. Ce qui ne tarda pas à la faire apparaître à nos yeux comme une sorte de monstre. Ou à peu près comme une sorte d'État dans l'État iranien[2]. »

J'aperçois par la fenêtre de minuscules flocons qui ressemblent à de légers duvets ballottés par le vent.

1. Staline occupa brièvement, en 1946, le nord de l'Iran, cette région peuplée d'Azéris et riche en pétrole, et ses troupes ne se retirèrent que sous la pression conjuguée des Américains et des Britanniques.

2. Antony Sampson, *op. cit.*

Son secrétaire se tient assis sur le bord d'un fauteuil, figé, silencieux, un dossier posé sur les genoux. Le Shah aime s'exprimer en français, une langue qu'il a apprise durant sa jeunesse passée dans les collèges suisses, à Genève et Zurich. Ses jugements sont devenus abrupts et il traite désormais les événements avec hauteur et dédain. À un moment, il me dit d'un ton calme :

— Dans dix ans, nous aurons atteint le même niveau de vie que vous, les Anglais et les Allemands.

Je lui réponds :

— Mais, Majesté, il a fallu plusieurs siècles pour y parvenir. Croyez-vous que dix années constituent un délai réaliste ?

Le secrétaire se tortille sur son siège et j'aperçois dans le regard du Shah une lueur amusée à l'énoncé de la question, avant qu'il réponde, d'un ton sans appel :

— J'en suis certain.

Il me parle ensuite de l'aveuglement de l'Occident qui devrait enfin se convaincre que le règne du pétrole bon marché est achevé, puis il ajoute :

— N'oubliez pas, le pétrole est un produit noble, vraiment noble.

Il répète ce dernier terme, puis s'interrompt quelques instants, comme si ce mot l'incitait à la réflexion.

— Pourquoi exiger des pays producteurs qu'ils le gaspillent pour satisfaire le maintien de votre bien-être ? Il faut songer à nos générations futures et nous ne devons pas produire plus de 8 millions de barils/jour.

En formulant cette dernière phrase, il marche dans les pas de Mossadegh, le vieux leader nationaliste, et

8 millions de barils/jour constituent une information qui, avec le recul du temps, s'est révélée précieuse pour moi. Jamais, en effet, l'Iran n'a été en mesure de dépasser en production quotidienne 4 à 6 millions de barils/jour, ce qui renforce les doutes que l'on peut avoir sur l'état réel de ses réserves, comme je l'explique dans un prochain chapitre.

Il m'a accordé une heure d'entretien et le temps est dépassé. Visiblement, il pense déjà à autre chose et, légère manifestation d'impatience, les doigts de sa main droite tapotent le rebord du bureau. Je me lève pour prendre congé tout en lui demandant :

— Majesté, comment pouvez-vous affirmer que dans dix ans vous aurez vaincu le sous-développement ?

Le secrétaire se tasse soudainement et, durant un court moment, le souverain iranien semble hésiter entre colère et amusement. Il se rassied, je l'imite tandis qu'il se penche vers moi.

— Parce que, monsieur Laurent, je ne crois pas qu'il existe de fatalité, ni de cycles qui régissent et emprisonnent la vie des hommes et des peuples.

Il ajoute cette phrase prémonitoire :

— Tout peut changer, tout peut être bouleversé...

Il paraît s'apercevoir pour la première fois de la présence de son collaborateur et lui adresse quelques mots en iranien d'un ton détendu.

— Je vais vous en apporter un exemple.

Ses traits sévères se sont brusquement adoucis, comme s'il s'apprêtait à me confier une plaisanterie et, d'une certaine façon, c'en est une.

— En mars 1969, je me suis rendu aux États-Unis pour assister aux obsèques du président Dwight Eisenhower. Le pétrole était alors abondant, extrêmement abondant, et incroyablement bon marché. Il valait 1 dollar par baril. J'ai longuement rencontré le président Nixon à la Maison-Blanche, qui avait à ses côtés le secrétaire d'État Kissinger, et je lui ai dit : « Monsieur le Président, je trouve que vous n'achetez pas assez de pétrole iranien et je voudrais vous faire une proposition qui devrait se révéler extrêmement fructueuse pour nous deux. Je suis disposé à vous vendre 1 million de barils par jour pendant dix ans, au prix extrêmement avantageux pour vous de 1 dollar le baril, quelles que soient les variations futures des cours. Vous pourrez ainsi constituer des réserves stratégiques que vous stockerez dans vos mines désaffectées et qui vous protégeront en cas de conflit ou d'interruption des cours. Si vous êtes d'accord, je suis prêt à signer un tel contrat immédiatement. »

Il observe du coin de l'œil mon visage stupéfait.

— Nixon m'a fait savoir qu'il devait réfléchir et je suis reparti pour Téhéran sans avoir obtenu de réponse. Une semaine plus tard, l'ambassadeur des États-Unis a demandé à me rencontrer, porteur d'un message du président américain. C'était une fin de non-recevoir qu'il justifiait par un argument juridique : le gouvernement des États-Unis ne s'occupait pas d'achats de pétrole en dehors de ses besoins militaires. Il s'agissait de transactions commerciales qui devaient être conclues avec des sociétés privées. Je crois qu'en réalité M. Kissinger a torpillé mon idée pour mieux ensuite la récupérer. La création, à son initiative, l'an dernier [en 1975], de l'AIE[1] où les pays

1. Agence internationale de l'énergie regroupant les vingt-six pays industrialisés membres de l'OCDE (Organisation de coopération et de développement économique).

industrialisés disposeront de stocks stratégiques est le prolongement de ma proposition. À la lumière des événements survenus, je me félicite de n'avoir pas signé un tel accord. Mais qui aurait pu imaginer que quatre ans plus tard le monde allait radicalement changer et les prix du pétrole s'envoler ? Donc, vous voyez, tout peut arriver[1].

« Le régime du Shah est stable »

Ce fut notre ultime entretien et, lorsque Khomeyni et la révolution islamique l'ont balayé, j'ai souvent repensé à ses derniers mots : « Tout peut arriver. » Je crois que les hommes au pouvoir sont tous aveugles car ils refusent l'idée d'être dépossédés de leur grand dessein, et chacun est persuadé d'en avoir un. Simplement, le Shah avait perdu pied avec la réalité. La progression du budget militaire iranien avait été vertigineuse : 241 millions de dollars en 1964 ; 4 milliards en 1974 ; 10 milliards en 1977.

Nixon et Kissinger ont décidé qu'il fallait accorder au Shah « tout ce qu'il demanderait ». Un rapport de la Defence Intelligence Agency, les services de renseignements militaires dépendant du Pentagone, transmis la même année au président Carter, estime « que le régime du Shah est stable et que le souverain restera activement au pouvoir encore plus de dix années[2] ».

1. Entretien avec l'auteur, 1975.
2. House of Representative Permanent Select Committee on Intelligence Subcommittee on Evaluation Iran, *Evaluation of US Intelligence Performance Prior to November 1978, Staff Report*, Washington, 1979.

En 1978, à la veille de sa chute, son armée est deux fois plus importante que l'armée britannique ; elle possède 3 000 chars, alors que la France n'en a que 1 000. Grunman, qui fabrique le F-14, considéré comme le meilleur avion d'interception au monde, a en Iran plus de 1 000 employés qui y séjournent avec leur famille. La firme connaît des difficultés financières ? Le Shah propose de la racheter. Courtisé, il ne voit pas que son armée, qui n'est au fond que le fruit du recyclage par l'Occident de l'argent dépensé à acheter son pétrole, mine son régime. Et quand il disparaît de la scène, les mêmes fournisseurs se tournent immédiatement vers son rival d'hier, Saddam Hussein, pour lui permettre d'acquérir, du moins sur le papier, la « quatrième armée du monde », selon les mots de Dick Cheney.

Le Shah était devenu le premier acheteur d'armes de la planète, le dictateur irakien n'a qu'un rêve : le dépasser. Ce qui fut fait, avec le résultat désastreux que chacun connaît.

2

Le premier forage en 1859 et l'essor du pétrole

Le premier forage pétrolier est effectué en 1859 par le « colonel » Edwin Drake. Son grade est aussi improbable que les conditions dans lesquelles eut lieu l'événement. Quelques investisseurs, bravant le scepticisme général, se montrent convaincus que le pétrole peut avoir un usage, un avenir... et des débouchés. Ils achètent une minuscule concession située sur l'emplacement d'une ferme, à Titusville, dans le nord de la Pennsylvanie, à proximité de la frontière canadienne. Il s'agit d'un village à peine mentionné sur les cartes, dont les 125 habitants vivent misérablement. Ce qui était aussi le cas de Drake quand il débarqua dans cette contrée reculée. Cet ancien conducteur de locomotive, congédié à trente-huit ans pour mauvaise santé, a été recruté par les propriétaires de la concession parce qu'il est le seul à croire au succès et à la viabilité du projet mais aussi, détail peu connu, parce qu'il a suivi une formation de foreur... en France, à Pechelbronn en Alsace.

Presque personne n'envisage que l'on puisse extraire du pétrole en le pompant sous terre comme on le fait pour l'eau. Drake possède un solide entêtement. Il commence ses prospections au printemps 1858, en ayant imaginé un derrick, simple assemblage de bois avec une foreuse à balancier animée d'un mouvement alternatif vertical. Il s'interrompt durant l'hiver en raison du mauvais temps et, quand il reprend à la belle saison, ses résultats se révèlent toujours infructueux. Exaspérés de perdre de l'argent, les financiers regroupés au sein de la société Seneca Oil Company envoient, fin août 1859, une lettre lui intimant l'ordre d'arrêter les forages. Le 29 août au soir, alors que la lettre ne lui est pas encore parvenue, le faux colonel devenu prospecteur voit le pétrole jaillir d'une profondeur de vingt mètres.

Le pétrole moins cher que l'eau

Les actionnaires de Seneca achètent immédiatement les terrains alentour, mais la nouvelle de la découverte se propage comme une onde de choc et les prospecteurs affluent. Rebaptisée « Oil Creek », la région mérite son nom et offre le déprimant spectacle d'hommes pataugeant, au milieu des derricks de fortune, dans une mer de boue, de pétrole et de détritus. Les premières années illustreront cette loi intangible qui va longtemps dominer l'univers pétrolier : le marché du pétrole repose sur la demande.

L'année qui suit la découverte de Drake, le baril[1] atteint le chiffre impressionnant de 20 dollars, mais l'absence de débouchés importants provoque l'effondrement rapide des cours. En 1861, ce baril ne vaut plus que 10 cents et le prix décline encore, jusqu'à faire du pétrole une denrée moins chère que l'eau.

Pourtant, au même moment, un homme de vingt-six ans, ancien comptable au physique austère et ingrat, crée sa société, la Standard Oil, qui va dominer le marché mondial du pétrole et faire de John D. Rockefeller l'homme le plus riche de la planète. Les nombreux producteurs et raffineurs ont creusé leur propre tombe en se livrant à une concurrence sauvage qui a généré une surproduction. Maître du jeu, Rockefeller savoure leur ruine en déclarant : « Les braves gens, s'ils avaient produit moins de pétrole qu'ils ne le voulaient, ils en auraient tiré le prix maximum ; s'ils avaient produit moins de pétrole que les gens n'en demandaient, aucune combinaison au monde n'aurait pu faire échec à ce phénomène[2]. »

Parmi les victimes se trouve Seneca Oil. En 1864, la compagnie renvoie Edwin Drake en le gratifiant d'une indemnité de 731 dollars. Il vécut le reste de son existence dans une profonde misère et mourut quelques années plus tard presque totalement invalide. L'ascension impressionnante de Rockefeller et la chute pathétique de Drake illustrent deux autres règles

1. Équivalant à 159 litres, cette mesure qui n'a jamais changé se fonde sur les vieux barils de bois utilisés en Pennsylvanie. Aujourd'hui encore le baril n'est pas considéré comme une mesure de calcul légale aux États-Unis et il est suivi de la mention « 42 gallons US ».

2. Ida M. Tarbell, *The History of the Standard Oil Company*, volume 2, New York, 1904.

intangibles de l'univers pétrolier : à une seule exception, celle de Paul Getty, tous ceux qui feront fortune dans cette industrie ne s'approcheront jamais d'un puits de pétrole, mais manifesteront par contre une totale ingratitude envers les hommes de terrain, les prospecteurs auxquels ils doivent pourtant leur richesse.

Le monde consomme 6 millions de tonnes

Ce fut le cas notamment d'un riche aventurier installé à Londres, William Knox d'Arcy, qui obtient en 1901 du shah de Perse une concession qui couvre les cinq sixièmes de ses domaines, soit plus de 770 000 kilomètres carrés, une superficie supérieure à celle du Texas. Les deux seuls voyages qu'il effectue dans la région, en dehors d'une croisière sur le Nil, sont pour rencontrer le souverain iranien. La compagnie qui voit le jour en 1908, l'Anglo-Persian Company, doit tout son succès à la formidable ténacité du prospecteur G.B. Reynolds, qui affronta une nature hostile et les épidémies sans que Knox d'Arcy lui manifeste la moindre reconnaissance.

Le gouvernement britannique suit de très près les succès des forages sur le sol perse et des régiments de l'armée des Indes sont transférés pour protéger les gisements et les équipes. Pour la première fois dans l'histoire moderne, le pétrole devient ce qu'il ne cessera plus jamais d'être : un enjeu stratégique, une priorité de sécurité nationale, un atout militaire.

Le premier responsable politique à appréhender cette triple dimension est Winston Churchill, en 1911, alors qu'il occupe le poste de Premier lord de l'Amirauté. Prenant la parole le 17 juillet 1913 devant le Parlement, il déclare : « Nous devons devenir les propriétaires [de l'Anglo-Iranian], ou tout au moins avoir le contrôle à la source d'au moins une certaine proportion de brut dont nous avons besoin. » Le 17 juin 1914, le projet qu'il présente au Parlement prévoit que le gouvernement investira 2,2 millions de livres en échange de 51 % de la compagnie ; un autre accord, dont les termes demeurent secrets, stipule que la marine de guerre, qui vient de remplacer sur ses navires le charbon par le mazout, bénéficiera d'un approvisionnement en pétrole durant vingt ans.

La future BP se dresse en rivale de la Standard Oil de Rockefeller et du groupe anglo-néerlandais Shell. En 1914, le monde ne consomme que 6 millions de tonnes de pétrole, et pourtant cette ressource est déjà l'objet de tous les enjeux, alors que le charbon, qui demeure de loin l'énergie dominante, ne suscite ni passion ni volonté de pouvoir. Il semble que le monde moderne ait découvert avec le pétrole l'élixir parfait exauçant tous les désirs et comblant tous les appétits : un coût de production dérisoire qui génère des bénéfices colossaux et un facteur d'accélération du progrès.

170 kilomètres de routes pavées

En 1900, les journaux saluent le « courage caractéristique » de Theodore Roosevelt. Il est devenu le premier président des États-Unis à conduire une voiture, mais la prudence tempère son audace. Pendant trois années un buggy tiré par des chevaux suit son véhicule, en cas de panne ou d'accident. Au début du siècle, l'Amérique est le premier producteur mondial de pétrole, mais elle ne possède que 170 kilomètres de routes pavées sur lesquelles roulent 8 000 voitures au freinage incertain, cause de nombreux accidents.

En 1908, Henry Ford lance son fameux modèle T, « la voiture, selon son slogan, dont chacun pourra choisir la couleur, à condition qu'elle soit noire ». À l'époque, ce ne sont pas 18 opérations qui sont requises pour construire une voiture, mais 7 882. Ford précise dans son autobiographie que, sur ces 7 882 opérations, 949 exigent des « hommes vigoureux, robustes et pratiquement parfaits du point de vue physique », 3 338 requièrent des hommes d'une force physique « simplement ordinaire », presque tout le reste pouvant être confié à « des femmes ou de grands enfants ». Ford ajoute froidement : « Nous avons constaté que 670 opérations peuvent être accomplies par des culs-de-jatte, 2 637 par des unijambistes, 2 par des hommes amputés des deux bras, 715 par des manchots et 10 par des aveugles[1]. » Autrement dit, le travail spécialisé n'exige pas un homme entier : un fragment d'homme peut suffire. Un constat aussi cynique permet de pousser la spécialisation jusqu'à ses limites ultimes.

Le pétrole au cœur des calculs

Les automobiles sont au nombre de 619 000 en 1911, de 2 millions en 1914 et de 18 millions en 1924, dont 16 millions aux États-Unis. Cette année-là,

1. Allan Nevins, *Ford : the Times, the Man, the Company*, Scribners, New York, 1954. Henry Ford, *My Life and Work*, Garden City, New York, 1922.

l'Amérique consomme déjà plus de pétrole qu'il n'en faudra à l'Europe en 1960. Déjà, la dépendance envers cette matière première n'est plus seulement économique mais aussi psychologique. Le pétrole est devenu un facteur de bien-être pour les populations.

Les États-Unis sont un pays où tout s'invente, y compris les villes. Là encore, le pétrole est au cœur des calculs. C'est le cas de Los Angeles : plus de 10 millions d'habitants et plus de 80 municipalités qui s'étirent sur un demi-cercle de 100 kilomètres de rayon, au bord de l'océan. Une trajectoire qui part pourtant de l'infiniment petit.

1820, Los Angeles n'est qu'une communauté d'Espagnols mystiques de 40 âmes. 1872, une bourgade sale et endormie de 5 000 habitants, dépourvue de port, limitée en eau et qui n'est reliée au reste de l'Amérique par aucun moyen de transport.

Mais en 1883, la bataille du rail est déclarée, les lignes rivales pratiquent une publicité agressive dans l'Est pour attirer les passagers. Cinq trains par jour les déversent à Los Angeles. Ils viennent pour vivre, pour posséder, pour exploiter ou pour être dupés. En 1884, la population atteint 12 000 habitants ; en 1886, elle dépasse les 100 000. Les marchandises transportées annuellement passent de 135 tonnes à 200 000 tonnes. Les transactions immobilières bondissent de zéro à 8 millions par mois pour atteindre 13 millions en 1887.

Une aubaine pour un jeune homme de vingt-sept ans, habile et économe, qui a mis de côté 3 000 dollars en l'espace de deux ans en allant vendre des oranges aux ouvriers mexicains, plus au nord. Harry Chandler et sa famille, propriétaires du grand quotidien *Los Angeles Times*, vont détenir en Californie du Sud une puissance et une influence dont l'ampleur dépasse l'entendement. Pour le journaliste et historien David Halberstam, « aucune famille n'a dominé une région du pays comme ils l'ont fait[1] ».

Chandler ne favorise pas le développement de la Californie du Sud ; il l'invente et il l'incarne. Au centre de son empire, la propriété foncière. Des terrains achetés au prix du désert et revendus au prix de l'oasis. Car si l'eau existe à Los Angeles, c'est que Chandler est allé s'en emparer. Au début du siècle, il détourne l'eau de l'Owens Valley, à 350 kilomètres, transformant ainsi des contrées arides en étendues luxuriantes. Il décide que la ville se développera horizontalement parce que ce mode de croissance est avantageux pour la promotion immobilière. Au cours des années 1920, un des rêves de la classe moyenne américaine, celui de la petite maison familiale, devient réalité en Californie, où plus de 250 000 nouveaux terrains à bâtir sont délimités et vendus.

Chandler interdit les transports en commun : il croit à l'avenir de l'automobile et possède des intérêts dans la vente des pneus, des voitures... et de l'essence, ainsi que dans la construction des grands axes routiers. Il favorise l'éclosion de nouveaux quartiers, dont Hollywood, parce qu'il pressent l'extraordinaire essor du cinéma.

Le pétrole, bon marché, abondant, devient le moteur du formidable essor industriel et de la société de consommation qui s'annonce. Un essor qu'aucun gouvernement ne veut voir compromis par la guerre qui éclate en 1914.

1. David Halberstam, *Le pouvoir est là*, Fayard, 1980.

« Comment allons-nous être payés ? »

Le conflit met immédiatement en évidence la dimension stratégique du pétrole. Il devient non seulement la condition, mais aussi l'enjeu de la victoire alliée. Guillaume II veut rivaliser avec la Grande-Bretagne sur le terrain énergétique et assurer à l'Allemagne l'accès aux gisements pétroliers de Mésopotamie[1]. Il lance la construction d'une voie ferrée qui doit relier Berlin à Bassora, en passant par Constantinople et Bagdad, afin de concurrencer la route des Indes. Un projet qui sera financé par la Deutsche Bank.

Ce conflit, qui va faire plus de 13 millions de morts, révèle aussi, selon les mots de Jean-Marie Chevalier, que « le pétrole devenait la source essentielle de la puissance militaire, avec le transport des hommes et des matériels, les premiers chars et les premiers avions de combat[2] ».

« Comment allons-nous être payés ? » demande, le 6 septembre 1914 au matin, un chauffeur quand il apprend l'ordre de réquisition des taxis parisiens pour transporter rapidement sur le front les milliers d'hommes qui doivent lancer une contre-offensive.

« Au compteur[3] », lui répond l'officier chargé de la réquisition.

Les Taxis de la Marne permettent de stopper

1. L'actuel Irak.

2. Jean-Marie Chevalier, *Les Grandes Batailles de l'énergie*, Folio Actuel, Gallimard, 2004.

3. Henri Carré, *La Véritable Histoire des Taxis de la Marne*, Librairie Chapelot, Paris, 1921.

l'offensive allemande mais l'approvisionnement des Alliés repose sur un seul pays : les États-Unis. En 1914, l'Amérique produit 266 millions de barils, représentant 65 % de la production mondiale. En 1917, au plus fort de la guerre, la production annuelle atteint 335 millions de barils, 67 % de la production totale.

La révolution bolchevique qui vient d'éclater interdit désormais tout accès aux champs pétrolifères russes, situés dans la région de Bakou. Washington ravitaille l'Europe au moyen de tankers, dont bon nombre sont coulés par les sous-marins allemands durant la traversée de l'Atlantique. Les responsables politiques découvrent durant ce conflit une priorité qui ne cessera d'obséder leurs successeurs : garantir à tout prix la sécurité des approvisionnements pour assurer le fonctionnement de la machine de guerre.

Inquiet, Georges Clemenceau envoie le 15 décembre 1917 au président Wilson un télégramme implorant dans lequel il déclare : « Toute défaillance d'essence causerait la paralysie brusque de nos armées et pourrait nous acculer à une paix inacceptable pour les Alliés. Si les Alliés ne veulent pas perdre la guerre, il faut que la France combattante, à l'heure du suprême choc germanique, possède l'essence, aussi nécessaire que le sang dans les batailles de demain. » Un an plus tard, dans son discours suivant le cessez-le-feu, Clemenceau reviendra sur cette image : « Désormais, pour les nations et pour les peuples, une goutte de pétrole a la valeur d'une goutte de sang. » Mais le sang n'a qu'une seule provenance : l'Amérique, qui a fourni aux Alliés 80 % de la consommation mondiale, alors que le Moyen-Orient – et notamment l'Iran, chasse gardée des Britanniques – n'assurait que 5 % des fournitures.

Plus étonnant encore, un quart de tout le pétrole consommé par les forces alliées pendant toute la durée de la guerre est fourni par une seule et unique compagnie : la Standard Oil of New Jersey (future Exxon), propriété de John D. Rockefeller[1].

« Il faut une politique étrangère agressive »

L'homme a bâti son immense fortune sur le raffinage et le transport, laissant les innombrables petits prospecteurs prendre le risque des forages. Créé en 1860, son empire va régner sans partage pendant cinquante et un ans, jusqu'à la décision prise en 1911 par la Cour suprême des États-Unis de démembrer la Standard Oil en trente-trois sociétés « juridiquement » indépendantes, en raison de ses entraves à la concurrence et de ses pratiques déloyales utilisées pour éliminer ses concurrents.

Face à cette décision, la Standard Oil décide, fin juillet 1911, de se scinder en sept sociétés indépendantes les unes des autres, ce qui va dans les faits se révéler une pure fiction. La Standard Oil of New Jersey, la plus importante, reste directement contrôlée par Rockefeller. La Standard Oil of New York deviendra Mobil, la Standard Oil of California, Chevron, et la Standard Oil of Indiana, Conoco.

Théoriquement concurrentes, ces firmes sont tout sauf suicidaires. Elles continuent d'être liées et reliées entre elles par des accords de production et de raffinage, et les états-majors s'entendent secrètement pour

1. G.S. Gibb et E.M. Knowlton, *History of the Standard Oil Company*, Harper and Bros, New York, 1956.

fixer les prix les plus élevés possible et éviter une guerre commerciale qui conduirait à une surproduction et à un effondrement des cours.

Les mesures antitrust décrétées en 1911, efficacement contournées, conduisent à une nouvelle situation monopolistique. Le gouvernement américain se montre d'autant plus enclin à ménager la compagnie de Rockefeller que leurs intérêts convergent. Cependant la firme a trop négligé la « rente minière » qui découle de la découverte d'un gisement important dont le coût de production se révèle inférieur au prix du marché.

Cela à l'opposé de la Shell, sa grande rivale qui, dès 1920, possède des filiales aux États-Unis, au Mexique, au Venezuela, à Trinidad, aux Indes néerlandaises (Indonésie), à Ceylan, en Roumanie, en Égypte, en Malaisie, en Thaïlande, dans le nord et le sud de la Chine, aux Philippines et en Birmanie. Elle vient également d'acquérir des concessions en Colombie et en Amérique centrale et a racheté au rabais les intérêts des Rothschild dans les pétroles exploités sur le territoire russe de Bakou, en Azerbaïdjan.

Selon le constat du puissant banquier Edward Mac Kay, « tous les champs pétrolifères connus, probables ou possibles, hors du territoire des États-Unis sont, soit sous propriété britannique, soit sous l'administration ou le contrôle britanniques, soit financés par des capitaux britanniques. [...] Le monde, conclut-il, est solidement barricadé contre une attaque des intérêts américains [1] ».

La Standard Oil of New Jersey comprend que la politique isolationniste et pacifiste défendue par le

1. James Hepburn, *The Plot*, Frontiers Publishing Company, Vaduz, 1968.

président Wilson met en danger son avenir, et le président de la compagnie, A. C. Bedford, déclare : « Il nous faut une politique étrangère agressive[1]. » Des propos qui prennent une étrange actualité quatre-vingts ans plus tard avec la politique suivie en Irak par l'administration Bush. Cette agressivité reflète déjà une profonde inquiétude : alors que dès 1920 un Américain sur dix possède une voiture, les autres économisant pour en acheter une, et qu'en 1929 78% des véhicules roulant à travers le monde sont aux États-Unis, le cauchemar d'une pénurie de pétrole surgit. Cette même année, le directeur des études géologiques des États-Unis estime que la situation pétrolière du pays « peut, au mieux, être considérée comme précaire ». Le sous-sol américain, dès cette époque, est celui où le plus grand nombre de forages ont été effectués.

Le Département d'État[2] devient le plus ardent supporter des intérêts des compagnies pétrolières américaines à l'étranger et le premier théâtre d'affrontements sera... l'Irak.

L'issue de la Première Guerre mondiale permet une formidable redistribution des cartes. Avant la guerre, un consortium, la Turkish Petroleum Company, qui n'a de turc que le nom, possédait les gisements irakiens. Il regroupait l'Anglo-Iranian (future BP) à hauteur de 50 %, la Royal Dutch Shell pour 25 % et la Deutsche Bank, dont les 25 % furent mis sous séquestre dès les premiers jours de la guerre. La Turquie, alliée de l'Allemagne, est démembrée en 1918 et la participation allemande de 25 % revient à la

1. James Hepburn, *op. cit.*
2. Équivalent du ministère des Affaires étrangères.

Compagnie française des pétroles (Total) en échange d'une indemnité et de l'autorisation française de laisser installer des pipelines anglais dans ses mandats de Syrie et du Liban.

Les équipes de prospection envoyées par la Standard Oil et Mobil se voient refuser l'accès au territoire irakien par les autorités britanniques, tandis que la Shell est écartée des enchères sur les concessions de terrains pétrolifères fédéraux aux États-Unis.

Une diplomatie secrète

Il est impossible d'imaginer aujourd'hui la violence des affrontements et l'ambiance qui règne alors. Toute la politique étrangère américaine tourne autour du bras de fer entre la Standard Oil of New Jersey et Shell, et de nombreux experts et commentateurs réputés prophétisent à brève échéance une guerre entre la Grande-Bretagne et les États-Unis. Elle n'a pas lieu, en partie parce qu'un compromis finit par être trouvé sur la répartition de l'Irak Petroleum, qui remplace la Turkish Petroleum. L'Anglo-Iranian (BP), Shell et la CPP (Total) détiennent chacune 23,7 %, Standard Oil (Exxon) et Mobil chacune 11,87 %, les 5 % restants étant dévolus au plus grand intermédiaire de toute l'histoire pétrolière, Calouste Gulbenkian.

Dans un monde, l'Occident, qui semble désormais considérer que l'approvisionnement en pétrole bon marché est devenu un droit inaliénable pour chaque citoyen-consommateur, les grandes compagnies pétrolières occupent une place centrale et exercent une influence considérable. Mais il ne faut pas attendre pour autant des firmes privées qu'elles prennent en compte les intérêts nationaux. « Le capitaliste, selon la formule de Fernand Braudel, est avant tout un aventurier capable d'anticiper et de penser aux dimensions du monde[1]. » Cette définition correspond aux agissements des hommes qui règnent alors sur le capitalisme mondial. L'appui de leur État d'origine ne leur suffit plus et ils vont mener une véritable diplomatie secrète qui, dans le contexte de l'après-guerre, va se révéler lourde de conséquences.

Le 2 avril 1922, le chef de la diplomatie soviétique arrive en gare de Gênes. À la surprise générale, Georgy Tchitcherine porte un chapeau haut de forme et tient, dans un français châtié (langue traditionnelle de la diplomatie), des propos rassurants par lesquels il s'efforce de convaincre que la révolution prolétarienne, au pouvoir à Moscou, ne précipitera pas le monde dans l'apocalypse. Un mois plus tôt, le Conseil de guerre allié, réuni à Versailles, a fixé le montant des réparations allemandes à 226 milliards de marks or, payables en quarante-deux ans. Le gouvernement de Berlin a répondu que l'Allemagne, même dotée d'un potentiel industriel puissant, était dans l'incapacité de payer une telle somme. Les troupes françaises occupent alors les ports du Rhin, Düsseldorf et Duisburg dans la Ruhr. Une semaine plus tard, les puissances alliées présentent une nouvelle note : 1 milliard de marks or, payables avant le 31 mars 1922, sinon la Ruhr sera totalement occupée.

En apparence, aucun rapport entre les deux événements. En réalité, tout est prêt pour que s'élabore une alliance entre l'URSS et la République de Weimar, deux nations « réprouvées » mises au ban de l'Europe.

1. Entretien avec l'auteur, 1984.

Lorsque Tchitcherine, à la tête d'une importante délégation, quitte Moscou pour Gênes, il s'arrête à Berlin. Il est reçu en ce début d'avril 1922 par Walter Rathenau, ministre des Affaires étrangères et l'un des plus puissants industriels allemands. Rathenau se bat alors pied à pied pour tenter d'assouplir les échéances imposées au paiement des réparations de guerre. Négligeant les préliminaires, Tchitcherine l'informe que la Russie est prête à passer un accord avec l'Allemagne. Le protocole, rapidement conclu, prévoit « le rétablissement des relations diplomatiques, l'engagement du gouvernement allemand à soutenir ses entreprises privées dans leur volonté de commercer avec l'Est », enfin « le renoncement à toute revendication financière envers l'autre partie ».

Chez les dirigeants des deux nations placées au ban de la communauté internationale, l'une parce qu'elle a perdu la guerre, l'autre parce qu'elle a fait la révolution, naît le sentiment d'avoir élaboré une alchimie favorable à chacun : l'alliance entre les ressources russes et le potentiel industriel allemand.

Au-delà se profile chez certains responsables allemands une idée beaucoup plus inquiétante : cette collaboration accélérera d'autant la reconstruction de forces armées capables de venger l'humiliation de la défaite.

La conférence de Gênes a laissé dans l'histoire diplomatique des débuts du XXe siècle le souvenir d'un quasi-désastre : parce qu'elle fut très mal préparée, et parce que les préoccupations de chacun s'entrecroisèrent sans jamais se rejoindre dans le faisceau des intérêts communs. L'extraordinaire Babel diplomatique que symbolisa Gênes préfigure l'irrémédiable impuissance des démocraties face à la montée des périls qui culmineront avec le second conflit mondial. Comble du dérisoire – qui semble donner raison à Lénine lorsqu'il estime que les rivalités commerciales vont exacerber les antagonismes entre puissances capitalistes –, les négociations diplomatiques sont très vite reléguées à l'arrière-plan par l'affrontement entre les compagnies pétrolières américaines et anglaises.

« Une alliance entre des bandits et des ruinés »

Là encore se profile l'ombre de la Russie, décidément incontournable économiquement, puisque à l'époque de la révolution 15 % du pétrole mondial proviennent de ses gisements. Les frères Nobel en possédaient naguère un tiers, le reste appartenait à la Shell. Désormais nationalisés, les gisements sont devenus l'objet d'une impitoyable rivalité. La Standard Oil négocie depuis 1920 avec les Soviétiques le rachat des intérêts Nobel. Elle a d'abord racheté secrètement l'ensemble des actions au futur fondateur du prix Nobel et à ses frères, pour 145 millions de dollars transférés dans une société suisse pour éviter toute publicité. Simultanément, la Chase Bank, appartenant également à la famille Rockefeller, négocie avec la Prambank, établissement d'État, la création d'une Chambre de commerce américano-soviétique qui sera ouverte deux ans plus tard, en 1922, et dirigée par René Schley, un des vice-présidents de la Chase.

L'établissement bancaire de la famille Rockefeller apparaît comme l'un des plus engagés dans les opérations de crédit destinées au nouveau régime révolutionnaire instauré à Moscou. Il négocie le financement d'exportations américaines de machines-outils et de coton vers l'URSS et se chargera même, quelques années plus tard, du placement d'emprunts soviétiques aux États-Unis, ce qui lui vaudra de vives critiques de la part de certaines organisations patriotiques.

En contrepartie, Moscou avance une proposition : les gisements Nobel seront exploitables par la Standard Oil sous forme d'une concession de cinquante-cinq ans. Les Américains refusent, provoquant la rupture immédiate des négociations. Les Soviétiques se tournent alors vers la Shell.

Un cauchemar obsède alors la Standard Oil : que ses marchés européens soient inondés de pétrole à bas prix, politique dont les Américains connaissent bien tous les dangers pour l'avoir eux-mêmes pratiquée avec succès contre la Shell.

À la conférence de Gênes, sous la pression des représentants des deux sociétés qui s'activent en coulisse, le Département d'État américain et le Foreign Office anglais tentent d'aboutir à un accord prévoyant que chaque compagnie s'engage à ne pas négocier séparément avec les Soviétiques.

En fait, Moscou a réussi à perturber l'industrie pétrolière occidentale, appâtant tour à tour chacune des compagnies par des promesses pour les monter ensuite l'une contre l'autre. Les Soviétiques s'activent à présent à extraire eux-mêmes leur pétrole et le vendent à bas prix, accentuant ainsi la menace que tout le monde redoutait : un effondrement du marché échappant à tout contrôle[1].

1. Louis Fisher, *Oil Imperialism : the International Struggle for Russian Petroleum*, New York, 1926. Anthony Cave Brown et Charles Mac Donald, *On a Field of Red*, Putnam, New York,

Alors que les délégations se préparent à quitter Gênes, le baron von Meltzau, l'un des principaux négociateurs allemands, reçoit à 1 heure du matin un coup de téléphone d'Adolphe Joffé, un membre de la délégation russe, déclarant parler au nom du ministre Tchitcherine : si l'Allemagne le souhaite, la Russie est prête à signer un traité avec elle. À l'aube du 16 avril 1922, les deux délégations gagnent la station balnéaire voisine de Rapallo et s'installent à l'hôtel Bristol.

Le traité de Rapallo ne constitue pas seulement « une alliance entre des bandits et des ruinés », comme le titre élégamment le quotidien londonien *Morning Post*. Il marque un tournant dans l'après-guerre – ou la pré-guerre – caractérisé par une consolidation du pouvoir communiste en Russie et un réarmement massif et secret de l'Allemagne.

« Trois cents hommes contrôlent l'Occident »

Alors que le traité de Versailles a ramené l'armée allemande à des effectifs inférieurs à ceux d'un pays de la taille de la Belgique, un accord militaire secret prévoit que l'Allemagne s'engage à fournir en équipements et en munitions 180 régiments d'infanterie de l'Armée rouge, et en pièces d'artillerie 20 divisions soviétiques. Berlin réorganise également la flotte soviétique de la Baltique et livrera 500 avions Junker « dans les plus brefs délais ». Des experts militaires allemands sont envoyés en URSS pour assurer encadrement et maintenance, tandis que dans la banlieue de Petrograd,

1981. James Warren Prothro, *The Dollar Decade*, Baton Rouge, Louisiana State University Press, 1954.

à Samara, sont construites de nouvelles usines à l'usage exclusif de l'armée allemande.

L'URSS met à la disposition du gouvernement de Weimar son territoire et sa main-d'œuvre. Le chef d'état-major allemand, le général von Seckt, crée, aux termes d'un accord avec Leonid Krassine, commissaire soviétique au Commerce extérieur, une organisation appelée *Sondergruppe*. C'est un véritable pouvoir parallèle qui est ainsi mis en place. Seuls deux ministres allemands en connaissent l'existence : le responsable des finances, Joseph Worth, tenu dans de nombreux cercles pour un sympathisant bolchevique, et le chef de la diplomatie, l'industriel Walter Rathenau, lequel confie : « En tant que membre du club des capitalistes, je peux dire que trois cents hommes étroitement liés les uns aux autres contrôlent la destinée de l'Occident [1]. »

Autre maillon de cette chaîne de « solidarité » : une société commerciale privée, baptisée « Compagnie pour la promotion des entreprises industrielles ». Elle dispose d'un budget considérable, 475 millions de Deutsche marks, et de bureaux, appelés « Wilkonz », l'un à Berlin, l'autre à Moscou.

La compagnie finance, dans la banlieue de Moscou, l'installation d'une usine capable de fabriquer plus de 600 avions Junker par an. À Petrograd, ce sont 300 000 pièces d'artillerie qui seront produites, tandis qu'à Samara, étonnante préfiguration des accords paritaires qui seront conclus, cinquante années plus tard, durant la période de détente Est-Ouest, une société russo-allemande développe sur une large échelle la production de gaz toxiques et de poisons.

1. Antony C. Sutton, *Wall Street and the Rise of Hitler*, Hoover Institute, California Press, Seal Beach, 1976.

Les pilotes allemands sont entraînés en Russie, tandis qu'entre 1924 et 1934 toute l'élite des services de renseignements et du haut commandement soviétiques aura effectué en Allemagne plusieurs stages de formation. Parmi les stagiaires, le futur maréchal Joukov, vainqueur de Stalingrad, qui lança l'offensive finale sur Berlin en 1945. Dernière pièce du dispositif mis en place : Lohman Entreprises, regroupant 28 sociétés et 32 chantiers navals. À l'abri de la base navale soviétique de Kronstadt, des sous-marins de 250 tonnes sont fabriqués, qui seront utilisés par Berlin durant la Seconde Guerre mondiale, notamment pour détruire les convois.

Les commissions d'enquête alliées qui sillonnent l'Allemagne rapportent toutes que le pays, en violation des accords signés, n'a pas désarmé. Mais aucune ne mesure l'importance de la complicité soviétique. Il faudra attendre 1935 pour que certains rapports révèlent ce fait stupéfiant : l'Allemagne nazie construit dans les chantiers de la Russie communiste un sous-marin tous les huit jours. Le volume des réserves pétrolières allemandes paraît-il dérisoire ? D'importantes quantités de pétrole russe sont vendues à Berlin. Les deux futurs adversaires vont poursuivre cette coopération secrète pendant dix-neuf années, jusqu'à l'invasion du territoire soviétique par les divisions allemandes en 1941.

« Voguer sur un océan d'or noir »

Durant toute cette période, il semble que le sort du monde se joue en coulisse, à l'abri des regards et des opinions publiques. Aussi bien sur le plan politique et militaire – l'alliance germano-soviétique en est une saisissante illustration – que sur le plan pétrolier. Lyrique, Winston Churchill avait déclaré en 1919 à la Chambre des communes : « Il ne fait aucun doute que les Alliés n'ont pu naviguer jusqu'à la victoire que sur le flot ininterrompu du pétrole. »

Vingt ans plus tard, à la veille de la Seconde Guerre mondiale, la physionomie du marché a considérablement changé. Les États-Unis continuent de produire près des deux tiers du pétrole mondial, mais les milliers de producteurs américains exigent le maintien de prix à la production élevés, ce qui incite les grandes compagnies à trouver des gisements bien meilleur marché.

L'Iran et l'Irak, avec leurs gisements abondants aux coûts d'extraction dérisoires, apparaissent comme de nouveaux eldorados. En Iran, les pétroliers, depuis l'accord signé avec le shah de Perse en 1901, dictent leur loi à un pouvoir politique faible, voire inexistant, et totalement corrompu. En Irak, pays nouvellement créé en regroupant trois anciennes provinces de l'Empire ottoman, les Américains, après la Première Guerre mondiale, ont pris pied aux côtés de leurs rivaux britanniques.

Le roi Fayçal II, qui vient d'être porté sur le trône irakien par les Britanniques après avoir été chassé de celui de Syrie, a dû non seulement confirmer les droits du consortium, l'Irak Petroleum Company, mais également lui accorder une nouvelle concession qui débouche en 1927 sur la découverte du gisement de Baba Gurgur, un des plus importants de toute l'histoire pétrolière, qui permet à l'IPC – pour reprendre la formule de Churchill – de « voguer sur un océan d'or noir ».

Ces 770 000 kilomètres de concessions obtenues l'ont été au prix dérisoire de 20 000 livres payées comptant, accompagnées de la cession de 20 000 actions au prix de 1 livre sterling, auxquelles s'ajoute un pourcentage montant à 16 % du bénéfice net annuel.

La transaction conclue en Irak se révèle encore beaucoup plus profitable. L'accord signé en 1925 avec le monarque irakien stipule que la concession accordée à l'Irak Petroleum est applicable jusqu'en 2000 et que l'État irakien percevra une redevance de 4 shillings or par tonne de pétrole. L'IPC illustre la stratégie et le mode de fonctionnement que les grandes compagnies vont désormais adopter pour dominer le marché mondial et imposer leurs règles.

Pour la première fois, deux compagnies américaines, Exxon (ancienne Standard Oil of New Jersey) et Mobil, prennent pied sur le sol, ou plutôt le sous-sol, du Moyen-Orient, aux côtés de leurs rivales britanniques Shell et Anglo-Iranian (la future BP). Ces firmes concurrentes se livraient jusqu'alors une impitoyable guerre des prix, qui avait conduit à une surproduction mondiale et à l'effondrement de leurs bénéfices.

Quand la répartition des pourcentages au sein de l'IPC est opérée, les pétroliers changent de stratégie et, selon la formule de Calouste Gulbenkian, l'un des protagonistes : « Jamais porte ouverte [en Irak] ne fut si hermétiquement scellée [1]. »

Les « quatre sœurs » – c'est ainsi que l'on sur-

1. Ralph Hewins, *Mr Five Percent : the Story of Calouste Gulbenkian*, Rinehart and Company, New York, 1958.

nomme les géants du pétrole – s'emploient à harmoniser le contrôle de la production et à limiter les effets de la concurrence. Gulbenkian toujours, le fameux « Monsieur 5 % » qui demeure au sein de l'IPC le seul indépendant, emploie une autre formule imagée et pleine d'humour qui résume, selon lui, les relations entre compagnies : « Les pétroliers sont comme les chats : on ne peut jamais dire, à les entendre, s'ils se battent ou s'ils font l'amour[1]. » Il aurait peut-être été plus exact de déclarer qu'ils se battaient tout en faisant l'amour, tant les rivalités de personnes à la tête des groupes et les visions stratégiques s'opposent. Pourtant, le tout-puissant patron de la Shell, Henry Deterding, qui va afficher quelques années plus tard une fascination totale pour Hitler et le nazisme, déclare à ses pairs : « La coopération donne la puissance. » Ce principe va conduire aux décisions fondamentales prises durant l'été 1928 dans un secret total et si soigneusement conservé qu'il faudra attendre vingt-quatre ans et l'après-guerre pour qu'elles soient partiellement connues.

Exploiter « fraternellement et le plus profitablement »

En juin 1928 à Ostende, au cours d'une conférence réunissant les principaux actionnaires de l'IPC, il est décidé qu'aucun des actionnaires ne pourra exploiter les gisements de pétrole qu'il viendrait à découvrir sur le territoire de l'ancien Empire ottoman sans le consentement et la participation de ses partenaires.

1. Nubar Gulbenkian, *Pantaraxia*, Hutchinson, Londres, 1965.

Un seul point reste à clarifier et provoque de violentes controverses entre les actionnaires, car « de la décision prise pouvait dépendre la destination finale de nombreux milliards », écrivit le biographe de Gulbenkian. Il ne s'agit de rien de moins que de définir les contours exacts de l'ancien Empire ottoman. Les discussions s'enlisent quand Gulbenkian[1] a un éclair de génie. Il demande qu'on apporte une imposante carte du Moyen-Orient, la déroule sur la table et trace, à l'aide d'un crayon rouge, une ligne autour de la zone centrale. « Voilà, déclare-t-il à ses partenaires, l'Empire ottoman tel que je l'ai connu en 1914. Je suis bien placé pour connaître ses frontières, j'y suis né, j'y ai vécu et travaillé[2]. »

Le tracé soigneusement examiné par les actionnaires inclut à l'intérieur des limites Bahreïn, le Qatar, les Émirats arabes... et l'Arabie Saoudite. Le Koweït se trouve en dehors, à la grande satisfaction des Américains qui se préparent à y prospecter. Cet « accord de la ligne rouge » va assurer à Gulbenkian un revenu annuel de plus de 50 millions de dollars de l'époque et faire de lui un des hommes les plus riches du monde, puisqu'il perçoit 5 % sur le contenu de tous les puits exploités dans ce tracé. Il s'agissait, comme le rappelle l'historien du pétrole Leonard Mosley, « là encore d'un accord secret, bien entendu, et il va sans dire que personne ne songea une seconde à en informer les Arabes[3] ».

Deux mois plus tard, en août 1928, le château

1. Gulbenkian était de nationalité arménienne, et le pays faisait partie de l'Empire ottoman.

2. Ralph Hewins, *op. cit.*

3. Leonard Mosley, *Power Play*, Londres, 1973.

d'Achnacarry, imposante construction située au cœur de l'Écosse, au milieu des Highlands, se transforme, selon un journaliste du *Sunday Express*, en « une impénétrable forteresse qui abrite un des groupes les plus intéressants des personnalités silencieuses de ce monde ». Henry Deterding, fondateur et président de la Shell, a invité les présidents d'Exxon et de BP à une chasse au coq de bruyère dans sa propriété. Ils sont rejoints par les représentants d'autres compagnies, dont Mellon, banquier et actionnaire principal de la Gulf. Teagle, le président d'Exxon, confia beaucoup plus tard que « les problèmes de l'industrie mondiale du pétrole entraient pour une grande part dans les conversations [1] », entre deux parties de chasse.

Ces propos relèvent de l'euphémisme. L'« accord d'Achnacarry » marque la création d'un cartel international du pétrole dont les membres se partagent le monde. « En termes de démocratie, écrivit Antony Sampson, ce plan était intolérable, d'où le secret dont on l'entourait ; il abandonnait en effet à une poignée d'hommes d'affaires le droit de se partager à leur guise le marché du pétrole et de décider des prix [2]. » Ce système cynique, unique et inique, illustration parfaite d'un accord de monopole, va fonctionner pendant plus de trente ans, au grand bénéfice des compagnies pétrolières et au détriment de tous ceux auxquels cet accord a été caché, les pays producteurs ainsi que les gouvernements et les citoyens des pays consommateurs.

Il faudra attendre 1952 pour que cette entente soit révélée [3]. L'économiste anglais John Hicks, cité par

1. *Oil and Gas Journal*, 20 septembre 1928.
2. Anthony Sampson, *op. cit.*
3. Federal Trade Commission, *The International Petroleum Cartel*, Washington, 1952.

Jean-Marie Chevalier, avait déclaré : « Le meilleur de tous les profits retiré d'un monopole, c'est une vie tranquille[1]. » Les géants du pétrole prospèrent dans la plus grande discrétion, en « exploitant fraternellement et le plus profitablement », selon leurs propres mots, les ressources pétrolières mondiales. En tournant et bafouant toutes les lois antitrust existant aux États-Unis.

Trente et un ans avant l'OPEP

L'accord d'Achnacarry ne s'applique pas théoriquement au territoire des États-Unis, mais en 1929, trente et un ans avant l'OPEP, dix-sept sociétés privées forment l'Association des pays exportateurs de pétrole, ce qui témoigne d'une arrogance et d'un mépris inouïs envers leurs gouvernements.

Elles fixent des contingents et établissent des prix de vente alignés sur les plus hauts cours en vigueur, ceux du Texas et du golfe du Mexique d'où est expédiée la presque totalité du pétrole américain. À ce prix s'ajoute le coût standard du fret pour le transport depuis le golfe du Mexique jusqu'au port de destination.

Les compagnies britanniques se rallient à cette nouvelle disposition, qui permet de dégager d'énormes bénéfices sur le pétrole brut produit à bas prix en Irak ou en Iran. Si BP fournit à l'Italie du pétrole bon marché en provenance de l'Iran, le prix est fixé comme si le pétrole livré était celui du golfe du Mexique et le prix du fret est calculé d'après ce trajet

1. Jean-Marie Chevalier, *op. cit.*

fictif. Les compagnies peuvent accroître ces marges déjà importantes en « compensant[1] » leurs livraisons, ce qui permet de réduire encore les coûts de transport.

Pendant la Seconde Guerre mondiale, BP, pourtant contrôlée à 51 % par l'État britannique depuis la décision prise par Churchill en 1914, fait payer à ses navires de guerre, et à ceux des États-Unis, leur ravitaillement en mazout dans le port iranien d'Abadan au prix du mazout payé aux États-Unis, majoré du montant, fictif, du fret entre le Texas et l'Iran.

À la veille de la Seconde Guerre mondiale, sept grandes compagnies, les « sept sœurs », contrôlent l'ensemble du marché pétrolier, une situation qui se prolongera jusqu'au milieu des années 1970. Exxon, Shell, Texaco, Mobil, BP, Chevron et Gulf, malgré les mesures de contrôle et de contingentement prises par les gouvernements, vont traverser toute la période de la guerre en réalisant des bénéfices qui n'ont jamais été aussi florissants.

En 1945, la richesse et l'influence de la Shell dépassent celles des Pays-Bas. Quant au consortium américain Aramco, composé notamment d'Exxon et de Caltex, il fait preuve d'un patriotisme tempéré, s'employant pendant toute la durée du conflit à mettre ses bénéfices à l'abri du fisc américain en fondant de nouvelles sociétés aux îles Bahamas et au Canada. L'Aramco vient juste de prendre pied en Arabie Saoudite, pays dont Washington commence à percevoir l'immense potentiel pétrolier. Au début du conflit, en

1. Accord où le règlement s'effectue en nature (pétrole contre pétrole dans ce cas précis) et où n'intervient en principe aucun paiement financier.

1941, préoccupé par la situation délicate des Alliés sur le front du Moyen-Orient, Franklin Roosevelt envisage de faire entrer l'État américain dans le capital de l'Aramco, exactement comme le gouvernement britannique a opéré avec l'Anglo-Iranian, qui allait devenir BP.

L'Aramco s'oppose à une telle idée, fait traîner les négociations et, lorsque les premières défaites de Rommel et de son Afrikakorps sont connues, les sociétés changent d'attitude et refusent sèchement d'admettre l'État américain même comme associé minoritaire. « Elles considéraient, écrivit James Hepburn, sans d'ailleurs se tromper beaucoup, que la protection gouvernementale leur était obligatoirement acquise [1]. »

L'alliance avec les nazis

Les hommes à la tête de ces groupes ont pour la plupart d'entre eux une vision autoritaire, hiérarchique et anti-démocratique du monde. Pour compléter la formule de l'actuel vice-président américain, Dick Cheney, qui affirme que « Dieu n'a pas placé le pétrole dans les démocraties [2] », on peut ajouter que Dieu n'a pas choisi non plus les dirigeants pétroliers de l'époque parmi les démocrates.

Chez deux d'entre eux, la montée en puissance du nazisme allemand agit comme un révélateur. En 1936, le fondateur de la Shell, une des deux plus puissantes sociétés pétrolières de la planète, le Hollandais Deter-

1. James Hepburn, *op. cit.*
2. Jason Leopold, « Cheney's Lies About Halliburton and Iraq », *Counter Punch*, 19 mars 2003.

ding, devient un nazi affiché, manifestant son admiration pour le Troisième Reich et l'ordre qu'il a su rétablir à travers l'Allemagne. Face au « danger communiste », Hitler apparaît selon lui comme le seul rempart. Son conseil d'administration et certains chefs de gouvernement européens s'inquiètent à l'idée que la Shell, en raison de ses énormes réserves pétrolières, puisse jouer un rôle majeur en faveur de l'effort de guerre nazi. Les pressions, de plus en plus fortes, obligent Deterding à la démission. Il se retire en Allemagne dans son domaine du Mecklembourg et devient l'intime des chefs nazis, qu'il intéresse beaucoup moins depuis sa mise à l'écart de la Shell.

Il se rend souvent en Hollande, son pays d'origine, pour prêcher les bienfaits du Troisième Reich. Il meurt six mois avant le début de la Seconde Guerre mondiale. Des couronnes envoyées par Hitler et Goering sont déposées sur sa tombe, tandis que dans les bureaux de la Shell, à travers l'Allemagne, on pleure sa disparition.

Le cas de Walter Teagle, le patron d'Exxon, successeur choisi par John D. Rockefeller et qui dut démissionner en 1942, est quelque peu différent. Dès 1926, Teagle signe un accord entre Exxon et le tristement célèbre groupe chimique allemand IG Farben. En 1916, le groupe, à peine créé, se livre à la production intensive de gaz asphyxiants destinés à de vastes opérations de « dératisation » dans les tranchées adverses. Peu de gens savent que, dès la fin de la Première Guerre mondiale, le développement du groupe repose sur l'aide de capitaux américains et anglais. Plusieurs millions de livres sterling d'actions IG Farben sont détenus par des banques d'outre-Atlantique, dont la Chase Bank de Rockefeller, la Morgan et la Warburg.

En 1921, des usines du groupe travaillent à la production du nitrate synthétique destiné à la fabrication d'explosifs. En 1932, IG Farben est devenue la plus importante puissance chimique au monde : elle contrôle 400 sociétés allemandes et 500 entreprises commerciales, possède ses propres lignes de chemin de fer et mines de charbon, ainsi que des usines dans plusieurs dizaines de pays. Les cinq cents plus grandes firmes qui font la prospérité de l'Europe et des États-Unis sont liées par plus de 2 000 accords avec le groupe allemand, dont les chercheurs et techniciens sont les plus nombreux et les plus qualifiés qu'on ait jamais rassemblés, dans l'histoire économique moderne, au sein d'une même société.

De même que l'économie allemande ne peut survivre sans IG Farben, aucun gouvernement ne peut espérer se maintenir sans sa coopération. C'est pourquoi, dès leur installation au pouvoir, la décision des nazis de transformer l'Allemagne en une forteresse inexpugnable n'aurait été suivie d'aucun effet si elle n'avait rencontré un accueil aussi complaisant des dirigeants d'une firme qui n'a pas cessé d'être le bailleur de fonds, depuis sa création, du parti national-socialiste.

« La guerre, un phénomène transitoire »

Karl Duisberg, président d'IG Farben depuis sa fondation, meurt en 1935. Il est remplacé par Karl Bosch, remarquable technicien qui obtiendra le prix Nobel de chimie et siège au conseil d'administration de nombreuses sociétés américaines, comme US Steel, Dupont de Nemours et Exxon. À sa mort, en 1940,

Karl Krauch, dirigeant nazi, lui succède. Cette nomination symbolise l'étroite coopération entre dirigeants industriels et politiques du Troisième Reich, et les liens étroits entre IG Farben, le régime nazi et de puissantes firmes supposées appartenir au camp de la démocratie.

Après 1940, Exxon, première compagnie pétrolière mondiale, continue, en vertu d'accords signés en 1926, à échanger des informations hautement stratégiques et à développer sa coopération avec le groupe allemand. Dès l'arrivée au pouvoir de Hitler, Exxon a fourni aux nazis les brevets du tétraéthyle de plomb, indispensable à la fabrication de l'essence d'avion. En échange de quoi Exxon, désireux de se lancer dans la fabrication du caoutchouc synthétique, développe ses activités en Allemagne tout en s'employant à entraver les recherches américaines dans ce domaine, sabotant l'effort de guerre américain et allié.

Poussant cette coopération encore plus loin, Exxon et General Motors, qui sont déjà à l'époque deux des plus grandes firmes mondiales, s'associent avec IG Farben pour la construction en Allemagne d'usines de tétra-éthyle. Ainsi approvisionnée en fuel synthétique, la machine de guerre nazie, hautement mécanisée, évitera la pénurie. Ces ententes avec un régime totalitaire correspondent à la psychologie d'un certain nombre de dirigeants capitalistes. Alfred Sloan, président de General Motors, a lancé après la déclaration de la guerre : « Nous sommes trop grands pour être gênés par ces minables querelles internationales » ; l'un des responsables au Congrès des procédures antitrust, Thurman Arnold, résume d'une formule cet état d'esprit : « Ce que ces gens s'efforçaient de faire était de considérer la guerre comme un phénomène transitoire et les affaires comme une sorte de réalité permanente. »

Dès 1941, l'infamie : le groupe IG Farben se trouve associé à un immense programme de travaux forcés, des millions de déportés sont mis au service de la production de guerre allemande. Et c'est à Auschwitz que les dirigeants d'IG Farben bâtissent un énorme complexe pour la fabrication synthétique de l'essence et du caoutchouc. Enfin, comble de l'horreur, la firme produit à grande échelle le Zyklon B, le gaz destiné à l'extermination massive des déportés des camps de concentration[1].

Inculpée pour crimes de guerre, la firme sera démantelée. Les Alliés ont peut-être gommé le nom d'IG Farben en 1945, mais Bayer, Hoechst, BASF, les trois rejetons du groupe honni, réussiront à reconstruire l'empire d'avant-guerre en constituant l'industrie chimique la plus puissante du monde.

50 000 dollars d'amende

Exxon est inculpée en 1941 à deux reprises par le ministère de la Justice américain, et certains experts, ayant eu accès aux dossiers, accusent le géant pétrolier d'avoir fourni au Troisième Reich des secrets industriels d'importance vitale. Mais d'énormes pressions exercées sur le gouvernement par d'influents membres du Congrès proches d'Exxon aboutiront à un règlement à l'amiable : Exxon, qui a réalisé de gigantesques bénéfices grâce à sa collaboration avec les

1. Anthony C. Sutton, *op. cit.*

nazis, est condamnée à verser une amende de... 50 000 dollars[1].

Un correspondant de presse, à l'énoncé de cette décision, demande au président Truman s'il estime que les accords secrets passés entre Exxon et IG Farben relèvent de la trahison. La réponse du chef de l'exécutif américain est sans équivoque : « Oui, bien sûr, que voulez-vous que ce soit[2] ! » Mais ce verdict n'entrave pas l'essor de la première firme pétrolière. Quinze ans après la Seconde Guerre mondiale, elle contrôle plus d'un cinquième du marché pétrolier mondial et dispose, avec 126 tankers, de la plus importante flotte privée au monde, supérieure à celles d'États comme la Suède, l'Espagne, le Danemark et le pourtant très accueillant pavillon du Panamá.

Le pétrole américain, en 1945, a joué un rôle décisif dans la victoire alliée, comme en 1918 : 68 % des approvisionnements mondiaux, durant les cinq années de conflit, provenaient des États-Unis. De tels chiffres permettent de faire taire les critiques et incitent à oublier le double jeu cynique, et parfois impardonnable, auquel ces compagnies se sont livrées.

1. Bennett H. Wall et George S. Gibb, *Teagle of Jersey Standard*, Université de Tulane, 1974.
2. *Ibid.*

3

Rencontre avec Albert Speer

J'ai compris à quel point le pétrole avait joué un rôle décisif sur le cours de la Seconde Guerre mondiale à travers deux rencontres survenues, étrangement, à un an d'intervalle : un dirigeant nazi et un démocrate qui ne comprit malheureusement pas que le monde, après guerre, avait changé. Deux acteurs essentiels d'une tragédie, dont les témoignages m'ont profondément marqué.

1972, je descends en gare de Heidelberg, il s'agit de mon premier voyage en Allemagne. J'ai vingt-cinq ans et ce pays demeure pour moi une énigme, un abysse et une interrogation permanente : pourquoi cette folie meurtrière et comment a-t-elle pu avoir lieu ? Pour la première fois dans l'histoire de l'humanité un régime, soutenu par une partie du peuple, a voulu procéder à une véritable ablation chirurgicale en essayant de supprimer de la surface de la Terre les Juifs et les Tziganes.

Un taxi me dépose devant l'entrée d'une grande maison bourgeoise, un peu à l'écart de la ville. Une femme âgée aux cheveux blancs, vêtue d'un pantalon et d'une veste en laine, m'ouvre et me conduit dans un petit salon meublé de trois fauteuils en bois sombre recouverts de coussins à fleurs. Le mur de la pièce est tapissé de papier peint. « Mon mari arrive dans un instant », me dit-elle. J'aperçois un couple d'étudiants en train de descendre l'escalier conduisant au premier étage ; elle capte mon regard et me confie avec un soupir douloureux : « Oui, nous avons dû louer des chambres, les choses n'ont vraiment pas été faciles pour nous. » Je reste interloqué par ces mots, prononcés d'un ton apitoyé, et par leur incroyable indécence. Je viens d'être accueilli par la femme d'Albert Speer, le favori de Hitler, qui fut l'architecte, le confident, puis le ministre de l'Armement et de la Production industrielle du Troisième Reich.

Speer, jugé à Nuremberg avec les autres dignitaires nazis, est sorti en 1966 de la prison berlinoise de Spandau, où il demeurait le seul détenu avec Rudolf Hess. Il s'est plongé ensuite dans la rédaction de ses Mémoires, qu'il vient de publier et qui sont l'illustration parfaite de la formule d'un célèbre humoriste : « Je n'écrirai jamais mes souvenirs, je n'ai rien à cacher. » Speer, si.

Dans son ouvrage, il cherche surtout à plaider sa cause, à éluder ses responsabilités, en prétendant qu'il n'a jamais été informé des crimes du nazisme. Ce fut déjà sa ligne de défense à Nuremberg. L'ancien président du Conseil Edgar Faure, qui a siégé au procès comme procureur et auquel je raconterai quelques années plus tard cette rencontre, me confiera : « Speer était à mes yeux le plus méprisable de tous ces criminels, parce que à la fois le plus intelligent et le plus dénué de toute conviction. C'était un ambitieux, calculateur, dépourvu de fanatisme, mais qui a séduit Hitler, fasciné par le pouvoir qu'il pouvait en retirer. Au fond, c'est un personnage faustien[1]. »

« Je peux vous dire que c'est faux »

L'entretien commence de la pire façon. L'homme, grand et massif, le crâne légèrement dégarni, qui s'assied en face de moi, est vêtu d'une vieille veste et d'un pantalon de velours. Ses bras posés sur les accoudoirs du fauteuil, ses larges mains croisées, il se penche légèrement vers moi en demandant que je lui parle d'une voix forte, en raison d'un léger problème de surdité. Le regard vif, il paraît en pleine forme, mais ses gestes sont lents, comme son élocution. Il s'exprime en français, teinté d'un fort accent, en cherchant soigneusement ses mots :

— Je ne sais pas, me dit-il d'emblée, comment vous souhaitez orienter l'entretien, mais je voudrais en prologue déclarer quelque chose.

Il s'interrompt un moment, me regarde comme s'il cherchait un acquiescement et, devant mon silence, poursuit :

— On a très souvent affirmé que nous avions beaucoup utilisé la main-d'œuvre des camps [il n'ajoute pas « de concentration »] pour notre effort de guerre. Je peux vous dire que c'est faux...

— Mais, monsieur Speer, vos propos contredisent les témoignages, les enquêtes, les rapports, les documents retrouvés, qui prouvent exactement le contraire.

1. Entretien avec l'auteur, 1978.

Il secoue la tête, agacé, lève les bras en signe de découragement, avant de les abattre avec un bruit sec contre les accoudoirs du fauteuil.

— Écoutez-moi...

Tandis qu'il décompose les mots avec une lenteur exaspérée, ses yeux me fixent avec froideur.

— Ce que je vous dis est la réalité. Nous n'avons pas utilisé ces prisonniers tout simplement parce qu'ils étaient en trop mauvais état pour pouvoir nous être utiles.

Il s'est exprimé sur le ton de l'évidence. Je le regarde, fasciné et écœuré. L'homme qui me fait face a adhéré en 1931 au parti nazi, conçu en 1934 le décor grandiose du congrès du parti qui se déroula à Nuremberg. Hitler, peintre raté, impressionné par son talent d'architecte, lui confie la reconstruction de Berlin, destinée à devenir la capitale d'un Reich millénaire. Au final, il ne réalise que la nouvelle chancellerie. En 1942, il est nommé au poste stratégique de ministre de l'Armement, qui emploie sur une vaste échelle les dizaines de milliers de déportés déjà implicitement condamnés à mort par les nazis.

À l'époque de ma rencontre avec Speer, aucun document ne prouve cependant de façon irréfutable sa présence à l'intérieur de l'un de ces camps. Et toute sa défense repose sur cette absence de faits incontestables. Depuis, le dossier à charge s'est considérablement alourdi, avec la preuve de ses visites dans plusieurs camps ainsi que dans l'usine souterraine de Dora où moururent des milliers de déportés. Un document prouve même qu'il se livra à une véritable spéculation immobilière sur des biens juifs aryanisés qu'il s'était fait attribuer.

« Hitler me l'a annoncé personnellement »

Nous sommes en 1972, c'est-à-dire trente années exactement après sa désignation par Hitler à la tête du ministère de l'Armement, au moment où la machine de guerre nazie est engagée sur tous les fronts. Je lui demande ce qu'il a éprouvé en apprenant sa nomination. L'homme est lâche mais vaniteux. Le port de tête devient hautain, la poitrine se gonfle. Aucun repentir.

— Hitler me l'a annoncé personnellement. Nous étions en tête à tête. C'était pour moi une immense fierté et une lourde responsabilité, car les raids de l'aviation alliée provoquaient d'importantes destructions et perturbaient notre approvisionnement.

La table basse qui nous sépare est recouverte d'un napperon brodé blanc et, dans un étrange tic, à la fin de chaque réponse Speer passe rapidement ses doigts sur le tissu.

Il a prévu que nous allions déjeuner pour poursuivre l'interview. Il enfile une vieille parka et m'entraîne vers une Volkswagen usagée, garée devant l'entrée. Sur la route en lacet, il a la fâcheuse manie de se tourner vers moi en parlant, tout en se déportant constamment sur la gauche. Je me demande quelle faute impardonnable j'ai pu commettre pour risquer de finir ma vie dans un accident aux côtés d'un criminel nazi. Mais je suis fasciné. C'est la première fois que je suis face à un être qui symbolise le mal absolu et, bien que n'ayant pas lu Hannah Arendt, je suis impressionné par sa banalité. Au restaurant, salué par le propriétaire et les jeunes serveurs d'un respectueux « Bonjour, Herr Speer », il s'installe, tel un notable, à une table où visiblement il a ses habitudes. Et la conversation va brusquement prendre un cours passionnant :

— Savez-vous, me dit-il en dépliant soigneusement sa serviette, quel a été notre grand handicap ? (Il s'exprime comme un technicien à la retraite.) Eh bien, enchaîne-t-il, ce fut le pétrole. Bien avant le début de la guerre, Hitler répétait que c'était notre talon d'Achille. C'est pourquoi nous avions développé avec beaucoup de succès l'essence synthétique qui représentait en 1940 la moitié de nos approvisionnements militaires.

— Mais qui était insuffisante pour mener une guerre prolongée sur plusieurs fronts.

Plongé dans la lecture du menu, il hoche la tête.

— C'est pourquoi Hitler avait opté pour la stratégie du Blitzkrieg. Comment dites-vous en français ?

— La guerre éclair.

— C'est ça. Utiliser le maximum de blindés pour obtenir une victoire rapide et brutale, peu coûteuse en carburant. Ce fut un succès en Pologne, mais aussi en France.

Il m'adresse un large sourire désolé, puis commande un pâté, suivi de gibier et d'un vin de Moselle. Chez ce personnage déplaisant, l'arrogance demeure.

— Puisque vous parlez du pétrole et des besoins en approvisionnements de l'armée nazie...

— Non, allemande.

Il m'a interrompu sèchement. Je rétorque :

— Disons allemande et nazie.

Les traits du visage se figent, contrariés.

— C'est abusif.

— Je voudrais en revenir à ma question : quelle erreur Hitler et son entourage, auquel vous appartenez, ont-ils commise en matière d'approvisionnement pétrolier ?

— Aucune.

Chez Speer, la contrition est tout aussi faible que l'aveu des erreurs passées.

— Nous n'avons pas commis d'erreurs, mais nous avons joué de malchance.

Je le fixe, étonné.

— Oui, monsieur. D'abord, nous ne pensions pas que les Américains entreraient en guerre. D'ailleurs, ils ne le voulaient pas et Roosevelt a finalement cédé à certains groupes de pression.

— Lesquels ?

Il hausse les épaules, excédé.

— Vous le savez bien. Des organisations juives influentes, liées au lobby du pétrole et de l'armement...

La nausée.

— La capacité pétrolière de l'Amérique a fait la différence. De plus, en 1940, les Soviétiques avaient annexé une partie de la Roumanie à proximité des champs pétrolifères de Ploesti.

— Mais pourquoi, dans ces conditions, alors que vous deviez déjà vous battre sur plusieurs fronts, avoir envahi l'Union soviétique ?

« Nous avons envahi la Russie pour le pétrole »

Il me regarde, étonné, tandis que les serveurs s'empressent autour de lui. Le décalage entre le cadre rustique, provincial, du restaurant et notre conversation est surréaliste.

— Justement pour cette raison : mettre la main sur les approvisionnements en pétrole contrôlés par Moscou dans le Caucase. Je sais que beaucoup d'autres raisons ont été avancées, mais je peux vous affirmer qu'il s'agissait pour Hitler de la première priorité :

nous fournir en carburant, interdire aux unités russes d'en faire autant, pour prendre ensuite le contrôle des champs pétrolifères d'Iran. L'offensive a été lancée au début de 1942 ; malheureusement, elle a échoué à proximité de Bakou.

Bakou est le cœur pétrolier de la Russie. Des gisements affleurent à même le sol ou dans les faibles fonds marins, à proximité des côtes, et font de la région un incroyable eldorado pétrolier, où les Nobel bâtirent leur fortune. Ironie de l'Histoire, Staline, conscient de la menace qui pesait sur cette zone pétrolifère, massa de très nombreuses troupes pour protéger les puits, alors que dans les années 1900-1905, jeune révolutionnaire bolchevique en lutte contre le pouvoir tsariste, il s'employait à les saboter.

Speer traque les quelques miettes de pain sur la nappe et les balaie d'un revers de la main.

— Mais vous savez, me dit-il d'un ton pédant, ce n'est pas vraiment une révélation que je vous fais. J'ai déjà déclaré, lors de ma déposition à Nuremberg, que nous avions envahi la Russie pour le pétrole...

Il se réfère à son procès pour crimes contre l'humanité comme s'il s'agissait d'une communication présentée au cours d'un congrès.

— Peut-être les choses auraient-elles pris aussi un cours différent si Rommel avait pu, comme il le souhaitait, faire la jonction avec nos autres divisions dans le Caucase. Mais ses troupes ont justement été victimes de difficultés d'approvisionnement constantes.

— L'éclairage que vous présentez est surprenant mais, si vous poussiez votre raisonnement jusqu'au bout, croyez-vous qu'avec du pétrole en quantité suffisante l'Allemagne aurait pu gagner la guerre, malgré la nature de son régime ?

L'expression de son visage change et je crois bien qu'il se retient de sourire à l'énoncé du dernier terme de ma question.

— Beaucoup d'erreurs ont été commises et un certain nombre d'atrocités aussi, mais nous avions également de nombreux atouts qui auraient dû nous conduire à la victoire.

— Lesquels ?

— La qualité de nos chercheurs qui avaient mis au point l'essence synthétique.

Il n'évoque ni la contribution d'Exxon à ces découvertes, ni les milliers de déportés utilisés par IG Farben dans l'annexe d'Auschwitz où étaient fabriqués ces composants synthétiques. J'ai appris plus tard que 300 000 déportés avaient franchi le portail d'entrée d'Auschwitz pour gagner les usines du groupe chimique, si vastes qu'elles utilisaient plus d'électricité que toute la ville de Berlin.

Speer déguste lentement, avec gourmandise, une tarte aux pommes nappée de crème, vieil homme paisible dans cette auberge retirée. Quelques clients passent devant notre table et il répond à leur salut d'un discret signe de tête. Albert Speer n'est pas un pestiféré dans sa ville, lui qui fut à l'origine de l'aryanisation des cités allemandes et qui, je l'appris plus tard, avait rédigé les plans proposant l'agrandissement d'Auschwitz, avec quatre morgues et trois fours crématoires supplémentaires, plus deux fours pouvant brûler chacun huit cadavres.

Le repas achevé, il replie soigneusement sa serviette et la dépose sur la table en la lissant du plat de la main. Calé sur sa chaise, il affiche un sourire satisfait.

« Nous avons été des visionnaires »

— Monsieur Laurent, sur certains plans nous avons été des visionnaires. Je vous ai parlé du pétrole que nous fabriquions sous forme synthétique, parce que nous étions dépourvus de ressources. À la prison de Spandau, quand je regardais la télévision, puis à ma libération, j'ai été stupéfait par le nombre de voitures qui circulent, l'incroyable gaspillage en énergie. Je suis désormais un homme âgé ; mais le monde dans lequel vous évoluez, composé de consommateurs exigeants et repus, n'a pas le moindre avenir ; croyez-moi, monsieur, le pétrole qui nous a tant manqué disparaîtra rapidement pour vous [1].

J'ai souvent repensé à ses propos, lorsque se sont succédé les chocs pétroliers, puis lorsque l'accès à l'or noir est devenu une source d'inquiétude pour les économies occidentales.

Speer avait identifié d'emblée l'une des faiblesses de nos démocraties : la satisfaction sans entraves de consommer toujours plus grâce à un pétrole bon marché.

Il m'a regardé payer la note. Puis, avec l'aide du directeur de l'établissement, il a enfilé son manteau et sorti d'une des poches un petit chapeau en forme de bob qu'il a placé sur sa tête : « Un cadeau de ma femme qui a peur que j'attrape froid. » Il insiste pour me reconduire à la gare. Je lui demande, alors que nous sommes assis dans la voiture, juste avant qu'il ne démarre :

1. Entretien avec l'auteur pour France Culture, 1972.

— Est-ce que vous vous considérez comme un criminel ?

La clé, dans sa main droite, s'enfonce calmement dans le démarreur, tandis qu'il me répond posément :

— Non, comme un vaincu qui a collaboré à un régime qui est responsable de choses condamnables dont je ne connaissais pas les détails.

Le dégoût m'envahit à nouveau. Il montre du doigt l'exemplaire en français de son livre posé sur mes genoux et qui m'a servi tout au long des quatre heures d'interview.

— Voulez-vous que je vous le dédicace ?

Sans même attendre la réponse, il s'en empare, retire ses gants, sort un stylo qu'il décapuchonne et écrit lentement en gros caractères bleus : « À Éric Laurent, en souvenir d'une rencontre qui a été presque agréable. Albert Speer[1]. »

Quatorze mois plus tard, en mars 1974, je suis sur le point de m'envoler pour Beyrouth afin de commencer un livre d'entretiens avec Nicolas Sarkis, conseiller influent de plusieurs pays producteurs de pétrole. L'ouvrage doit porter sur les conséquences du choc pétrolier survenu cinq mois auparavant.

Deux jours avant mon départ, je reçois une lettre de Grande-Bretagne, une missive qui semble venue du passé. L'enveloppe et le papier, élégants, sont des modèles anciens, pratiquement introuvables aujourd'hui. Cinq lignes sont rédigées au stylo noir, d'une écriture élégante et régulière, sous un en-tête gris perlé qui porte la mention : « Lord Avon ».

« Monsieur, j'ai pris connaissance de votre demande

1. Entretien avec l'auteur pour France Culture, 1972.

d'interview et je suis tout à fait disposé à vous rencontrer pour évoquer les thèmes que vous avez mentionnés. Téléphonez-moi au numéro suivant pour que nous puissions rapidement convenir d'un rendez-vous. Très cordialement. Antony Eden. »

Un bref *P-S* : « Prévoyez d'arriver dans la matinée, je vous invite à déjeuner. »

Le « siècle du pétrole et de la guerre »

Je décale mon voyage au Liban et compose le numéro indiqué dans la lettre. Eden décroche lui-même, commence la conversation en anglais puis, au bout de quelques phrases, passe sans prévenir au français, avec de temps en temps un imperceptible bégaiement dans la prononciation d'un mot, qui rehausse encore son accent si châtié. Il m'indiquera l'emplacement exact de son cottage lorsque je serai arrivé dans le sud de l'Angleterre.

Antony Eden est le seul grand acteur de la Seconde Guerre mondiale encore vivant. Une silhouette élégante et racée, l'incarnation du gentleman anglais, une fine moustache barrant un visage souriant.

Un intime et un complice de Churchill, dont il a épousé la nièce, Clarissa.

Ministre de la Guerre, puis ministre des Affaires étrangères durant tout le conflit, il succède à Churchill en 1955 et ruine son crédit politique en déclenchant un an plus tard la crise de Suez. Un affrontement qui préfigure les malentendus et les tensions à venir entre le monde arabe et l'Occident, et notamment les futurs affrontements autour du pétrole.

Le témoignage d'Eden, en contrepoint de celui de

Speer, rend la rencontre encore plus passionnante. Tous deux ont occupé des postes presque identiques pendant la Seconde Guerre mondiale : ministère de l'Armement pour Speer, celui de la Guerre pour Eden. On s'est plu à définir le XXe siècle comme le « siècle du pétrole ». Je nuancerais en le qualifiant plutôt de « siècle du pétrole et de la guerre ».

La route serpente au milieu d'un paysage verdoyant et vallonné, doux et paisible, qui fait penser parfois à une Toscane anglaise. Un chemin ombragé se termine devant un portail en bois, d'où l'on distingue une vaste pelouse, impeccablement tondue, qui ceinture une gentilhommière à la façade recouverte de lierre. Comme chez Speer, une femme vient m'ouvrir. Cheveux courts, visage énergique et séduisant, vêtue d'un pantalon de tweed et d'un corsage de soie, elle me tend une main ferme : « Bonjour, je suis lady Avon. Avez-vous fait bon voyage ? » Visiblement, Clarissa Churchill est fière de ce titre nobiliaire accordé par la reine à son mari. Antony Eden nous attend sur le seuil de la maison, semblable aux nombreuses photos et films d'actualités. Mince, élégant, il affiche un large sourire et son visage, barré d'une éternelle moustache devenue blanche, dégage une expression juvénile. Il porte un foulard de soie autour du cou et un pull en cachemire bleu clair.

Il entrouvre rapidement une porte et m'entraîne dans le salon. Parmi les nombreuses toiles accrochées aux murs, un large portrait de Churchill. En le contemplant, je me rappelle que l'homme au cigare et Eden furent deux des rares personnalités britanniques à s'opposer vigoureusement à la politique d'apaisement envers Hitler et Mussolini prônée par Chamberlain et Daladier. « Vous avez choisi le déshonneur pour éviter la guerre, et pourtant vous connaîtrez la guerre et le déshonneur », leur avait lancé le futur Premier ministre britannique après les accords de Munich. Eden, alors chef de la diplomatie, avait immédiatement démissionné pour marquer son refus de la politique suivie.

« Une faillite de l'esprit »

Je l'interroge sur cette période. Debout, les mains dans les poches, il semble replonger dans ses souvenirs :

— Ce fut un incroyable aveuglement, une faillite de l'esprit. Depuis le réarmement du Rhin en 1936, puis l'Anschluss et l'annexion de la Tchécoslovaquie en 1938, personne ne pouvait douter des intentions de Hitler. Mais, chez les hommes au pouvoir en Grande-Bretagne et en France, la lucidité semblait se dérober devant l'inexorable. J'ai eu de longues et épuisantes discussions avec Chamberlain, un homme honnête d'ailleurs, qui croyait fermement que ses choix – pour moi il s'agissait au contraire d'un refus de trancher – nous préserveraient de la tragédie. J'ai beaucoup appris à cette occasion sur le poids de la volonté en politique, et si plus tard j'ai pu faire des choix qui ont été contestés, comme lors de l'affaire de Suez en 1956, au moins ils étaient en accord avec mes convictions.

— Mais vous venez de dire que c'était le cas aussi pour Chamberlain.

— C'est vrai, mais Churchill et moi avons découvert à cette époque l'incroyable fragilité psychologique des dirigeants démocrates confrontés aux systèmes totalitaires et aux dictateurs qui les dirigent. Ce fut le cas avec Hitler, puis ensuite avec Staline : plier et concéder, comme si non seulement la force primait le droit, mais le rendait futile et honteux.

Je lui rapporte un entretien que j'ai eu cinq mois auparavant à Turin avec le propriétaire de la Fiat, le flamboyant Giovanni Agnelli : visage acéré, crinière grise, il m'avait raconté sa visite au Kremlin, en 1964, à la tête d'une délégation d'hommes d'affaires et de responsables politiques italiens. Agnelli, depuis la fin des années 1960, prônait la détente commerciale avec le monde communiste et la multiplication des échanges économiques. Fiat a d'ailleurs implanté en Pologne des usines de montage Lada.

« Nous avons été reçus par Khrouchtchev quelques mois avant sa chute, mais personne ne pouvait l'imaginer, surtout pas lui. Il a discuté un moment avec nos ministres qui l'entouraient, puis s'est écarté pour se diriger vers moi en lançant avec un large sourire, pour que tout le monde entende : "C'est avec vous que je veux discuter et négocier. Eux – il pointait du doigt les pauvres ministres, les yeux sur leurs chaussures – auront vite disparu, balayés par des démissions ou de nouvelles élections, mais vous, vous serez toujours au pouvoir[1]." »

Eden éclate de rire :

— C'est en partie l'illustration de ce que je viens de vous dire. La force des dirigeants totalitaires s'alimente à la fois du mépris que nous provoquons chez eux et de l'ignorance de leurs propres faiblesses, alors que nous nous plaisons à afficher les nôtres.

1. Entretien avec l'auteur, 1973.

Je l'interroge ensuite sur l'alliance soviéto-allemande, en 1939, avec la signature de l'accord entre Molotov et von Ribbentrop. Pensait-il qu'elle serait durable ?

— Je n'y ai jamais cru. Il s'agissait simplement pour Hitler et Staline d'une pause nécessaire avant l'affrontement. Deux boxeurs, poursuit-il, assis sur leur tabouret dans un coin du ring et se préparant au combat avec la volonté de mettre l'adversaire K-O... Vous savez, ajoute-t-il avec un sourire malicieux, j'ai fait de la boxe. En 1939, l'invasion de la Finlande par les troupes de Staline ne nous a pas surpris. Pour stopper l'agression, nous avions préconisé, Churchill et moi, de bombarder les puits de pétrole russes.

Je lui parle de ma rencontre avec Speer et du rôle déterminant des approvisionnements pétroliers dans le cours de la guerre. Il s'est calé, les jambes croisées, dans un fauteuil profond adossé à une large bibliothèque en bois sombre.

— Il n'y a aucun doute là-dessus. En 1940, le fait que les forces allemandes, après l'invasion de la France, aient mis la main sur tout le pétrole stocké dans votre pays nous préoccupait beaucoup. Nous avions prévu la destruction immédiate de tous nos stocks en cas d'invasion de la Grande-Bretagne. En 1941, nous avons suivi les États-Unis dans leur décision d'imposer un embargo pétrolier au Japon, et ce fut probablement une des raisons qui poussèrent Tokyo à lancer l'attaque contre Pearl Harbor. Jusqu'à la fin de l'année 1942, notre survie en matière d'approvisionnement pétrolier n'a tenu qu'à un fil. Les sous-marins allemands coulaient constamment des convois entiers. Je me rappelle qu'en janvier 1943 l'ensemble de notre flotte de guerre, la Navy, disposait d'un mois de réserves en carburant. Heureusement, ajoute-t-il, il y a eu Ultra. Autrement, les Allemands n'auraient jamais été aussi proches de couper les communications entre le Nouveau Monde et nous.

La hantise d'une asphyxie pétrolière

J'ai l'impression, dans ce salon meublé avec goût, face à Eden et sa femme, d'un véritable voyage dans le temps. Pourtant, ces confidences sont d'une étrange actualité. En 1974, notre monde sophistiqué vit toujours dans la hantise d'une asphyxie pétrolière, comme en 1940, et l'essor actuel de l'informatique rappelle le rôle clé d'Ultra : 6 000 hommes travaillaient jour et nuit dans l'enceinte de Bletchey Park, une propriété à l'écart de Londres, à intercepter et briser les codes secrets de l'état-major nazi, grâce à une ébauche d'ordinateur, surnommée « La Bombe », à la puissance de calcul inimaginable pour l'époque. Toute la partie calcul était effectuée par plus de 2 000 valves et le nombre de caractères défilant à la seconde était passé à 5 000 pour pouvoir satisfaire leur insatiable appétit d'informations.

De nombreux scientifiques pensent que cette machine, inventée par un mathématicien génial, Alan Turing, permit aux Alliés de gagner la guerre.

En tout cas, elle l'infléchit de manière impressionnante. Au début de l'année 1943, les U-Boote détruisent jusqu'à 3 navires alliés par jour et ont envoyé par le fond, en 1942, 8 millions de tonnes. Le tournant a lieu le 4 avril 1943. Telle une véritable meute de requins, 98 U-Boote pénètrent dans l'Atlantique. Localisés par Ultra, après des centaines d'heures de calculs fébriles, 45 d'entre eux sont coulés dans les premiers jours de mai et les pertes alliées s'abaissent à

20 000 tonnes. En juin, ce sont 17 nouveaux sous-marins qui sont détruits sur d'autres théâtres d'opérations, tandis que les Alliés ne perdent que 22 000 tonnes. Les répercussions de ce nouvel avantage sont considérables : le niveau des approvisionnements pétroliers augmente, tandis que le moral des équipages des sous-marins ennemis s'effondre. « Il devint clair, au fil des mois, que cette victoire alliée dans l'Atlantique était plus qu'un renversement temporaire du sort des armées[1]. »

Nous passons à table. À peine installé, Eden me demande :

— Que devient Guy Mollet ?

La question est totalement incongrue. Trois années plus tôt, à Épinay, Mitterrand a pris le contrôle du Parti socialiste, provoquant l'effacement définitif de son ancien leader.

— À vrai dire, je ne sais pas. Je pense qu'il est encore maire d'Arras. C'est tout.

Eden affiche une expression navrée.

— Dommage pour lui, il a vraiment été un excellent partenaire en 1956.

Des « complots fomentés par l'Occident »

En une phrase, nous basculons dix-huit ans en arrière.

En 1955, les 150 kilomètres du canal de Suez,

1. Antony Cave Brown, *Bodyguard of Lies*, Harper & Row, New York, 1975. Winston Churchill, *Mémoires*, Plon. David Kahn, *The Codebreakers*, MacMillan, New York, 1967. F.W. Winterbothom, *The Ultra Secret*, Harper & Row, New York, 1974.

conçu par Ferdinand de Lesseps, permettent, en reliant la mer Rouge à la Méditerranée, l'acheminement direct du pétrole du Moyen-Orient vers l'Europe, en évitant les 15 000 kilomètres de trajet qui obligeraient à passer par le cap de Bonne-Espérance. Les deux tiers du pétrole destiné aux pays européens empruntent cette voie d'eau. Depuis soixante-dix ans, des troupes britanniques stationnent dans la zone du Canal et Nasser, le président égyptien, réclame constamment à Londres leur retrait. Une période charnière, aujourd'hui trop souvent oubliée.

Le 19 juillet 1955, au moment même où meurt Albert Einstein, s'ouvre la conférence de Bandung. Dans cette petite station Art déco située à 150 kilomètres de Djakarta, entourée de rizières en pente et qui servit de lieu de villégiature aux colons hollandais, vingt-neuf chefs d'État et de gouvernement se réunissent. Ils représentent déjà plus d'un milliard et demi d'habitants. Pour la première fois, le tiers-monde, terme vague et commode créé par Alfred Sauvy et Georges Balandier en analogie avec le tiers état français, fait son entrée sur la scène mondiale. Ses leaders sont l'Indien Nehru, l'Indonésien Sukarno, l'Africain Nkrumah, le Premier ministre chinois Chou En-lai et l'Égyptien Nasser. Peu après son arrivée à Bandung, le président égyptien confie à Chou En-lai sa « hantise des complots fomentés par l'Occident ». Il souhaite acheter des armes et se plaint des refus français, américain et anglais. « Je ne sais pas, ajoute-t-il, si l'URSS acceptera. » Chou En-lai propose de servir d'intermédiaire auprès de Moscou, puis rédige un rapport destiné à Mao Zedong, où il conclut, à propos du cas égyptien : « Il est impossible au camp socialiste de se borner au rôle de spectateur. »

Cette même année, Antony Eden succède à son vieil ami Winston Churchill comme chef du gouvernement et se trouve confronté à une double contrainte : s'adapter aux exigences d'un monde nouveau aux acteurs imprévisibles, et gérer l'inexorable déclin de la Grande-Bretagne depuis la perte de son empire.

Je lui demande :

— Rétrospectivement, avez-vous eu le sentiment que la crise de Suez et l'intervention militaire qui a suivi auraient pu être évitées ?

Sa fourchette traque lentement les quelques petits pois encore dans son assiette.

— Non.

Changement de ton. Le mot a claqué.

— ... J'ai le sentiment d'avoir jusqu'au bout fait preuve de bonne volonté et d'avoir tout tenté. En 1954, alors que j'étais ministre des Affaires étrangères, je suis allé négocier le retrait, étalé sur vingt mois, de nos dernières troupes présentes dans la zone du Canal ; ce qui m'avait valu de violentes critiques à l'intérieur de mon parti. Au début de l'année 1955, juste avant de devenir Premier ministre, je me suis rendu au Caire pour rencontrer Nasser.

— Auquel, dit-on, vous avez parlé en arabe.

Sa femme sourit à cette évocation.

— Il a seulement récité en arabe classique quelques proverbes et poèmes. Mon mari a de nombreux jardins secrets. Mais, c'est vrai, Nasser a été tout à fait étonné.

Nasser voulait des armes mais aussi les moyens d'assurer le développement de son pays, notamment en construisant le barrage d'Assouan pour détourner les eaux du Nil. Coût du projet : 500 millions de dollars. Washington, Londres et la Banque mondiale s'engagent à contribuer au financement du projet.

— Eisenhower et Foster Dulles[1] sont revenus sur leur parole parce qu'ils redoutaient que Nasser n'eût déjà tissé des liens trop étroits avec les Soviétiques. Ils préféraient appuyer Tito. Khrouchtchev est venu à Londres et je l'ai averti : « Toute intervention brutale de votre pays au Moyen-Orient qui pourrait compromettre la production ou le transport du pétrole, vital pour la sécurité et l'économie de l'Occident, nous incitera à réagir, au besoin par la force. » J'ai rappelé à Khrouchtchev les déclarations de Nasser menaçant la libre circulation sur le canal de Suez et j'ai ajouté : « Nous ne pouvons pas vivre sans pétrole et nous ne nous laisserons pas étrangler. »

Nasser, Hitler

En réalité, tout était joué. Quand Nasser apprend le refus américain de construire le barrage, il est dans l'avion qui le ramène en compagnie de Nehru, le Premier ministre indien, au Caire. « Quelle arrogance », murmure-t-il. La nuit tombée, il prépare sa réplique : la nationalisation du Canal, dont les revenus permettront la construction du barrage d'Assouan. Le lendemain, à Alexandrie, face à 250 000 personnes, il prend la parole et raconte à la foule ses duels avec les diplomates américains : « Ces messieurs qui ressemblent à Ferdinand de Lesseps. » C'est le signal codé. Des commandos, à l'énoncé du nom du fondateur du canal, s'emparent des installations, tandis qu'au Caire la police occupe les bureaux de la Compagnie de Suez.

1. Secrétaire d'État aux Affaires étrangères, frère d'Allen Dulles, à l'époque directeur de la CIA.

Le début d'après-midi est sombre. À travers les larges fenêtres, des nuages épais roulent dans le ciel. La salle à manger est plongée dans le silence, tandis que l'ancien Premier ministre, envahi par les souvenirs, roule entre ses doigts le manche d'un couteau en argent.

— À partir du moment où Nasser a décrété la nationalisation du canal, la situation est devenue extrêmement compliquée, avec une marge de manœuvre terriblement étroite.

Le léger bégaiement, perceptible au début, s'est accentué.

— Mes amis américains, je me dois de le dire, se montraient extrêmement ambigus. Ils nous demandaient de contenir les Soviétiques au Moyen-Orient tout en refusant de s'impliquer dans une crise qu'ils avaient déclenchée. Eisenhower ne voulait pas entendre parler d'une intervention militaire à quelques mois d'une élection présidentielle qu'il espérait à nouveau remporter. C'était également pour Washington la fin de la guerre en Corée et le refus de tout nouveau conflit. Vous voulez le fond de ma pensée ? Nasser était certain que nous n'interviendrions jamais militairement, mais Eisenhower le pensait tout autant.

— Et qu'est-ce qui vous a poussé à envisager l'usage de la force ?

— Nasser, justement.

— Est-il vrai que vous l'avez comparé à Hitler ?

Le visage devient grave, comme si une véritable souffrance, plus profonde que le simple rappel des événements, le submergeait à nouveau. Je me suis souvenu qu'Eden et ses proches avaient payé un lourd tribut à la guerre : deux de ses frères morts sur le front en 1914-1918 ; son fils aîné tué durant la Seconde Guerre mondiale.

« Nerf vital de la civilisation »

— C'est vrai et je ne suis jamais revenu sur ce jugement. J'avais lu attentivement son livre *Philosophie de la révolution*. Il plaidait pour que les Arabes prennent le contrôle des ressources pétrolières, qu'il qualifiait de « nerf vital de la civilisation ». Sans pétrole, ajoutait-il, toutes les machines et tous les outils du monde industrialisé resteraient des pièces d'acier sans vie. C'est exactement la situation où nous sommes aujourd'hui, depuis 1973. Et c'est vrai que j'ai dressé un parallèle avec Hitler. En violation des traités, Hitler avait, en 1936, réoccupé la Rhénanie ; Nasser faisait de même en nationalisant une voie d'approvisionnement vitale pour l'Europe. Le tolérer aurait conduit à d'autres concessions, pour aboutir à quel désastre ? Je me rappelle, au cours de ma dernière rencontre avec lui, au Caire, avoir insisté sur le fait que le canal était la composante essentielle, pour la Grande-Bretagne, de son approvisionnement pétrolier au Moyen-Orient. Il m'a rétorqué : « Oui, mais les pays producteurs de pétrole perçoivent 50 % des profits sur leur pétrole exploité, alors que l'Égypte ne reçoit pas 50 % des profits du canal. » Et il m'a réclamé « le même pourcentage ».

En tout cas, la réplique choisie fut un choix funeste pour Eden, son pays et ses alliés dans cette crise. Le Premier ministre français, Guy Mollet, partage les vues du Britannique, persuadé également que le soulèvement algérien s'effondrera dès la chute de Nasser, qui le soutient. Quant à Israël, l'Égypte est sa principale menace. Le 29 octobre 1956 Israël lance son offensive dans le Sinaï ; le 30, Paris et Londres annoncent leur intention d'occuper la zone du Canal, sur laquelle sautent les parachutistes français ; le 31, l'aviation britannique bombarde les aéroports militaires égyptiens.

— Est-il vrai qu'Eisenhower vous a accusé de l'avoir trahi ?

Il secoue la tête en signe de dénégation.

— Non, mais la conversation a été difficile, tendue, et il a menacé d'intervenir militairement aux côtés de Nasser si nous n'arrêtions pas l'opération[1].

La voix brusquement devient lasse et je sens que les années n'ont pas atténué l'amertume et l'humiliation de ce moment. Cette dernière confidence explique l'impressionnant basculement qui va s'opérer. Les gouvernements et les opinions publiques, au sein du monde arabe, manifestent leur fureur envers la Grande-Bretagne, qui va perdre ses dernières positions au Moyen-Orient mais aussi des points précieux sur l'échiquier pétrolier, au profit des États-Unis salués pour leur action pacificatrice. Quant à Nasser, il devient le héros des masses arabes et des peuples colonisés. Dès lors, tout semble en place pour que débute la lutte impitoyable en vue du contrôle des ressources pétrolières.

Un revenu annuel de 1 milliard de dollars

Juste avant de quitter Eden, silhouette frêle déjà touchée par la maladie, alors que nous faisons le tour de sa propriété, je repense à cette épitaphe politique

1. Entretien avec l'auteur pour France Culture, mars 1974.

d'un grand quotidien britannique : « Il fut le dernier Premier ministre à croire que la Grande-Bretagne était encore une grande puissance et le premier à être confronté à une crise qui prouvait qu'elle ne l'était plus. »

Le canal de Suez va rester fermé de 1956 à 1975, obligeant les compagnies pétrolières à opérer un long détour par le cap de Bonne-Espérance et les poussant à armer des supertankers de 300 000 à 500 000 tonnes pour répondre à la demande croissante de la consommation mondiale. 1956 fut une année étrange. Les crises sont souvent des signes annonciateurs. Cette année-là, personne ne prit la peine de s'interroger. Pourquoi d'ailleurs aurait-il fallu s'inquiéter ? Les pays industrialisés sortaient enfin de l'après-guerre et accédaient à la prospérité grâce à un pétrole qui coulait à flots et dont personne, au fond, ne se souciait de la provenance.

L'opération militaire franco-britannique a correspondu à une inquiétude réelle. En 1956, l'Europe importe du golfe Persique 80 % du pétrole qu'elle consomme et 60 % de ce tonnage transitent par le canal de Suez. La fermeture de la voie d'eau et la pénurie qui en résulte au cours de l'hiver 1956-1957 permettent aux compagnies pétrolières de faire preuve d'un grand opportunisme, et même de cynisme. Elles augmentent de 1,5 dollar la tonne de mazout et de 2 dollars la tonne de pétrole brut à destination de l'Europe. Leurs hausses frappent également le marché intérieur américain. Ces augmentations, rappelle James Hepburn, coûteront 1,25 milliard de dollars aux consommateurs américains et 500 millions de dollars aux Européens. La crise de Suez permet à Exxon d'engranger plus de 100 millions de dollars de profits supplémentaires. Ses bénéfices progressent de 16 % au premier semestre 1957, contre 24 % pour Texaco et 30 % pour Gulf. En 1956, le Moyen-Orient et le Golfe représentent pour les cinq plus grandes compagnies pétrolières un revenu annuel de 1 milliard de dollars[1].

Face à une Grande-Bretagne profondément déstabilisée par les événements survenus, le gouvernement américain accorde son soutien aux compagnies pétrolières, qui peuvent compter sur l'aide de la diplomatie des États-Unis mais aussi sur celle de leurs services de renseignements et de leur armée. Un signe fort de ce basculement sera le ralliement aux États-Unis, en 1957, du roi Hussein de Jordanie, jusqu'ici appuyé, et financé, par la Grande-Bretagne.

1. James Hepburn, *op. cit.*

4

« Le pétrole n'était pas pour nous »

C'est en écoutant Nicolas Sarkis que j'ai perçu pour la première fois le regard que les populations des pays producteurs portaient sur le pétrole. « Dans mon village natal, en Syrie, m'a-t-il confié, nous vivions à quelques mètres de l'oléoduc de l'Irak Petroleum Company. Enfant, je voyais cette richesse jaillir de la terre pour se faufiler dans les pipelines vers les ports d'exportation, tandis qu'à la maison et à l'école nous devions endurer le froid. Ce froid, je l'ai encore dans mes veines.

« Ma mère se levait à l'aube pour gratter le gel accumulé pendant la nuit devant la porte et sur l'escalier, et pour essayer de chauffer un peu la maison, avant notre réveil, avec du bois, quand nous pouvions acheter du bois. Le pétrole n'était pas pour nous. Le pétrole était moins le sang du monde qu'un sang exclusivement réservé à l'Occident[1]. »

1. Nicolas Sarkis, *op. cit.*

Nous sommes à Beyrouth, en juin 1974, et la capitale libanaise est à la veille du terrible embrasement qui va plonger le pays dans quinze années de guerre civile. Depuis cette colline qui domine la ville, malgré des incidents sporadiques tout paraît encore calme, ou plutôt suspendu. Sarkis, directeur du Centre arabe d'études pétrolières, a joué un rôle clé dans les nationalisations opérées par l'Irak, l'Algérie, la Libye. Quand il créa la revue de référence, *Pétrole et gaz arabes*, ce fut avec Abdallah el-Tariki, ancien ministre saoudien du Pétrole et cofondateur de l'OPEP. Ce dernier avait été limogé par le futur roi Fayçal et chassé du royaume pour ses critiques radicales envers les compagnies pétrolières, notamment l'Aramco, le consortium américain qui exploite le pétrole saoudien.

« Le pétrole et l'eau bon marché »

Sarkis, homme chaleureux au sourire souvent ironique, me plante le décor : « Les compagnies entretenaient une véritable terreur intellectuelle au sujet du pétrole. Aux cinq premiers congrès arabes du pétrole, réunis au Caire, à Beyrouth et à Alexandrie entre 1959 et 1967, la quasi-totalité des communications était présentée par les compagnies concessionnaires et n'avait d'autre objet que de démontrer que les Arabes auraient tout intérêt à ne pas se mêler de l'activité pétrolière. Les compagnies poussaient le zèle jusqu'à penser pour les Arabes : le Coran et l'Évangile étaient invoqués par les compagnies pour participer à ce qu'elles appelaient le "caractère sacré" des contrats de concession. L'Aramco avait même recours au savoir d'un juriste arabe pour démontrer que la modification de ces contrats serait contraire *à la parole donnée* selon l'islam. Les rares délégués arabes qui osaient élever la voix pour protester et suggérer le développement du raffinage local ou la modification de la fiscalité étaient violemment pris à partie, humiliés et ridiculisés par les représentants des compagnies [1]. »

Antony Sampson écrit à la même époque : « L'Occident en était venu à considérer que le pétrole et l'eau bon marché étaient des phénomènes aussi naturels l'un que l'autre ; et même, quand les prix de l'essence baissaient, beaucoup de consommateurs la trouvaient encore trop chère. S'agissait-il de fixer le prix du baril, les compagnies pétrolières et les gouvernements des pays producteurs engageaient d'âpres discussions pour une fraction de point. Comment pouvaient-elles, au milieu de cette foire d'empoigne généralisée, admettre que les producteurs devaient avoir une plus grande part du gâteau [2] ? »

En termes de consommation et de développement, l'Amérique a pris la tête et, selon le professeur Carl Sohlberg, « se trouve sur la trajectoire qui va la lancer vers son zénith. Depuis la première découverte de cette nouvelle matière, les experts n'ont cessé de s'émerveiller. La fluidité du pétrole, sa maniabilité, sa densité énergétique, son extraordinaire valeur chimique ont fait de sa recherche dans le sol des continents l'aventure économique et capitaliste par excellence. (Et il ajoute :) Sans pétrole, il n'y a pas de liberté d'entreprise. Le pétrole bon marché, les milliards de barils extraits et achetés à des prix qui, en valeur, ont diminué entre les années 1950 et les

1. Nicolas Sarkis, *op. cit.*
2. Antony Sampson, *op. cit.*

années 1970 ont subventionné totalement l'essor des sociétés industrielles d'Europe et d'Amérique[1] ».

Entre 1,20 et 1,80 dollar le baril

Lorsque j'ai travaillé avec Jean-Jacques Servan-Schreiber à la préparation puis à la rédaction de son ouvrage *Le Défi mondial*, nous nous sommes intéressés à cette question des prix et à leur évolution au gré des années. Le résultat découvert dépasse l'entendement. En 1900, le baril vaut 1,20 dollar ; trente ans après, lors du krach de Wall Street et de l'effondrement des économies occidentales, il se situe à 1,19 dollar par baril après avoir baissé à 0,15 cents. Lors du New Deal, la politique de relance économique lancée par le président Roosevelt au milieu des années 1930, il est à 1,10 dollar. Entrée en guerre des États-Unis, en 1941, après Pearl Harbor : 1,14 dollar. Victoire alliée, instauration d'un nouveau système monétaire reposant sur le dollar, lancement du plan Marshall, création des Nations unies : 1,20 dollar. Déclenchement de la guerre froide, blocus de Berlin, Europe coupée en deux à la veille de 1950 : 1,70 dollar. 1960, création de l'OPEP à Bagdad : 1,80 dollar[2].

Au fond, les compagnies pétrolières, en échange d'une totale liberté d'action, mettent cette ressource au service du développement occidental. Tout – ses usines, ses villes, ses transports, ses laboratoires, bref

1. Carl Solberg, *Oil Power*, New American Library, New York, 1976.

2. Jean-Jacques Servan-Schreiber, *Le Défi mondial*, Fayard, 1980.

sa prospérité – en découle et en dépend. Sans que personne ne songe un instant à rémunérer à un plus juste prix cette matière première. L'Occident semble croire qu'il bénéficie d'une loi de la nature spécialement édictée pour lui.

Tous les domaines de vie et d'activité sont concernés par le pétrole, combustible mais aussi matière première qui entre en composition essentielle dans près de 300 000 produits, qu'il s'agisse d'engrais, de produits médicaux, d'insecticides, de vêtements, de fibres synthétiques, de cosmétiques, de protéines alimentaires, de l'agriculture. La liste est interminable et la dépendance totale. Qui s'en soucie ? Le monde est occupé à produire et transformer cette énergie, personne ne peut imaginer des routes sans voitures, des avions incapables de décoller, des bateaux à quai, plus de tracteurs dans les champs ni de chauffage dans les logements, les écoles, les hôpitaux.

Et, *a priori*, avec raison. Sur le front pétrolier, le rapport de force est largement en faveur des grandes compagnies exploitantes. La crise survenue en 1951 en Iran, lorsque le Premier ministre Mossadegh décida la nationalisation de son pétrole, a fourni un éclairage cru sur les méthodes des compagnies. L'Iran estime les bénéfices bruts de son exploitation pétrolière, de 1944 à 1953, à 5 milliards de dollars, dont 500 millions sont allés à l'Amirauté britannique sous forme de mazout à bas prix, 350 millions ont été perçus par les actionnaires, 1,5 milliard par le Trésor britannique et 2,7 milliards par l'Anglo-Iranian[1] (le consortium

1. Créée en 1909, l'Anglo-Persian Oil Company prit en 1935 le nom d'Anglo-Iranian Oil Company pour devenir en 1954 British Petroleum.

comprenant BP) pour amortissements et investissements nouveaux.

Quant aux redevances perçues par l'Iran, elles se montent, avant 1920, à... zéro, de 1921 à 1930 à 60 millions de dollars et de 1931 à 1941 à 125 millions de dollars, réglés pour la plus grande partie sous forme de matériel militaire directement utilisé par les Anglais et les Soviétiques.

En 1951, l'Iran touche 18 cents par baril de 42 gallons US contenant 3,785 litres par gallon. Les Iraniens se plaignent également que la totalité du gaz produit par leurs puits soit brûlée par l'Anglo-Iranian, alors que leur population pourrait l'utiliser.

En 1945, il existe 26 millions de voitures en service aux États-Unis ; cinq ans plus tard, le chiffre est passé à 40 millions et les ventes d'essence, dans la même période, ont augmenté de 42 %. Le pétrole dépassera en 1967, au niveau mondial, le charbon comme principale source d'énergie, mais aux États-Unis ce basculement s'est produit dès 1950-1951.

Dans l'immédiat après-guerre, les exportations pétrolières américaines continuent de dépasser le volume d'importation, mais le processus s'inverse dès 1948. Les États-Unis souhaitent conserver leur pétrole, et cesser d'être le principal fournisseur du reste du monde, en s'approvisionnant chez les producteurs du Moyen-Orient. En 1965, la production du Moyen-Orient dépasse pour la première fois celle des États-Unis.

La complaisance du gouvernement américain

En rencontrant des témoins et en poursuivant mes recherches pour ce livre, j'ai découvert la complaisance du gouvernement fédéral américain envers les responsables pétroliers.

Dwight Eisenhower, en lançant en janvier 1961 son avertissement sur le danger que représente le « complexe militaro-industriel », fait oublier à quel point le soutien financier des groupes pétroliers a contribué à sa victoire sur le candidat démocrate Adlai Stevenson.

En 1952, quelques jours avant de quitter ses fonctions, le président Harry Truman décide de classer « réserve nationale » le plateau continental qui prolonge les côtes américaines et dont la valeur probable en pétrole, à l'époque, est estimée à 250 milliards de dollars. Il prend la précaution de placer ces richesses sous l'autorité du ministère de la Défense, pour éviter que ce pétrole, indispensable à la sécurité nationale, ne tombe entre les mains d'intérêts privés. Son projet de loi est examiné par le Congrès après son départ et la décision, qui reçoit l'aval du nouveau président Eisenhower, prend l'exact contre-pied de Truman : la nouvelle loi reconnaît aux États la propriété des gisements sous-marins dans une limite de 5 à 17 kilomètres, étendue à 20 kilomètres pour la Floride... et le Texas[1].

Ces décisions confirment les inquiétudes d'Edgar Faure : « Si l'État a une politique du pétrole, les

1. Dans tous les pays le pétrole appartient à l'État souverain, sauf aux États-Unis où il appartient aux propriétaires du sol (particuliers ou États). Voir Jean Laherrère, *Futuribles*, n° 315.

maîtres du pétrole auront une politique dans l'État[1] », et font écho aux propos de l'industriel John Jay : « C'est à ceux qui le possèdent de gouverner le pays. »

En 1920 déjà, le président Harding a été élu avec l'aide massive de l'industrie du pétrole et deux membres importants de cette industrie appartenaient à son gouvernement. Même scénario quatre-vingts ans plus tard, avec l'arrivée au pouvoir de George W. Bush.

L'économiste, pourtant ultralibéral, Milton Friedman publie le 26 juin 1967 dans *Newsweek* un article indigné : « Peu d'industries américaines chantent autant les louanges de la libre entreprise que l'industrie du pétrole. Pourtant, il en est peu qui comptent autant sur les privilèges spéciaux accordés par le gouvernement. Ces privilèges sont défendus au nom de la sécurité de la nation. Une forte industrie pétrolière, dit-on, est une nécessité parce que les perturbations nationales peuvent très facilement affecter les approvisionnements en pétrole étranger. La guerre israélo-arabe a produit de tels bouleversements que l'industrie pétrolière peut en tirer à coup sûr une confirmation de la nécessité de se voir attribuer des privilèges spéciaux. A-t-elle raison ? Je ne le pense pas[2]. »

James Hepburn a recensé l'ensemble de ces privilèges :

— 27,5 % du revenu des producteurs de pétrole sont exemptés de l'impôt sur le revenu, en principe pour compenser l'épuisement des réserves pétrolières.

1. Edgar Faure, *Le Pétrole dans la paix et dans la guerre*, Nouvelle Revue Critique, Paris, 1939.

2. Milton Friedman, *Newsweek*, 26 juin 1967.

En réalité, cette provision accorde à l'industrie pétrolière un taux d'imposition moins élevé que celui des autres industries.

— Le Texas, l'Oklahoma et quelques autres États producteurs limitent le nombre de jours mensuels où le pétrole peut être extrait, et aussi la quantité qu'ils peuvent produire. Il s'agit en principe d'une mesure de « conservation » qui, dans les faits, permet le maintien de prix élevés.

— En 1959, le président Eisenhower, pour assurer le maintien de niveaux de prix élevés, décide un contingentement des importations par voie maritime, fixées à 1 million de barils/jour.

Le pétrole étranger coûte, dans les années 1950-1960, 1 à 1,05 dollar de moins par baril que le pétrole domestique ; les compagnies pétrolières détentrices de permis d'importation perçoivent ainsi une subvention déguisée du gouvernement fédéral qui se monte à plus de 400 millions de dollars par an. En contrepartie, ces mesures coûtent annuellement au consommateur américain 3,5 milliards de dollars. Un tarif douanier de 1,25 dollar par baril aurait limité tout autant les exportations et les sommes perçues seraient allées au budget fédéral et non dans les caisses des compagnies.

— Si tous ces privilèges spéciaux accordés à l'industrie étaient abandonnés, les prix que paient les consommateurs baisseraient fortement[1].

1. James Hepburn, *op. cit.* Sénat des États-Unis, *Multinational Hearings 1974*, Washington. Gilbert Burck, *Fortune*, avril 1965.

« Pile je gagne, face vous perdez »

En enquêtant, j'ai découvert que, contrairement à une légende soigneusement entretenue, l'activité pétrolière est pratiquement dépourvue, aux États-Unis, du moindre risque financier. Une réalité brillamment démontrée dans une étude par le professeur Haber : « Notre système fiscal fédéral est censé être fondé sur le principe de l'impôt progressif. Plus élevé est le revenu et plus élevé sera le montant de l'impôt. Mais, dans le cas des contribuables exerçant une activité pétrolière, ce principe s'applique en sens exactement contraire. Plus élevé est le revenu net de la production et de la vente de pétrole brut, et moins élevé est le taux de l'impôt. Rechercher du pétrole est en somme jouer à pile ou face avec le fisc, suivant une règle fort simple : pile je gagne, face vous perdez. Le fisc perd ainsi toujours. En effet, le taux élevé de l'impôt représente pour l'industrie pétrolière un avantage bien plus qu'un fardeau. Plus ce taux est élevé, plus faible est le coût réel (après impôts) des opérations de recherche [1]. »

L'industrie pétrolière justifie la plupart de ses privilèges par le soin qu'elle apporte à la « conservation » du pétrole américain, « sang de la paix, nerf de la guerre ». La majorité des puits pétroliers ne produisent en effet que deux à trois semaines par mois et, au Texas, en 1960, les puits ne travaillent que neuf jours par mois et au tiers seulement de leur débit maximum. Prenant la parole le 18 juin 1960, le sénateur Williams

1. Paul Haber, *Enquête sur les amortissements accélérés, les montants et les pourcentages de la Depletion Allowance.*

dépose un amendement qui avait été rejeté deux ans plus tôt par les sénateurs membres du lobby pétrolier, dont le futur président Lyndon B. Johnson, en déclarant : « Mon amendement est une tentative très modérée visant à réduire le plus grand racket qui soit dans tout le système fiscal américain. (Et il ajoute :) J'ai fait publier dans les registres du Congrès les bilans, année après année, de vingt-huit compagnies pétrolières que je n'ai pas désignées nommément, les identifiant seulement par une initiale. Ces documents prouvent qu'une compagnie dont les profits ont été en cinq ans de 65 millions de dollars, non seulement n'a pas payé d'impôts, mais encore qu'elle a reçu un remboursement de 145 000 dollars du gouvernement[1]. »

Dans mes recherches sur la famille Bush, puis sur le 11 Septembre, mon chemin a croisé celui d'une compagnie pétrolière, Amerada Hess, dont les liens avec l'actuel Président et la famille royale saoudienne sont étroits et anciens. Je découvre durant la préparation de ce livre d'autres éléments troublants.

Les impôts fédéraux comptent si peu pour Amerada Hess qu'ils ne font même pas l'objet d'une rubrique spéciale dans son bilan annuel.

Durant la Seconde Guerre mondiale, la compagnie réalise des bénéfices considérables mais ne paie aucun impôt sur les superbénéfices ; mieux, en 1943 et 1944, ses charges fiscales diminuent même. En 1944, sur un bénéfice brut de 17 millions de dollars et net de 5 millions de dollars, Amerada ne verse que 200 000 dollars en taxes fédérales. Cette situation privilégiée

1. Archives du Sénat, Bibliothèque du Congrès, Washington, 1960.

s'améliore encore après la guerre. En janvier 1946, le magazine *Fortune*, pourtant peu suspect de gauchisme anticapitaliste, écrit : « La situation fiscale de l'Amerada est le rêve de tout homme d'affaires. La compagnie n'est pas obligée de payer d'impôts fédéraux si elle ne le veut pas. Cela est dû aux très raisonnables dispositions fiscales consenties aux producteurs de pétrole brut[1]. » En 1952, la compagnie réalise un bénéfice net de 16 296 652 dollars sans avoir eu à payer le moindre impôt.

Le « Sheikh rouge »

Le bouillant ministre saoudien du Pétrole, Abdallah el-Tariki, fils d'un chamelier et futur associé de Nicolas Sarkis, n'ignore rien de cette réalité. Ce nationaliste arabe, admirateur de Nasser, connaît bien les États-Unis. Il a fait ses études à l'Université du Texas avant d'être employé comme géologue par Texaco. Il connaît les 20 000 puits de pétrole qui jalonnent le Texas, « mieux, a-t-il confié, que les bars, les hôtels et les restaurants, dont on me refusait l'entrée, pensant que j'étais un Mexicain ». Il a également suivi avec passion les séances publiques du Congrès, notamment les auditions en 1952 de la Federal Trade Commission où sont évoquées les pratiques monopolistiques et les doubles comptabilités des grandes compagnies pétrolières.

Rentré en Arabie Saoudite, Tariki préfigure les générations de hauts technocrates saoudiens formés aux États-Unis qui vont fournir l'encadrement dont le

1. *Fortune*, janvier 1946.

royaume a besoin. Mais l'homme n'est pas un simple exécutant. Il connaît l'industrie pétrolière de l'intérieur, ses méthodes et ses agissements. Nommé au poste stratégique de ministre du Pétrole par le roi Saoud, fils du fondateur du royaume, il se heurte d'emblée à l'hostilité du prince héritier Fayçal, le frère du monarque, qui affiche une profonde aversion envers le radicalisme politique et économique du nouveau ministre. Très vite, Tariki est surnommé le « Sheikh rouge ». Il inquiète les capitales occidentales et les responsables des compagnies pétrolières qui voient en lui un interlocuteur difficile et imprévisible, mais aussi une partie de la famille royale saoudienne qui craint que ses positions trop intransigeantes ne compromettent l'énorme manne financière dont commence à bénéficier le royaume saoudien – plus exactement la famille régnante.

Pour les grandes compagnies, à la fin des années 1950, le monde pétrolier ressemble à un ciel sans nuages. La crise de Suez, avec le recul, n'était qu'un simple incident de parcours et l'impuissance des pays producteurs demeure totale. Seule ombre au tableau, la concurrence du pétrole soviétique qui se déverse à flots sur les marchés depuis 1955, provoquant une surproduction mondiale. Pis, Moscou vend à prix réduit, et, pour la CIA, dans un rapport transmis au président Eisenhower par le directeur de l'époque, Allen Dulles : « Le monde libre affronte une situation extrêmement dangereuse en raison de la capacité soviétique à pouvoir disloquer les marchés existants [1]. »

Les rapports rédigés par la CIA au fil des années se sont toujours révélés trop rassurants ou trop alar-

1. CIA, *Middle East Oil*, 22 novembre 1960. Cabinet minutes, 25 juillet 1958, Washington.

mistes. Celui-ci appartient à la seconde catégorie. Moscou ne veut pas détruire l'Occident, mais, exposé à de constantes difficultés économiques et financières, se sert du seul atout qui lui permet d'obtenir des devises fortes. Le pétrole, au fond, est vital pour la prospérité du monde occidental mais aussi pour la survie du système communiste en place à Moscou et dans les pays satellites.

En Italie, Enrico Mattei, le patron de l'ENI[1], qui livre une guerre sans merci aux « sept sœurs », a signé un accord prévoyant l'achat de pétrole russe à un prix du baril inférieur de 60 cents à celui du Moyen-Orient.

Le geste de trop

En 1959, les dirigeants des grandes compagnies prennent une décision en apparence anodine pour eux, mais qui va se révéler comme le geste de trop.

Pour compenser la baisse des prix qui découle de la surproduction, les compagnies décident unilatéralement, en février 1959, de réduire de 18 cents le prix affiché du baril. Cette décision diminue de 10 % les redevances des pays producteurs, dont l'essentiel du budget provient de cette ressource. Cette mesure, accueillie comme une véritable humiliation par les producteurs, ne constitue qu'une première étape. En juillet 1960, le directeur général d'Exxon, Monroe Rathbone, installé dans les locaux du Rockefeller Center – un symbole, puisque la compagnie pétrolière mondiale et le gratte-ciel new-yorkais appartiennent à

1. Ente Nazionale Idrocarburi, compagnie pétrolière nationale.

la famille Rockefeller, qui demeure la plus riche de la planète –, fait voter par son conseil d'administration une mesure qui prévoit la baisse immédiate de 14 cents par baril. En quelques jours, les autres compagnies, Shell, BP, Mobil, Amoco, s'alignent sur cette décision prise en secret. Il s'agit d'un véritable coup de force dont Howard Page, conseiller d'Exxon et fin connaisseur du Moyen-Orient, évalue immédiatement les conséquences : « Si vous faites cela, déclare-t-il, tous les tonnerres du ciel se déchaîneront. Vous n'imaginez pas l'ampleur et la durée des conséquences. »

Il ne se trompe pas. Selon l'historien Leonard Mosley, « la nouvelle fit le tour du monde arabe comme une traînée de poudre, son retentissement dans la région était à peu de chose près comparable à celui de l'attentat de Sarajevo en Europe en 1914[1] ».

Les prix qui viennent d'être abaissés révèlent les mécanismes de fonctionnement des compagnies. Celles-ci contrôlent, à travers des filiales, les principaux gisements de la planète et ces filiales vendent le pétrole extrait à leurs maisons mères qui le répartissent sur les marchés mondiaux. Au début, ces filiales vendaient à bas prix le brut aux compagnies mères et les redevances accordées aux États producteurs étaient indexées sur ce prix artificiellement bas. Ensuite, les compagnies ont revendu le pétrole au cours mondial, indexé lui sur le prix du brut américain, nettement plus élevé, ce qui leur assurait des profits considérables et aux producteurs des revenus proportionnellement très faibles.

Lorsque ce système cède la place aux contrats « moi-

1. Leonard Mosley, *op. cit.*

tié-moitié (*fifty-fifty*)[1] », supposés assurer une meilleure répartition, les pétroliers maintiennent des prix d'achat artificiellement bas, qui expliquent la stagnation du cours du pétrole, et camouflent une partie de leurs bénéfices par le biais d'artifices comptables.

Les gouvernements des pays producteurs ont le sentiment que la réalité se dérobe constamment sous leurs yeux et la décision prise d'abaisser de 14 cents le prix du baril correspond pour eux à une baisse de 7,5 % par tonne de pétrole. Les hommes au pouvoir à Riyad, Bagdad ou Caracas constatent avec amertume que les compagnies ne répercutent pas, bien au contraire, cette baisse sur le pétrole raffiné vendu dans les stations-service.

Quelques semaines plus tard, à l'occasion d'un premier congrès sur le pétrole qui se tient au Caire, le Saoudien Tariki rencontre dans une chambre de l'hôtel Hilton son homologue vénézuélien, Peres Alfonso. La rencontre entre les deux hommes est celle du feu et de l'eau. Alfonso, le « sage », et Tariki, l'« activiste », vont jeter les bases d'une alliance qui sera « le premier germe de l'OPEP ».

La politique de l'actuel président Hugo Chávez ne fait que reprendre, de manière démagogique et populiste, celle de ses prédécesseurs. Le Venezuela éprouve un profond ressentiment envers les États-Unis. Dès 1937, il assure 40 % des exportations mondiales, avec Exxon comme principal interlocuteur. En 1938, le géant américain ainsi que Shell et Gulf constituent un pool d'exploitation qui revend le pétrole vénézuélien au prix du pétrole texan. En 1948,

1. Répartis entre l'État producteur et les compagnies pétrolières.

le gouvernement d'« action démocratique » au pouvoir à Caracas, qui souhaite durcir les accords passés avec les compagnies pétrolières, est renversé par une junte militaire soutenue par les États-Unis.

« L'OPEP n'existe pas »

Alfonso et Tariki, au cours de leur rencontre, tombent d'accord pour créer une « commission consultative sur le pétrole, chargée de défendre la structure des prix et qui réfléchira à la création de compagnies pétrolières nationales ». Le projet est à la fois ample et vague.

Le 10 septembre 1960, les ministres du Pétrole d'Arabie Saoudite, du Venezuela, de l'Iran et du Koweït arrivent à Bagdad pour un congrès extraordinaire. Le shah d'Iran est aussi furieux que le monarque saoudien des réductions de prix imposées qui amputent leurs rentrées attendues. Tariki, cheville ouvrière de la rencontre, croit le moment venu d'appliquer la stratégie de Nasser, pour qui le pétrole doit devenir l'arme de la puissance arabe. Le choix de la capitale irakienne n'est pas dû au hasard. Un militaire, Kassem, vient de renverser la monarchie, d'exécuter le roi et mène des négociations avec les compagnies pétrolières. Kassem n'est qu'un dictateur et un escroc, comme d'ailleurs tous ceux qui vont lui succéder en Irak, mais à l'époque le nationalisme arabe qui prend son essor est avide de symboles.

Dès les premières séances, les délégués présents pointent du doigt le principal ennemi, les compagnies pétrolières, et décident la création d'un organisme, l'Organisation des pays exportateurs de pétrole

(OPEP), qui s'emploiera à demander aux compagnies la fixation de tarifs stables et l'annulation immédiate des baisses de prix. Ils réclament également que les grandes compagnies s'abstiennent à l'avenir de procéder à de telles baisses sans avoir consulté au préalable les gouvernements des pays producteurs.

L'OPEP, qui occupera si souvent par la suite le devant de la scène, connaît une naissance fort discrète.

Lyrique, Peres Alfonso déclare à l'issue de la rencontre : « Nous avons créé un club très fermé. À nous seuls, nous contrôlons 90 % des exportations de pétrole brut sur les marchés du monde, et maintenant nous travaillons main dans la main. Nous sommes en train de faire l'Histoire[1]. » Il brûle les étapes. Un des représentants du Koweït confiera à Antony Sampson : « L'OPEP ne serait jamais née si le cartel du pétrole n'avait pas existé. Nous n'avons fait que suivre l'exemple des compagnies pétrolières. La leçon n'a pas été perdue pour la victime[2]. »

Le nouveau-né étant prématuré ou chétif, au choix, aucun organe de presse occidental ne commente sa naissance. Le responsable d'une des « sept sœurs » déclare : « L'OPEP n'existe pas. » Personne, dans l'univers pétrolier, ne prend au sérieux cette initiative « sans avenir », selon un commentaire bien senti.

1. Leonard Mosley, *op. cit.*
2. Entretien avec Antony Sampson, *op. cit.*

« *Vous subissez artificiellement des pertes* »

Un mois après sa création, l'OPEP attire pour la première fois les regards, à l'occasion d'un congrès qui se tient à Beyrouth et auquel assistent des représentants des compagnies pétrolières. Tariki est devenu pour eux l'homme à abattre et leur colère grandit encore quand ils l'entendent, à la tribune, les accuser d'avoir manipulé les chiffres de leurs bénéfices et ainsi soustrait aux pays producteurs plus de 2 milliards de dollars au cours des sept années précédentes. Il accuse ensuite l'Aramco, le consortium qui exploite le pétrole saoudien, d'avoir caché qu'il bénéficiait d'une exemption sur son pétrole qui accroît encore ses bénéfices et transforme l'accord moitié-moitié (*fifty-fifty*) en un pourcentage 32-68. Les pétroliers tentent de répliquer en évoquant les pertes importantes essuyées sur les transports. « Est-il important, leur rétorque le ministre saoudien, de savoir à quel stade vos livres marquent un bénéfice ou au contraire enregistrent une perte ? Vous subissez artificiellement des pertes sur le transport afin de pouvoir faire passer les bénéfices au profit de vos filiales étrangères chargées du raffinage ou de la commercialisation. Vous avez gagné cet argent quelque part et, d'ailleurs, vous vendez rarement à des firmes qui ne sont pas affiliées d'une façon ou d'une autre à votre compagnie. »

Lorsque le responsable de BP affirme que sa société d'exploitation et les pays producteurs sont réellement associés sur tous les plans, Tariki prend à nouveau la parole : « Vous dites que nous sommes liés sur tous les plans, mais lorsque vous gagnez de l'argent vous le gagnez seul. Lorsque vous en perdez, vous trouvez la solution en procédant à une baisse des tarifs. » Et il conclut en déclarant : « Si vous n'êtes pas d'accord avec nos chiffres, pourquoi ne pas produire les vôtres[1] ? »

Il quitte la tribune sous des salves d'applaudissements. Tariki, aux yeux des participants, symbolise la pugnacité de la nouvelle organisation. Pour la première fois, le responsable d'un pays producteur tient tête aux compagnies avec des arguments solidement étayés. Un dirigeant pétrolier américain résume cette nouvelle situation : « En formant Tariki et en lui faisant découvrir les arcanes de l'industrie pétrolière, les États-Unis ont prouvé leur capacité à éduquer leurs futurs ennemis. »

Le « parrain du monde pétrolier »

Pourtant, Tariki, si populaire dans l'opinion arabe, arrive déjà au terme de sa trajectoire. Il s'est fait beaucoup d'ennemis, en Occident bien sûr, mais aussi dans son propre pays. Il est bien décidé à affronter l'Aramco[2], le puissant consortium qui exploite le pétrole saoudien et regroupe Exxon, Mobil, Texaco et Chevron. Il affirme que les compagnies doivent au royaume saoudien 180 millions de dollars, « représentant notre part des gains qu'elles ont réalisés au cours des dernières années ». Il menace également de dénoncer avec éclat devant l'OPEP l'« exploitation inique » à laquelle se livre l'Aramco.

1. Archives du Centre d'études et de recherches sur le Moyen-Orient contemporain, Beyrouth, 1960. Ian Seymour, *Middle East Economic Survey*, 28 octobre 1960.
2. Arabian American Oil Company.

Les pétroliers sont profondément préoccupés par les positions de Tariki et les risques de contagion qu'elles peuvent provoquer. John Kennedy, arrivé au pouvoir en janvier 1961, reçoit peu de temps après la visite d'un homme secret et énigmatique que l'on surnomme le « parrain du monde pétrolier », ou encore le « pape de l'*establishment* ». D'origine modeste, John Mac Cloy se plaît à rappeler qu'il est « né du mauvais côté des voies de chemin de fer de Philadelphie ». Il a travaillé durement pour payer ses études à Harvard. Son intelligence et son habileté lui ont permis de devenir l'un des plus puissants avocats de Wall Street et l'intime, le confident des Rockefeller[1].

Nommé sous-secrétaire d'État à la Défense pendant la Seconde Guerre mondiale, il quitte en 1945 cette fonction pour le poste de haut-commissaire américain en Allemagne. Sa trajectoire illustre toute l'équivoque du monde des affaires. Grâce à Mac Cloy, son avocat, le numéro un de la sidérurgie américaine, US Steel, continue de réaliser d'importants profits en Allemagne durant la guerre en conservant des usines dans la Ruhr, alors même que Mac Cloy siège au sein de l'administration Roosevelt comme numéro deux du Pentagone.

Une de ses premières décisions prises en tant que haut-commissaire fut de gracier Alfred Krupp, dont l'empire sidérurgique apporta un soutien si précieux à Hitler. Krupp, jugé à Nuremberg, sort de prison le 3 février 1951, avec comme argent de poche 50 millions d'euros, accordés à titre de... dédommagement.

La stratégie des États-Unis, orchestrée par Mac

1. Richard Rovere, *The American Establishment*, Harcourt, Brace & World, New York, 1962.

Cloy, consiste, en cette période de guerre froide, à miser sur le dynamisme de cette firme pour dresser une nouvelle muraille de combinats et de hauts-fourneaux garantissant l'indépendance et la sécurité de la République fédérale face aux visées de ses voisins communistes. Toujours grâce à l'aide de Mac Cloy, Alfred Krupp parvient même, par le biais d'un holding familial, à reprendre le contrôle de ses aciéries, qu'il s'était pourtant engagé à abandonner à l'administration des Alliés.

L'avocat américain devient ensuite le responsable de la puissante Fondation Ford, puis président de la Banque mondiale. Il est l'une des très rares personnalités, à la jonction de la politique et du monde des affaires, à détenir le pouvoir d'imposer des décisions. C'est le cas sous Kennedy, qui le nomme conseiller en matière de contrôle des armements, de sécurité et de défense. Mais Mac Cloy possède également une autre casquette, qui explique sa proximité avec le président américain : il est depuis plusieurs années l'avocat des sept plus grandes compagnies pétrolières mondiales, les « sept sœurs », et il fait part à Kennedy de leurs préoccupations : si Tariki réussit à unir les membres de l'OPEP autour d'actions communes, les temps deviendront difficiles pour les compagnies, mais aussi pour les États consommateurs.

La CIA mentionne l'OPEP en deux lignes

Le message est parfaitement reçu par Kennedy et immédiatement répercuté. Le 15 mars 1962, Abdallah el-Tariki apprend son limogeage et la presse saoudienne reçoit l'ordre de ne pas mentionner la nouvelle.

Tariki doit s'exiler et part pour Beyrouth où il devient l'associé de Nicolas Sarkis. Le roi Saoud et son demi-frère, le futur roi Fayçal, se sont réconciliés sur son dos : ils redoutent le coût financier d'une épreuve de force avec l'Aramco et un lâchage américain face au danger grandissant représenté par Moscou dans la région.

En réalité, ce « printemps pétrolier », cette « rébellion » des pays producteurs, est de courte durée. Les États membres de l'OPEP replongent avec délices dans leurs divisions, incapables de s'entendre entre eux pour élaborer un système efficace de rationnement, semblable à celui du Texas qui a permis le maintien de prix élevés. Enfin, les compagnies s'efforcent d'accentuer les divisions, en négociant séparément avec chaque gouvernement.

L'OPEP existe si peu que la Suisse refuse d'accorder le statut diplomatique aux membres de son secrétariat qui résident à Genève. En 1965, l'organisation déplace son siège à Vienne. Dans la plus grande discrétion. Pratiquement aucun grand journal ne reprend l'information.

Le choix de la capitale autrichienne symbolise parfaitement le statut secondaire conféré à l'OPEP. Vienne est une ville assoupie, mal desservie au niveau des lignes aériennes et qui dispose à l'époque d'une infrastructure hôtelière réduite. L'organisation des pays exportateurs a trouvé à se loger dans un immeuble moderne et laid qui appartient à la compagnie pétrolière Texaco, dont le nom surmonte d'ailleurs la façade ; elle ressemble à un locataire nécessiteux, obligé, pour dégoter un logement décent, d'habiter chez son pire ennemi.

Ce regroupement de pays producteurs semble incapable de tenir les promesses que beaucoup attendent de lui et un certain dédain prédomine au milieu des années 1960. En 1966, la CIA publie un rapport de quarante pages sur les perspectives pétrolières au Moyen-Orient où l'OPEP n'est mentionnée qu'en deux lignes.

Cette dépréciation, l'OPEP la doit aussi en grande partie à l'attitude équivoque de l'Arabie Saoudite. Son alignement sur Washington est total. Lorsqu'en 1965, à Tripoli, en Libye, les dirigeants de l'OPEP tentent de prendre le contrôle de la production et d'en fixer le volume pays par pays, le ministre saoudien du Pétrole, Sheikh Yamani, le successeur de Tariki, est absent. Le premier producteur mondial d'or noir maintient une politique constante : une production élevée et des prix bon marché, les deux priorités des États consommateurs.

La guerre des Six-Jours, en 1967, où Israël écrase les armées d'Égypte, de Syrie et de Jordanie, s'accompagne d'un appel aux « frères arabes » les suppliant d'utiliser l'arme du pétrole. L'ébauche d'embargo tourne court : il ne faut que quelques jours aux pays producteurs pour réaliser que leurs économies sont les premières victimes de ce boycott. Elles ne disposent pas de ressources financières suffisantes pour tenir le choc qu'implique une longue interruption.

À Riyad, le roi Fayçal découvre au bout d'une semaine que les caisses sont vides et qu'il ne doit attendre aucun soutien de l'Aramco. Sheikh Yamani estime à peu près à 30 millions de dollars les revenus perdus.

Un homme m'a confié qu'il ne croyait absolument pas à cette version des faits. Mohamed Heykal fut le conseiller et le confident de Nasser, constamment à ses côtés dans les moments cruciaux. Chaque fois que je passe au Caire, je le rencontre dans son appartement de Gizeh, surplombant le Nil. Cet homme aux traits déterminés et au sourire subtil fut longtemps, à la tête du groupe Al-Ahram, le plus grand patron de presse du monde arabe et demeure une des personnalités les mieux informées. « L'embargo était pratiquement impossible à mettre en œuvre et il n'a jamais été appliqué. Les pays arabes exportateurs ont interrompu leurs approvisionnements au maximum quelques heures après l'agression israélienne ; le pétrole arabe a continué de couler vers les États-Unis, la Grande-Bretagne, théoriquement sous embargo. Les Saoudiens n'ont accepté qu'avec réticence et sous la pression de Nasser de se joindre à l'embargo. Mais ce fut presque symbolique. En réalité, la hausse des prix du pétrole que l'on a pu observer alors résultait avant tout de la fermeture [depuis 1956] du canal de Suez[1]. »

Cet embargo embryonnaire et désorganisé doit aussi son échec au fait que certains membres, comme l'Iran et le Venezuela, en ont profité pour accroître leur production. Les États-Unis, considérés comme le principal soutien d'Israël, n'ont pas été affectés en raison du faible volume de pétrole importé du Moyen-Orient (à peine 300 000 barils par jour). En revanche, les compagnies américaines détentrices de concessions au Venezuela ou aux États-Unis ont réalisé de substantiels bénéfices.

1. Entretien avec l'auteur, 1977.

5

La Libye à l'origine du formidable basculement

Durant cette période, un pays quasi désertique, situé sur la côte africaine de la Méditerranée, ignore superbement la « solidarité arabe », continue de laisser des tankers pleins à ras bord de pétrole quitter ses terminaux pour gagner les ports européens... et américains. En 1965, la Libye est déjà le sixième pays exportateur mondial, avec 10 % de tout le pétrole exporté ; en 1967, elle produit 3 millions de barils/jour et en 1969 sa production excède celle de l'Arabie Saoudite. Plus incroyable encore, quatorze ans auparavant, dans ce pays de pierres et de désert qui servit durant la Seconde Guerre mondiale de ligne de front pour les troupes de Rommel et de Montgomery, aucun gisement pétrolier n'avait été découvert.

Si proche de l'Europe et si négligée du monde, la Libye est à l'origine du formidable basculement qui va balayer l'ordre ancien et engendrer un nouveau rapport de force.

Depuis son accession à l'indépendance, en 1951, l'ancienne colonie italienne a décidé que son pétrole ne serait pas monopolisé par les *majors*. « Nous étions pressés de découvrir du pétrole, expliqua un ancien ministre. Voilà pourquoi, au commencement, nous avons préféré les compagnies indépendantes ; parce qu'elles avaient très peu d'intérêts pétroliers dans l'hémisphère occidental en dehors de la Libye. »

Le pétrole libyen leur fournit l'occasion de rivaliser avec les « sept sœurs » sur leurs propres réseaux commerciaux. Peu coûteux à produire, le pétrole libyen est de haute qualité, peu chargé en soufre et proche des marchés européens. Les indépendants peuvent se permettre de le vendre meilleur marché que les grandes compagnies, tout en réalisant de substantiels bénéfices.

Le plus grand aventurier du monde des affaires

Le vieux roi Idriss de Libye avait déclaré : « J'ouvre les portes de mon royaume à tous afin que les grandes compagnies ne soient pas en mesure de dominer ce pays comme elles l'ont fait si longtemps dans la région du Golfe. »

Mais Idriss déteste le pétrole et, presque chaque matin, marchant sur la plage en compagnie de sa jeune épouse, il pose un regard consterné sur le sable noirci par le liquide échappé des tankers qui chargent, à quelques kilomètres plus au nord, dans le port de Tobrouk.

Pourtant un jour un homme vient et gagne sa sympathie. Déjà âgé, le ton ferme et les manières décidées, il promet de transformer en oasis le lieu désertique,

Koufra, où est né le souverain et où se trouve toujours le tombeau de son père vénéré.

Le souverain naïf vient de tomber entre les griffes du plus grand prédateur et aventurier du monde des affaires, le docteur Armand Hammer. Un homme dont la vie constitue la trame du plus incroyable des romans et qui m'a fait découvrir les coulisses du monde pétrolier.

J'ai rencontré Hammer pour la première fois à Londres dans la suite de l'hôtel Claridge qu'il louait à l'année. Il venait de débarquer de Los Angeles à bord de son Boeing personnel *OXY One*. Son physique était des plus contrastés : cheveux blancs impeccablement lissés, lunettes à fine monture, allure paisible nettement corrigée par des traits reflétant une vigueur presque carnassière. De petite taille mais massif, son corps dégageait une impression de puissance ; tout comme sa voix dure, au timbre métallique et au débit volontairement lent. Il me confia ce jour-là, tandis que ses collaborateurs s'affairaient, craintifs : « Vous savez, pour moi, un jour sans contrat négocié est un jour triste. » Il ne mesurait que 1,68 mètre, mais son groupe, Occidental Petroleum, pesait 19 milliards de dollars de chiffre d'affaires.

Quelques semaines plus tard, je l'accompagne à Moscou, le premier d'une longue série de voyages en sa compagnie. Je projette d'écrire un livre sur lui et l'idée le flatte. Mais quand l'ouvrage sera sur le point d'être publié, il cherchera à le faire interdire, furieux de mes révélations, mobilisant des bataillons d'avocats. Sans succès [1].

1. *La Corde pour les pendre. Relations entre milieux d'affaires occidentaux et régimes communistes, de 1917 à nos jours*, Fayard, 1985.

Je découvre, à l'occasion de ce premier déplacement, *OXY One*, son Boeing 727, dépourvu d'identification sur le fuselage, hormis un sigle noir à l'avant de l'appareil. Pourvu de réservoirs supplémentaires, il permet des vols sans escale de plus de 9 000 kilomètres. Hammer effectue chaque année environ deux fois le tour du monde et les 120 mètres carrés de cabine ont été réaménagés en un salon aussi confortable qu'élégant, auquel s'ajoutent plusieurs chambres pourvues de magnétoscopes et d'une abondante collection de films de Chaplin.

Son appareil est le seul avion privé autorisé à survoler l'espace aérien soviétique.

À bord, Hammer téléphone constamment et s'arrange pour ramener ses voyages à travers la planète aux dimensions d'une traversée de Manhattan. Jonglant avec les fuseaux horaires, il reste nuit et jour en contact téléphonique avec ses sociétés et ses collaborateurs à travers le monde, les maintenant sous une pression constante.

À Moscou, il m'a ménagé une surprise : une visite à l'intérieur du Kremlin au bureau de Lénine, laissé exactement dans l'état où le chef de la révolution l'occupa pour la dernière fois, le 19 octobre 1923. Il s'agit d'une large pièce de forme ovale, aux murs couverts de papiers peints aux teintes sombres. Au milieu, un petit bureau entouré d'un amoncellement de cartes et de caisses de livres. En face, une table recouverte d'une nappe rouge et surmontée d'un portrait de Karl Marx, sur laquelle sont posés les cadeaux et souvenirs préférés de Lénine. Le plus insolite est une statuette de bronze de 30 centimètres représentant un singe accroupi sur les œuvres de Charles Darwin et contemplant un crâne humain. Le guide prend le bronze dans la main et me dit : « Vladimir Ilitch appréciait particulièrement ce cadeau, qui exprimait selon lui ce qu'il adviendrait lorsque l'homme se serait détruit au terme d'une guerre ultime : un singe s'emparerait alors d'un crâne humain et le regarderait, intrigué, en se demandant d'où il a bien pu venir. (Il marque une pause avant d'ajouter :) C'est un cadeau du célèbre capitaliste américain Armand Hammer quand il rendit visite à Lénine en 1921. »

Quand je le retrouve quelques heures plus tard dans son vaste appartement donnant sur la place Rouge et les murailles du Kremlin – un cadeau des dirigeants soviétiques –, Hammer est ravi de son effet : « Que voulez-vous, me dit-il, les affaires sont les affaires mais la Russie, c'est ma romance. »

Jeune Juif américain né à Odessa, étudiant en médecine – il aime se faire appeler docteur –, il est en effet devenu l'ami de Lénine. Il affrète des bateaux chargés de blé, acheté sur le marché des surplus américains, pour lutter contre la famine dans l'Oural. Il se fait payer en obtenant en échange toute la collection d'œuvres d'art des tsars, et notamment les inestimables toiles de maître et les œufs Fabergé. Il se rend à Dearborn, dans le Michigan, chez Henry Ford, anticommuniste farouche, et le convainc d'implanter des usines en URSS. À la suite de sa rencontre avec Hammer, Rockefeller décide de soutenir financièrement l'État bolchevique, qui rêve, selon la formule de Trotski, de « faire flotter le drapeau avec la faucille et le marteau sur la Maison-Blanche ».

Je vais rapidement découvrir que l'homme d'affaires est une légende en URSS. Un ami, journaliste aux *Izvestia*, me parle de la pièce qui se jouait un an plus tôt, à guichets fermés, au Théâtre d'art de Moscou. Elle s'intitulait *Tak Pobyedien* (« Ainsi nous triompherons »). « Elle évoquait, me dit-il, les dernières années de Lénine et sur scène on pouvait voir Hammer dialoguer avec Lénine. Le soir de la première, il était installé dans la loge des dirigeants, aux côtés du premier secrétaire, Tchernenko, et de Gorbatchev. »

Hammer est le premier à comprendre que les affaires peuvent domestiquer la politique, ou du moins ses pulsions les plus violentes. Multimillionnaire, il se retire en Californie, complétant sa collection d'impressionnistes, une des plus superbes au monde, et soufflant à l'État italien, chez Christie's, pour 5,5 millions de dollars, le *Codex* de Léonard de Vinci, qui est devenu depuis la propriété de Bill Gates. Interrogé sur le résultat des enchères, il réplique : « Personne ne m'a jamais distancé, pas même un gouvernement. »

La haine de Kadhafi

En 1956, il rachète pour 50 000 dollars une petite société pétrolière au bord de la faillite, Occidental Petroleum, qui possède un seul puits de pétrole dans la banlieue de Los Angeles, d'où sont extraits environ 100 barils par jour. Il met peu de temps à suivre le conseil prodigué par l'un de ses amis, petit homme au visage triste, détenteur d'une des plus grosses fortunes de la planète, Paul Getty : « Pour être quelqu'un dans le monde du pétrole, il faut avoir un pied au Moyen-Orient. »

Hammer porte son choix sur la Libye du roi Idriss.

Il réussit, à la surprise générale, à se faire octroyer, en 1968, deux des concessions les plus convoitées, alors que seize compagnies sont en compétition. Il s'agit de 4 500 kilomètres carrés d'un désert inhospitalier balayé par le vent, dans le bassin de Syrte, à 150 kilomètres du littoral méditerranéen. « Si je l'ai emporté, prétend Hammer, c'est parce que j'ai été le plus réceptif à l'amour-propre libyen. » En réalité, plusieurs hauts responsables d'Occidental Petroleum, mêlés aux négociations, révéleront que d'importants transferts de fonds ont été effectués sur des comptes numérotés, dans des banques suisses, au bénéfice de membres influents de l'entourage du roi Idriss [1].

« Au fond, m'avoua Hammer alors que nous voyagions ensemble de Washington au Pérou où il possédait une gigantesque concession en plein cœur du bassin amazonien, rien n'est vraiment difficile dans l'industrie pétrolière, jusqu'au moment où vous commencez à forer. Chaque forage coûte entre 2 et 3 millions de dollars et là, il faut vraiment du courage pour continuer lorsque les premières explorations se révèlent infructueuses. »

Ce fut le cas au début en Libye, où la compagnie dépense en trois mois plus de 20 millions de dollars. Hammer affronte une situation difficile : son conseil d'administration, voyant se profiler la menace d'une faillite, veut l'écarter ; le responsable de la prospection, Eugene Reid, manifeste son découragement : « La Libye est un terrain de jeu réservé aux grands garçons ; nous sommes trop petits pour y avoir notre place. » Bientôt l'action d'Occidental Petroleum s'effondre à Wall Street, ne cotant plus que 90 cents.

1. *Wall Street Journal*, 8 février 1972.

Bien que désavoué par tous, Hammer donne l'ordre de poursuivre les recherches. Quelques semaines plus tard, une zone rocheuse est percée : la nappe contient tellement de pétrole qu'il pourrait jaillir indéfiniment, sans recours aux pompes. Quand Hammer se pose sur l'aéroport de Tripoli, ses collaborateurs lui confirment ce qu'il a toujours cru : il possède l'un des plus importants gisements pétroliers au monde, d'où seront quotidiennement extraits plus de 500 000 barils. Je lui demande quelle a été sa première réaction. « J'ai félicité mon équipe, puis je me suis tourné, le visage glacial, vers Eugene Reid, le responsable de la prospection : “Vous voyez, lui ai-je dit, nous aussi sommes devenus de grands garçons.” »

Pour fêter cette découverte, il organise une immense réception en plein désert à laquelle sont conviées plus de huit cents personnes : tous les dignitaires libyens, l'ensemble du corps diplomatique, plusieurs sénateurs et ministres américains. Des avions spéciaux acheminent d'Europe les fleurs et la nourriture, tandis qu'un bâtiment équipé de l'air conditionné est construit pour abriter durant ces quelques heures le roi Idriss. Cette *party* coûte à Hammer 1 million d'euros, investissement somme toute dérisoire face aux perspectives de profit qui s'offrent à lui. Elle lui vaut surtout la haine tenace d'un jeune officier présent ce jour-là, chargé de piloter l'un des appareils transportant les invités. Le jeune officier scandalisé par le luxe déployé et l'obséquiosité des dirigeants libyens devant Hammer et ses invités va prendre le pouvoir deux ans plus tard et renverser le fragile édifice sur lequel repose la réussite de Hammer : il s'agit de Kadhafi.

Plus de pétrole que les pays de l'Axe

L'Américain savoure son triomphe : il possède désormais des réserves pétrolières supérieures à celles des pays de l'Axe (Allemagne, Italie, Japon) réunies durant la Seconde Guerre mondiale. Le cours de l'action Occidental Petroleum ressemble à la trajectoire d'une comète, passant de 90 cents à 100 dollars. La consternation des « sept sœurs » devant ce coup de poker réussi se transforme bien vite en une irritation que l'ambassadeur américain à Tripoli formula en recourant à un délicieux euphémisme : « Je pense qu'il n'est pas trop excessif de dire que l'irruption d'Occidental sur la scène libyenne n'a pas été chaudement accueillie par l'ensemble des autres compagnies. »

La guerre des Six-Jours et la fermeture du canal de Suez vont décupler les atouts stratégiques que détient Hammer. Des pays comme la Grande-Bretagne ou l'Allemagne disposent à peine de huit à dix semaines de stocks. Les cargaisons en provenance du Golfe mettent plus d'un mois pour parvenir à destination, et la Libye, située en face de l'Europe, devient une source d'approvisionnement vitale, fournissant un brut de qualité.

Hammer s'engage dans la construction d'un pipeline de 170 kilomètres courant à travers le désert et pouvant acheminer quotidiennement 1 million de barils de ses gisements aux ports libyens. Un projet d'une telle ampleur exige normalement plus de trois années de travail. Il sera achevé en onze mois.

Désormais, l'axe du rapport des forces économiques passe par le Moyen-Orient et une main suffisamment puissante peut faire pencher la balance : « Cette main, selon un rapport du Pentagone transmis en 1968 au président Lyndon Johnson, est celle d'Armand Hammer. »

Kadhafi déclenche son coup d'État dans la nuit du 1er septembre 1969. En réalité, le pouvoir d'Idriss s'évanouit littéralement. La Libye est surnommée « le pays des palmes et des paumes graissées », en raison de l'ampleur de la corruption qui règne dans l'entourage du vieux roi. Le jeune capitaine intime l'ordre aux Américains d'évacuer immédiatement la base militaire aérienne de Wheelus, mise à la disposition des États-Unis.

Washington a déclenché l'état d'alerte et la 6e Flotte vogue vers les côtes libyennes, mais les temps ont changé. Un renversement comme celui de Mossadegh en Iran ou le débarquement de marines comme au Liban en 1958 ne sont plus possibles désormais. L'administration Nixon décide de céder, espérant, en abandonnant la base de Wheelus, sauver le pétrole. Mauvais calcul : Kadhafi est décidé à proclamer la nationalisation immédiate de toutes les sociétés pétrolières installées sur le sol libyen. Au cours d'un entretien qui s'est déroulé dans l'enceinte de la caserne où il logeait et travaillait, le « guide de la Révolution » m'a raconté comment son bras droit, Abdessalam Jalloud, l'avait aidé à arrêter sa stratégie : « Si nous attaquons de front toutes les compagnies, ce sera l'échec, m'a-t-il dit. Elles ont les moyens de se passer du brut libyen pendant de longs mois. Les nationaliser ne nous servira à rien : nous aurons sur les bras des bâtiments vides et des puits inutilisables, alors que ce que nous voulons, c'est leur argent. Choisissons une seule compagnie, forçons-la à signer un nouveau contrat, augmentons le prix du baril de brut, ne serait-ce que de 50 cents, et ce sera un triomphe. Toutes suivront. »

L'étau se resserre

Les yeux mi-clos, vêtu d'une djellaba bleue, assis derrière son bureau dans une pièce aux murs blanchis, Kadhafi ajoute : « Les événements qui m'ont le plus marqué sont la révolution algérienne et l'agression franco-britannique contre l'Égypte en 1956. Mais, surtout, je fais partie d'une génération qui a ouvert les yeux sur la politique grâce à Nasser, qui expliquait que le pétrole était une arme que le monde arabe devait utiliser contre l'Occident[1]. »

Kadhafi décide de nationaliser Occidental Petroleum, pour deux raisons : le souvenir de la luxueuse fête donnée par Hammer avec les responsables libyens prosternés devant leurs hôtes américains, mais également le fait que cette compagnie est la plus susceptible de céder à un ultimatum, dans la mesure où elle n'a pas de source d'approvisionnement de rechange. Hammer, isolé, est pris en otage, mais personne n'a l'intention de lui tendre la main. Il est détesté de ses pairs qu'il ne se cache pas de mépriser.

Pourtant, il tente de demander l'aide de ceux qu'il a toujours combattus. Quand il pénètre au siège new-yorkais d'Exxon, un bâtiment gris et effilé de quatre-vingts étages en plein cœur de Manhattan, pour rencontrer le directeur général, Ken Jamieson, il s'agit d'une rencontre historique entre frères ennemis. Exxon, avec 42 milliards de dollars de chiffre d'af-

1. Entretiens avec l'auteur, 1975, 1987 et 1994.

faires, est la première compagnie pétrolière mondiale. Au 25e étage est installé le cerveau électronique de la firme, d'où l'on suit la progression des 500 tankers Exxon qui partent de 115 ports de chargement vers 270 destinations, en emportant dans leurs soutes 160 variétés différentes de produits pétroliers.

Hammer lui explique qu'à moins de disposer d'une autre source de brut, il ne peut résister aux pressions de la Libye. Exxon peut-elle l'aider ? Jamieson propose du pétrole de remplacement, mais au cours normal ; Hammer le veut à prix coûtant. Exxon refuse et le président d'Occidental Petroleum, certain qu'il ne pourra jamais compter sur aucun appui, décide alors d'agir seul.

L'industrie pétrolière commet une erreur fatale

L'industrie pétrolière met plusieurs semaines à comprendre qu'en abandonnant à son sort le président d'Occidental, elle a commis une erreur fatale. Hammer essaie plusieurs solutions de fortune. Impitoyable en affaires, mais d'une vanité qui ne demande qu'à s'épancher lorsqu'il a en face de lui un interlocuteur dont il pense – à tort – qu'il pourra sculpter sa légende, il me décrit ses tentatives.

Après son échec auprès d'Exxon, il dîne dans le ranch texan de l'ancien président Lyndon Johnson, en compagnie de James Mac Donnell, fondateur et président du géant aéronautique Mac Donnell-Douglas. « À la fin du repas, il me confia : “J'ai une bonne chance de vendre un lot d'avions à l'Iran, mais les Iraniens veulent me payer en pétrole et je ne sais pas quoi en faire.” Je lui ai proposé de le commercialiser. Quatre jours plus tard, je rencontrai à Téhéran le Shah qui avait obtenu ce pétrole brut des compagnies occidentales travaillant sur son territoire. Il accepta qu'Occidental se charge de le vendre et que je lui rétrocède la plus grande part des bénéfices pour se procurer des avions de chasse Phantom et F-16. Un mois plus tard, à la mi-juillet, je m'envolais pour Athènes où l'accord devait être signé dans le plus grand secret. Mais les officiels iraniens ne sont jamais venus. »

Hammer se résigne alors à l'ultime démarche : négocier avec les Libyens tout en sachant qu'il ne dispose d'aucun atout. Son responsable à Tripoli, George Williamson, sur la foi de renseignements obtenus par le canal de la CIA, l'a informé que les dirigeants envisagent de célébrer le premier anniversaire de leur prise du pouvoir en annonçant l'expulsion d'Occidental.

« Toute ma vie, m'a affirmé Hammer, est organisée autour d'une devise simple : rien ne doit arriver que je n'aie pu prévoir ou souhaiter. Le pire, c'est lorsqu'un chef est pris au dépourvu. »

Le choix entre la retraite et la déroute

La crise libyenne met en échec cette orgueilleuse profession de foi. Le 30 août 1970 au matin, il se pose sur l'aéroport de Tripoli pour engager les négociations. Il a fait transférer tout son état-major à Paris et chaque matin à 6 heures il quitte l'hôtel Ritz, place Vendôme, s'envole du Bourget pour la capitale libyenne et regagne Paris à 2 heures du matin. Il effectue cette traversée quotidienne de la Méditerranée parce que, me dit-il, « je ne voulais pas dormir en Libye de crainte d'être pris en otage ». Méfiant, il a même loué le jet qui le transporte, redoutant que l'on ne confisque son propre appareil.

Son interlocuteur est le numéro deux libyen, Abdessalam Jalloud, alors Premier ministre, aujourd'hui en disgrâce. C'est un homme chaleureux, bon vivant, beaucoup plus volubile et infiniment moins austère que Kadhafi, que j'ai eu l'occasion de rencontrer et qui m'a fourni un éclairage étonnant sur les méthodes de négociation de Hammer. « Il se montrait ouvert à nos revendications, reconnaissant ses propres erreurs, et ajoutait d'un ton humble : "Je voudrais rester en Libye. Comprenez que je suis trop vieux pour recommencer quelque chose ailleurs." Il a même ajouté, se rappelle Jalloud amusé : "Je me contenterai de ce que vous voudrez bien me laisser"[1]. »

Finalement, les deux hommes parviennent à un accord le 14 septembre 1970, scellé par une poignée de main dans un coin de la salle de réunion, au siège du Conseil de la révolution. Occidental Petroleum, huitième compagnie mondiale, accepte finalement de payer un supplément de 30 cents par baril, étant entendu que ce prix augmentera chaque année de 2 cents, et cela sur une période de cinq ans. Elle consent également à augmenter le taux de l'impôt versé de 50 à 58 %.

Les dirigeants des autres compagnies sont au comble de la consternation. Comme l'avoua un responsable de la Shell : « Au point où nous en étions, nous avions le choix entre la retraite et la déroute. »

Trois jours après la fin des négociations, les dirigeants des *majors* débarquent à Washington pour s'en-

1. Entretien avec l'auteur, 1984.

tretenir avec le secrétaire d'État William Rogers et le conseiller spécial du président Nixon, Henry Kissinger. Ils sont accompagnés de leur avocat, John Mac Cloy. La gravité de la situation n'échappe à personne, mais aucune décision n'est prise. Mac Cloy a défini clairement quelques années auparavant les rôles respectifs des compagnies pétrolières et de l'État américain, dans une note confidentielle : « Les compagnies sont les trésoriers payeurs des régimes arabes. Si elles ne versent pas aux producteurs les revenus dont ils ont besoin, par le moyen d'impôts substantiels, il faudrait que ces pays reçoivent directement des États-Unis des sommes considérables au titre de l'aide étrangère [1]. »

Ce système permet à Washington d'aider ouvertement Israël et clandestinement les régimes arabes, en court-circuitant le Congrès. Mais il confère aux grandes compagnies une influence accrue sur la politique étrangère américaine.

Très vite, les digues cèdent et, à la fin du mois d'octobre 1970, toutes les compagnies travaillant en Libye se sont alignées sur les concessions d'Occidental, ce qui constitue le plus grand bouleversement jamais survenu dans la structure des prix pétroliers. Une victoire qui préfigure les revendications de l'OPEP trois années plus tard, et qui survient au pire moment pour les pétroliers : le marché s'est dramatiquement retourné et, après vingt années d'excédents, la demande est désormais largement supérieure à l'offre. La maîtrise du marché passe, pour la première fois dans l'Histoire, des acheteurs aux vendeurs.

En août 1973, Occidental cède à l'État libyen 51 %

1. Sénat des États-Unis, *Multinational Hearings 1975*, Washington, 1975.

de ses activités ; les 49 % restants lui garantissent encore une confortable rente de situation. Surtout, en échange de cette prise de contrôle, Tripoli verse à la firme 136 millions de dollars, somme énorme qui surprend les dirigeants de toutes les sociétés rivales, à commencer par Bunker Hunt, le milliardaire texan ultraconservateur, vieux rival de Hammer : frappé par la même mesure, il ne peut récupérer qu'une quarantaine de millions de dollars.

« Tout le monde m'a lâché »

La compagnie californienne a bénéficié d'un traitement de faveur parce qu'un partenaire discret mais efficace a joué en coulisse un rôle décisif : l'Union soviétique. En 1973, Kadhafi s'est considérablement rapproché de Moscou : à cette époque, Hammer, personnalité mythique pour les dirigeants soviétiques, est très lié avec Leonid Brejnev. Il est devenu l'« homme clé » de la détente économique soviéto-américaine. La CIA et la National Security Agency (la NSA), dont les satellites espions et les centres peuvent mettre sur écoute le monde entier, suivent le détail des négociations entre Occidental et la Libye et constatent que le volume de messages codés échangés entre le Kremlin et l'ambassade soviétique à Tripoli, ainsi qu'entre le Kremlin et le quartier général de Hammer, sur Wilshire Boulevard à Los Angeles, a augmenté dans des proportions considérables au moment de ces discussions.

Un soir, dans sa villa du quartier de Bel Air, à deux pas d'Hollywood, Hammer me déclara avec un sourire satisfait, en épilogue de ces événements : « En 1970, tout le monde m'a lâché. Les gens à la tête des sept plus grandes compagnies, la huitième étant la mienne, n'étaient que des managers dépourvus de personnalité et d'audace. Et puis ils nous haïssaient, moi, Getty, Hunt, parce qu'ils n'étaient que de simples salariés, alors que nous possédions des fortunes considérables. Alors, j'ai décidé qu'ils le payeraient en provoquant un véritable séisme. Je voulais que le sol se dérobe sous leurs pieds. » Les résultats ont dépassé ses espérances.

Puis il enchaîne en évoquant le film *La Formule*, qui a fait aux États-Unis une sortie remarquée. Le sujet : un magnat du pétrole, personnage diabolique interprété par Marlon Brando, manipule les pouvoirs, traverse intact toutes les époques, les crises, les soubresauts idéologiques. L'auteur et metteur en scène confie s'être inspiré du personnage de Hammer. Ce dernier évoque le cachet obtenu par Brando pour quinze jours de tournage : « Trois millions de dollars. » Il hoche la tête, dépité : « Pour ce prix-là, j'aurais pu jouer moi-même mon rôle [1]. »

1. Les propos d'Armand Hammer sont extraits d'entretiens avec l'auteur, en 1983 et 1984.

6

L'appétit boulimique de pétrole

En 1967, le pétrole dépasse définitivement le charbon et s'impose comme première source d'énergie à travers le monde. Il représente, au milieu des années 1970, plus de la moitié des besoins économiques globaux de l'humanité : 54 % exactement. Dix-sept ans plus tôt, en 1950, il ne constituait qu'un quart de la consommation mondiale d'énergie, contre 62 % pour le charbon. La quantité de carburant consommé est passée de 300 millions de tonnes en 1960 à plus de 500 millions en 1975.

L'appétit boulimique de pétrole semble n'avoir aucun frein et, de 1960 à 1975, la consommation augmente de 160 %. La part du pétrole importé, principalement du Moyen-Orient, passe pour l'Europe, le Japon et les États-Unis de 38 à 53 %. Ces pays, qui en 1960 ne consommaient que 65 millions de tonnes achetées à l'extérieur, doivent, dès 1973, en trouver 290 millions de tonnes, et cinq ans plus tard – au cœur de la prétendue « crise » et à des prix « injustifiables » – ils en importent 410 millions de tonnes.

« S'exécuter ou être exécutés »

Le 14 février 1971, à Téhéran, les représentants des compagnies signent un nouvel accord avec les négociateurs de l'OPEP. Comme l'écrit avec justesse le journaliste britannique Antony Sampson, ils se trouvent placés devant un choix simple : « S'exécuter ou être exécutés[1]. » L'accord « de capitulation », selon plusieurs responsables, marque la fin du principe moitié-moitié (*fifty-fifty*). Désormais, les pays producteurs détiennent 55 % et obtiennent un supplément de 0,30 dollar par baril sur le prix affiché, l'augmentation devant atteindre 0,50 dollar en 1975. « Pour la première fois, confirme un responsable de l'organisation, le monde découvre que l'OPEP a des muscles. » L'échec des compagnies tient en partie au nouveau rapport des forces en présence, mais aussi aux choix des hommes chargés de les représenter dans ces négociations. Un choix calamiteux. George Percy, le nouveau patron d'Exxon, personnalité sans relief, ignore tout des subtilités et chausse-trapes des négociations avec les pays producteurs ; lord Strathalmond, nouveau directeur général de BP, vient d'hériter du titre nobiliaire de son père et pratiquement aussi de ses fonctions, car ce dernier avait présidé BP pendant plusieurs années.

En septembre 1973, pour la première fois depuis la naissance de l'OPEP en 1960, les cours du pétrole sur

1. Antony Sampson, *op. cit.*

le marché ont dépassé les prix affichés. Tandis que se profilent des menaces de pénurie, l'idée d'utiliser le pétrole comme arme de guerre gagne du terrain parmi les nations arabes. Kadhafi, célébrant le quatrième anniversaire de la révolution libyenne, fait connaître son intention de nationaliser l'ensemble des compagnies pétrolières et menace en outre de stopper toute exportation à destination de l'Amérique si Washington persiste dans son soutien à Israël. Richard Nixon, dans une intervention télévisée, met en garde les Libyens contre le danger d'un boycott, rappelant l'épisode malheureux de Mossadegh en Iran. Un éditorialiste du *New York Times* écrit alors : « Se peut-il que le président des États-Unis n'ait pas encore saisi le fait dominant ? La question ne se pose plus de savoir si le pétrole trouvera des marchés, mais si les marchés trouveront du pétrole [1]. »

Le 8 octobre, dans une atmosphère de crise aiguë, les représentants des grandes compagnies rencontrent les délégués de l'OPEP à Vienne. Au moment même où ils arrivent dans la capitale autrichienne, l'Égypte franchit le canal de Suez et balaie les positions israéliennes, tandis que la Syrie attaque dans la région du Golan. La guerre du Kippour vient d'éclater, incitant certains pays arabes membres de l'OPEP à durcir leur position [2].

1. *New York Times*, 7 octobre 1973.
2. A.F. Alhajji, *op. cit.*

Les deux principaux négociateurs pour les « sept sœurs » sont George Piercy d'Exxon et le Français André Benard, directeur général du groupe Shell. Sheikh Yamani, ministre du Pétrole de l'Arabie Saoudite, premier pays exportateur de l'OPEP, exige une augmentation des taxes à la production qui aurait pour effet de doubler le prix affiché, le portant à 6 dollars le baril. Les pétroliers, se plaçant sur un plan strictement commercial, répondent en offrant un supplément de 15 %. Mais il est clair que le conflit du Moyen-Orient et la contre-offensive israélienne, menée par le futur Premier ministre Ariel Sharon, sont lourds d'une nouvelle menace : à la question des prix risque de s'ajouter l'instauration d'un embargo.

André Benard est un homme de sang-froid à l'humour discret et au langage mesuré. Cet ancien héros de la Résistance, un des très rares Français à se trouver à la tête d'une multinationale du pétrole, m'a décrit ces négociations dramatiques quelques mois plus tard, au cours d'un entretien au siège de la Shell, situé dans un quartier résidentiel de La Haye. Il s'est blessé à la jambe, « une chute de bicyclette, me dit-il avec un large sourire, mais je n'en ai pas fait état de crainte que l'action de Shell ne chute aussi », ajoute-t-il avec ironie.

Son témoignage apporte un éclairage saisissant et angoissant sur la passivité et l'impuissance des politiques : « En fait, confie-t-il, durant les trente-six heures passées à Vienne, nous n'avons négocié que quelques heures avec les pays de l'OPEP ; le reste de notre temps, nous l'avons passé à rédiger et à envoyer des télex pour avertir les gouvernements des pays consommateurs et leur demander des directives. Aucune réponse ne nous parvint. Chose étrange : le monde semblait alors totalement muet et comme frappé de stupeur[1]. »

En moins de deux mois les prix de l'or noir vont quadrupler et ébranler les fondements du dispositif juridique, politique et économique maintenu en vigueur pendant près d'un demi-siècle par les sociétés pétrolières. Celles-ci se tournent une nouvelle fois vers leur éternel conseiller, un homme de soixante-dix-neuf ans à la vitalité intacte : John Mac Cloy. Celui qui, vingt-deux ans auparavant, a fait libérer Krupp de la prison de Spandau continue de travailler à son cabinet d'avocat installé au sommet du gratte-ciel new-yorkais de la Chase Manhattan Bank. Il représente non seulement les « sept sœurs », mais aussi la plupart des producteurs indépendants. Présidents, ministres, directeurs généraux se sont succédé ; Mac Cloy, lui, reste inamovible, symbolisant la mémoire et la pérennité du monde des affaires. Il se rend à Washington, rencontre Richard Nixon auquel il soumet un message de ses clients. Le Président le donne à étudier à Kissinger, qui le transmet à son tour à Alexander Haig, le secrétaire général de la Maison-Blanche. Cette lettre met notamment l'accent sur le fait que « toute nouvelle aide militaire américaine à Israël affecterait de façon particulièrement néfaste les relations que nous entretenons avec les pays producteurs arabes d'attitude modérée ». Elle souligne également le « risque que les intérêts européens, et même soviétiques, supplantent

1. Entretien avec l'auteur pour France Culture, 1974.

ceux des États-Unis dans cette région [le Moyen-Orient et le Golfe][1] ».

« Le meilleur nom du monde »

Pourtant, en analysant froidement les faits, on peut se demander si ces cris d'effroi et ces lamentations ne servent pas à masquer une gigantesque manipulation. Depuis deux ans, les responsables de l'industrie pétrolière ne cachent pas que les investissements futurs exigeront des sommes énormes, qui ne pourront être obtenues que par une augmentation notable des prix. Prenant la parole à Rome en 1973, David Rockefeller, président de la Chase Manhattan Bank et chef de file de la célèbre dynastie, chiffre à « 3 trilliards de dollars (3 000 milliards de dollars) les besoins de l'industrie pétrolière pour les années à venir en matière d'investissements », et il ajoute : « Pour ces firmes, l'investissement commande la production. »

L'homme qui prononce ces propos est considéré comme la personnalité la plus influente du monde occidental et la plus riche de la planète. Selon un de ses collègues, « il porte le meilleur nom du monde et dirige ce qu'il faut bien considérer comme la banque la plus prestigieuse de tout le pays ».

En 1961, John Kennedy a cherché, en vain, à en faire son secrétaire d'État aux Finances ; une proposition dérisoire pour un homme dont on a déclaré, dans une formule fameuse, que « la présidence des États-Unis ne serait pour lui qu'un pis-aller ». Les propos

1. Sénat des États-Unis, *Multinational Hearings 1974*, section 7, Washington.

tenus en 1973 reflètent les liens étroits qui existent toujours entre les Rockefeller et l'industrie pétrolière.

La fortune de la dynastie est alors répartie dans plus de deux cents sociétés, dont six des dix premières entreprises industrielles américaines, six des dix plus grandes banques, cinq des dix plus importantes compagnies d'assurances et trois des plus importantes sociétés dans les quatre autres branches d'activités énumérées par la revue *Fortune*. Le total des actifs de cette vingtaine de Goliath de l'économie et des finances s'élève à 460 milliards de dollars. La Fondation Rockefeller, quant à elle, fut créée en 1913 dans le but de perpétuer le contrôle de la famille sur son empire pétrolier, démembré deux ans auparavant en sept sociétés distinctes à la suite de l'arrêt antitrust prononcé par la Cour suprême.

En 1987, la Fondation demeurait le plus important actionnaire d'Exxon, dont elle détient 4 300 000 actions ; elle possède aussi 2 millions d'actions de Chevron, 300 000 actions de Mobil et 300 000 parts de la Continental Oil. D'autres fondations de moindre importance appartenant aux Rockefeller détiennent encore 3 millions d'actions d'Exxon, 300 000 actions de Mobil et 450 000 de la Standard Oil of Ohio. Les actifs de ces compagnies, dont les Rockefeller sont les principaux actionnaires, se montent à l'époque à 50 milliards de dollars.

La Fondation exerce également une influence déterminante dans les affaires politiques et sur la société américaine, contrôlant et infléchissant par ses immenses réseaux l'évolution des mœurs, des idées, des institutions. C'est en fait une véritable administration parallèle, dont les moyens de pression et les possibilités d'influence sur l'opinion sont immenses même si elles ont quelque peu décliné aujourd'hui. Parmi les bénéficiaires de la générosité des Rockefeller, il convient de mentionner les Nations unies, dont le siège new-yorkais fut construit sur un terrain offert par la famille [1].

L'investissement le moins rentable demeure probablement le parti républicain, « aussi dépendant de la famille Rockefeller, selon l'historien Theodore White, que la fondation du même nom [2] ». Jusqu'à la fin des années 1970, la famille en épongeait chaque année les dettes, ce qui valut à Nelson Rockefeller, frère de David et gouverneur de l'État de New York, de devenir un éphémère vice-président des États-Unis, sous Gerald Ford, de 1974 à 1976.

Une expérience étrange

Une discussion avec David Rockefeller est une expérience étrange. Je l'ai rencontré à deux reprises, à son bureau new-yorkais au 39e étage du Rockefeller Center, et une dernière fois en 1994 à Marrakech dans les jardins du palais royal, alors qu'il sortait d'une entrevue avec le roi du Maroc, Hassan II, que j'allais interviewer. Au milieu de cette végétation luxuriante, baignée de soleil, lui et son épouse ressemblaient à un couple de pasteurs à l'allure austère, en terre de mis-

1. Myer Kutz, *Rockefeller Power*, Simon and Schuster, New York, 1974. Ferdinand Lundberg, *The Rich and the Super Rich*, Lyle Stuart, New York, 1988.

2. Theodore White, *Forfaiture à la Maison-Blanche*, Fayard, 1976.

sion à l'autre bout du monde. Il portait son éternel costume sombre avec chemise blanche et cravate noire, et d'épaisses chaussures, noires également, qui semblaient venir d'un magasin bon marché.

De haute taille, légèrement voûté, il possède un teint rose et un visage rond qui s'éclaire souvent d'un large sourire. David Rockefeller est d'une exquise courtoisie, parle un français presque dépourvu d'accent et s'exprime toujours d'un ton mesuré, fournissant sur les événements importants dont il a été l'acteur ou le témoin des explications surprenantes.

La première fois, il m'a donné rendez-vous à son bureau, le matin vers 7 h 30. J'appris qu'il arrivait chaque jour vers 7 heures. Après avoir traversé Rockefeller Plaza puis le hall du Rockefeller Center, dont la décoration ostentatoire fait penser à la nef et aux murs d'une cathédrale moderne, les lourdes portes sculptées de l'ascenseur se sont refermées pour me conduire à la « pièce 5600 ».

Dans ce saint des saints est géré l'ensemble des intérêts et des participations de la famille Rockefeller à travers le monde. Un assistant me précède dans un couloir feutré, baigné d'une lumière douce, aux murs duquel sont accrochées des toiles de maître. Le bureau de David Rockefeller, situé sur la gauche, en angle, est de dimension modeste, dépouillé. Pas un dossier ne traîne sur le bureau et, derrière le fauteuil de cuir, j'aperçois, accrochée au mur, touche de couleur insolite, une toile représentant Saint-Tropez.

— C'est un Signac. Mon père l'aimait beaucoup et fut un des premiers à le découvrir. C'est également l'un de mes tableaux préférés.

L'austère Rockefeller séduit par Saint-Tropez ! Il a créé une dizaine d'années plus tôt une organisation privée qui fait couler beaucoup d'encre et suscite des jugements controversés : la Commission trilatérale. Elle réunit les personnalités les plus marquantes du monde politique, industriel et financier. Japonais, Européens et Américains se retrouvent au cours de réunions informelles consacrées aux grands problèmes du moment. Certains commentateurs, partisans de la théorie du complot, y voient l'ébauche d'un supergouvernement planétaire du monde des affaires.

— J'ai pensé qu'il fallait créer un cadre de réflexion adapté devant la gravité et l'urgence des problèmes, alors j'ai songé à réunir des relations et des amis. C'est vrai... (Il marque une légère pause.) Je dispose d'un carnet d'adresses assez étoffé.

David Rockefeller adore parler par euphémismes.

Ce qui frappe les esprits, c'est l'entrée, en 1974, dans cette arène prestigieuse et cosmopolite, d'un obscur gouverneur, baptiste comme Rockefeller, peu au fait des problèmes internationaux, pour lequel la commission multiplie voyages et rencontres. Zbigniew Brzezinski, brillant politologue et directeur de l'organisation, le décrit comme « le premier homme postpolitique qui ne cherche pas refuge dans quelque pigeonnier doctrinal ». L'homme ainsi encensé est le gouverneur de Géorgie, Jimmy Carter. Quand il a été élu président, à la surprise générale, il ne faisait même pas figure d'outsider ; la constitution de son cabinet a été une autre source d'étonnement. Les hommes nommés aux postes clés dans le domaine des affaires internationales étaient tous des membres de la Trilatérale : Walter Mondale à la vice-présidence, Cyrus Vance au Département d'État, Harold Brown comme secrétaire d'État à la Défense et Brzezinski à la tête du Conseil national de sécurité de la Maison-Blanche.

Quand je lui en fais l'observation, il répond :

— Il s'agissait des hommes les plus compétents à ces postes.

Il s'exprime toujours ainsi, sans aspérité, d'un ton à la fois scrupuleux et évasif. Il a créé la Trilatérale peu après le choc pétrolier de 1973 et je lui demande s'il existe un lien entre l'événement et sa décision.

— Bien sûr, nous étions confrontés à une situation nouvelle qui exigeait une nouvelle manière de penser les problèmes.

Son intervention, à Rome, sur les immenses besoins financiers de l'industrie pétrolière aurait-elle pu inciter les pays producteurs à radicaliser leur position et à accroître leur intransigeance, et les grandes compagnies à appuyer en sous-main une hausse des prix du pétrole ?

Il me fixe, les yeux écarquillés, paraissant surpris que j'échafaude une hypothèse aussi retorse et mal pensante :

— Oh non, je ne crois pas. Il s'agissait de réalités tout à fait distinctes[1].

Il me faudra plusieurs années de recherches et de recoupements pour découvrir que les deux réalités, bien au contraire, sont étroitement imbriquées.

Dramatiser la crise

Dès 1971, une commission formée par Richard Nixon et présidée par le général G. A. Lincoln travaille dans le plus grand secret à réexaminer la politique énergétique américaine. Les principaux consultants sont Robert

1. Entretien avec l'auteur, New York, novembre 1985.

Anderson, président du groupe pétrolier Atlantic Richfield et membre du comité national du parti républicain ; Peter Flanigan, avocat du puissant cabinet Dillon Road, représentant plusieurs firmes pétrolières, et qui deviendra peu après conseiller à la Maison-Blanche ; enfin John Connally, gouverneur du Texas, avocat représentant les intérêts pétroliers de son État et qui recevra un portefeuille clé, celui du Trésor.

Les conclusions de cette commission sont claires : elles mettent l'accent sur la nécessité pour les États-Unis de provoquer une hausse du prix du pétrole importé afin « de stabiliser les prix intérieurs à un niveau élevé et d'encourager les investissements nécessaires au développement des sources nationales d'énergie ». En attendant, le rapport Lincoln recommande l'« assainissement » des relations avec les pays exportateurs, pour éviter toute perturbation dans les importations américaines. Le 28 juin 1973, William Simon, nouveau secrétaire d'État aux Finances, déclare : « Les États-Unis se sont assigné pour objectif prioritaire l'adoption d'un plan d'action visant à réduire leur dépendance [énergétique] vis-à-vis de l'étranger[1]. » Propos repris pratiquement mot pour mot par George W. Bush, trente-trois ans plus tard, lors de son discours sur l'état de l'Union en 2006.

Une étrange mise en condition de l'opinion publique américaine commence durant l'hiver 1972-1973. Des signes de pénurie se manifestent alors dans plusieurs États américains, curieusement comme en 2000, juste avant l'élection de George W. Bush.

L'essence est rationnée ; des écoles et des usines

1. Sénat des États-Unis, *Multinational Hearings 1974*, Washington.

ferment, faute de fuel. Ces incidents ont l'effet d'un électrochoc sur la population. Cette « crise » de l'énergie et l'affaire du Watergate se partagent la une des journaux.

Les pétroliers lancent des campagnes visant à dramatiser la crise et à en faire porter la responsabilité au gouvernement, au Congrès, ou encore aux écologistes, accusés d'avoir maintenu le prix du pétrole et du gaz à un niveau anormalement bas, d'avoir découragé l'exploration pétrolière et la construction de nouvelles raffineries aux États-Unis, et d'avoir bloqué la construction de certains projets, tel l'oléoduc de l'Alaska.

Un véritable matraquage publicitaire contribue à mettre l'opinion en garde contre les dangers que court l'Amérique en se rendant dépendante du pétrole étranger, en particulier arabe. La solution ? Une augmentation des prix destinée à rentabiliser l'exploitation à grande échelle des ressources énergétiques américaines et, à court terme, une libération des importations pour faire face à la pénurie.

En 1974, le quadruplement des prix du pétrole qui frappe de plein fouet l'économie mondiale va permettre aux trente premières compagnies pétrolières mondiales d'accroître leurs bénéfices de 71 %, alors que le volume de leurs ventes n'augmente que de 10 %. Les six premières sociétés pétrolières américaines totalisent durant la même période des revenus bruts de 50 milliards de dollars et des bénéfices nets de 6 milliards de dollars.

Un « hasard miraculeux »

Un fait essentiel a été soigneusement caché, qui explique l'intervention de David Rockefeller à Rome en 1973, sur les immenses besoins en capitaux de l'industrie pétrolière. À la veille du choc de 1973, les grandes compagnies affrontent d'énormes difficultés financières, qu'elles dissimulent soigneusement. Certaines d'entre elles sont même au bord du dépôt de bilan. Elles ont investi dans des projets dont le coût final se révèle dans certains cas cinq à dix fois supérieur aux estimations de départ.

Il s'agit notamment de la construction d'un pipeline en Alaska, qui coûtera plus de 10 milliards de dollars, et de l'exploitation des zones off shore en mer du Nord, des champs pétrolifères géants qui requièrent de nouvelles technologies pour les forages, les plus délicats et les plus chers de toute l'histoire pétrolière. Exxon, Shell, BP, Philipps Petroleum, notamment, se trouvent confrontées à des échéances inquiétantes : elles ne peuvent plus stopper ces investissements dont les coûts, qui n'ont cessé de grimper, les mettent financièrement à genoux.

Le choc pétrolier déclenché en octobre 1973 par les pays de l'OPEP provoque leur salut : la hausse des prix du baril rend brusquement « rationnels et commercialement viables » ces projets, selon les mots d'un banquier. Les principaux gisements découverts en 1971 à Ekofisk, Frigg, Forties, Brent, dans une des mers les plus inhospitalières du monde, deviennent grâce à la flambée des cours un nouvel eldorado qui place la Norvège et la Grande-Bretagne, selon la formule amusée du Premier ministre de l'époque, Harold Wilson, « en position de devenir membres de l'OPEP ». En 1987, la production totale de la mer du Nord atteint 6 millions de barils, plus que l'Iran et un peu moins que l'Arabie Saoudite, avant de décliner aujourd'hui.

Un des acteurs de ces événements, rencontré à Londres et qui coule aujourd'hui une retraite aisée, me commente, ironique, en souhaitant garder l'anonymat : « Ce fut un de ces hasards miraculeux comme il ne s'en produit jamais dans le monde des affaires et encore moins dans l'industrie pétrolière. »

Feu vert pour une hausse des prix

Le destin a en effet bénéficié d'un sérieux coup de pouce, comme le révèle une enquête publiée en janvier 1974 dans le *Washington Post*. L'auteur, Jack Anderson, est l'un des journalistes d'investigation les plus respectés, « fiable quant à ses sources et pugnace quant à ses choix », selon la formule d'un de ses collègues. Il a eu accès à des documents secrets de l'Aramco, le puissant consortium regroupant les compagnies Exxon, Texaco, Mobil et Chevron qui exploitent le pétrole saoudien.

Les dossiers lui ont été fournis par une « gorge profonde » qui n'a jamais été identifiée mais qui appartenait à la direction de Mobil. L'un des articles décrit les réunions entre les dirigeants de l'Aramco et Sheikh Yamani, le ministre saoudien du Pétrole, qui se déroulent au début de l'année 1973. Les interlocuteurs de Sheikh Yamani lui donnent un véritable feu vert, expliquant qu'ils seront tout à fait favorables à une décision prise par l'Arabie Saoudite et l'OPEP d'augmenter les prix du pétrole. Ils évoquent même le chiffre de 6 dollars par baril[1]. La réalité va largement dépasser leurs espérances.

À la suite de ses articles, Jack Anderson est appelé à témoigner devant le sous-comité du Sénat en charge des relations internationales, créé pour enquêter sur les méthodes employées par les grandes firmes pour influer sur la politique étrangère américaine. Le scandale du Watergate incite l'Amérique à se lancer dans une grande campagne d'expiation et de mise en accusation. Brusquement, dans ce pays aux racines puritaines, les excès de l'argent doivent être châtiés. Les compagnies pétrolières se retrouvent en première ligne. L'influent sénateur démocrate Henry « Scoop » Jackson déclare devant les caméras, avec un visage de justicier : « Les citoyens américains veulent savoir si les principales compagnies pétrolières sont assises sur des puits bouchés, si elles accumulent les stocks dans des réservoirs clandestins. Les citoyens américains veulent savoir comment il se fait que les bénéfices des compagnies sont en train de monter en flèche ; les citoyens américains veulent savoir si cette soi-disant crise de l'énergie n'est qu'un prétexte, une couverture pour éliminer la source principale de la concurrence des prix[2]. »

1. Jack Anderson, « Details of Aramco Papers Disclosed », *Washington Post*, 28 janvier 1974.

2. Sous-commission permanente d'enquête du Sénat des États-Unis, Washington, 1974.

« Toutes ces enquêtes retomberont comme un soufflé »

Le Congrès américain, qui se pose en pourfendeur des dérives, ne semble pas épargné par la corruption ambiante. Gulf Oil se voit accusée d'avoir, de 1960 à 1974, transféré plus de 12 millions de dollars à des fins politiques, par le canal d'une société créée pour financer des recherches pétrolières et installée aux Bahamas. L'enquête révèle que l'argent, qui transitait par les Caraïbes, était régulièrement déposé – « environ cinq à six fois par an » – sous enveloppes scellées aux bureaux d'une quinzaine de sénateurs influents appartenant aux deux partis. Parmi eux, Hugh Scott, leader du groupe républicain au Sénat, et son successeur, Howard Baker, qui deviendra secrétaire général de la Maison-Blanche. Les anciens présidents Lyndon Johnson et Gerald Ford avaient bénéficié auparavant des largesses du groupe.

Lors de sa déposition, le 28 janvier 1974, Jack Anderson décrit les circonstances qui lui ont permis d'obtenir ces informations. Elles proviennent d'une « source » (il ne dit pas s'il s'agit d'une ou de plusieurs personnes) appartenant à l'appareil de direction de l'Aramco qui s'inquiète des choix adoptés par le consortium, qui lèsent, selon elle, les intérêts de l'Amérique.

Les compagnies pétrolières assignées à comparaître mettent violemment en cause la véracité des révélations publiées par Anderson et parlent de « journalisme irresponsable ». Mais lorsque le sous-comité leur demande de produire des documents qui les réfutent, les responsables d'Exxon, de Texaco, Mobil et

Chevron refusent sèchement[1]. Le responsable d'une de ces compagnies confie en privé : « Il faut juste serrer les dents et s'arc-bouter face au vent. Mais, vous verrez, passé l'émoi du choc pétrolier, la peur des consommateurs va se dissiper et ils vont reprendre leurs habitudes. Et alors toutes ces enquêtes retomberont comme un soufflé. »

Il s'agit d'une remarque profondément cynique et juste. Le choc pétrolier de 1973 provoque une courte pause avant le retour aux excès de la consommation pétrolière. Le contrôle de tous les champs pétrolifères de la planète par un peu plus d'une demi-douzaine de compagnies a permis, au mépris de toute cohérence économique, et aussi de toute prudence, de maintenir pendant soixante ans le prix du baril à moins de 2 dollars.

Après 1973, l'opinion veut seulement être rassurée et continuer d'ignorer la réalité des faits. L'immense manipulation des compagnies pétrolières est passée sous silence. J'ai entre les mains les articles d'Anderson, mais deux choses au cours de mon enquête m'ont surpris : ces papiers ne sont plus accessibles sur le site Internet du journal. Ensuite, en examinant la presse écrite et télévisuelle de l'époque, je constate que les médias américains n'ont accordé aucun écho à ces révélations et très peu aux auditions de la commission d'enquête, alors qu'un des membres les plus importants du Sénat américain, Franck Church, a déclaré en décembre 1973 dans un discours prononcé dans l'Iowa : « C'est à nous, Américains, qu'il incombe de

1. Sous-comité des Relations internationales du Sénat, *Multinational Corporation Hearings 1974*, Washington.

découvrir la piste qui a conduit les États-Unis à dépendre des Émirats arabes pour une telle proportion de leur pétrole... et d'abord pourquoi notre gouvernement a-t-il accordé son appui et prodigué ses encouragements aux gigantesques compagnies américaines pour leur permettre de s'implanter au Moyen-Orient ? Il faut reconsidérer le postulat que ce qui est bon pour les compagnies pétrolières l'est également pour les États-Unis. »

Les propos de Church sont empreints de naïveté et de démagogie. Bien entendu, aucune enquête véritable n'a abouti. Au contraire, une véritable chape de plomb recouvre les agissements et les stratégies des pétroliers, ainsi que le lien profond et mystérieux qui existe entre les compagnies, le gouvernement américain et l'Arabie Saoudite.

7

La seule ressource du royaume : les pèlerins

En 1930, Ibn Séoud, grâce à l'aide de ses troupes bédouines, achève la conquête de l'immense péninsule Arabique qui portera bientôt son nom. Il règne sans partage sur un territoire totalement inhospitalier, en apparence dépourvu de la moindre ressource, où alternent montagnes et déserts.

Force de la nature et guerrier exceptionnel, le futur souverain, en cette année 1930, est un homme morose et pauvre : les seules ressources du royaume qui sera officiellement créé deux ans plus tard découlent des droits d'entrée acquittés par les pèlerins se rendant à La Mecque et à Médine. Or, en 1930, l'instabilité du pays et la crise économique qui frappe le monde en ont tari le flux ; et l'année 1931, selon toutes les prévisions, sera pire encore.

Ibn Séoud a pour confident un personnage étrange, un Anglais converti à l'islam, Harry Saint-John Philby. Il a travaillé comme administrateur colonial pour le gouvernement britannique puis, indigné du traitement que les autorités réservaient aux Arabes, il a démissionné avec éclat et est devenu commerçant à Djedda. C'est un rebelle au caractère excentrique, devenu un fin lettré en littérature arabe et culture islamique. Il professe également une profonde aversion pour sa patrie d'origine, la Grande-Bretagne, et cela va jouer un rôle déterminant dans les choix pétroliers du roi Ibn Séoud, dont il devient l'ami, et le seul à la Cour autorisé à lui porter la contradiction. Mais il existe chez cet homme complexe quelque chose d'encore plus étrange : son fils.

Kim, dont il paie les études à Cambridge, deviendra le chef du contre-espionnage britannique, chargé de lutter contre la menace communiste. La couverture parfaite pour celui qui se révélera le plus important espion soviétique du XXe siècle. Sur le point d'être démasqué, il s'enfuira à Moscou en 1963 où, devenu colonel du KGB, il demeurera jusqu'à sa mort, vingt-cinq ans plus tard, en 1988.

Graham Greene, qui l'a bien connu, lui rendait visite à chacun de ses voyages à Moscou. Assis dans un petit restaurant du vieil Antibes où il avait l'habitude de venir déjeuner, à deux pas de son appartement, Greene me raconta ces rencontres : le cérémonial du thé auquel Philby restait très attaché, la lecture du *Times* dont il déplorait qu'il lui parvienne irrégulièrement et avec trop de retard ; et enfin cette confidence, en réponse à une question de l'écrivain lui demandant s'il se considérait comme un traître : « Non, répondit Philby. Je regrette d'avoir dû trahir des amis, mais je n'ai jamais éprouvé la moindre loyauté envers l'Angleterre, plutôt du mépris[1]. »

Ses sentiments sont absolument identiques à ceux éprouvés par son père trente ans auparavant et d'ailleurs, en lisant ses Mémoires d'agent double, l'interprète d'Ibn Séoud fut frappé de cette similitude et déclara : « Kim Philby était l'exacte réplique de son père. »

Ibn Séoud veut trouver de l'eau

Ibn Séoud et Harry Philby ont l'habitude de longues promenades dans le désert, à bord d'une voiture aux amortisseurs sur le point de rendre l'âme. Philby est devenu le concessionnaire exclusif de Ford pour le royaume saoudien... Le souverain parle de la malédiction qui pèse sur son pays et des forages infructueux... pour trouver de l'eau. Il ne pense pas un instant au pétrole et c'est Philby qui lui inocule cette idée. Au terme d'une conversation où le roi lui confie qu'il a épousé cent trente-cinq vierges et qu'il en a « connu » une centaine d'autres. Ses finances en souffrent tellement qu'il a décidé de s'en tenir au chiffre, extrêmement raisonnable pour lui, de deux nouvelles épouses par an. Il ajoute que le gouvernement lui a annoncé que la situation financière du pays était désastreuse.

« Je réponds, raconte Philby, d'une voix aussi enjouée que possible étant donné les circonstances, que Sa Majesté et son gouvernement me font penser au pauvre hère sommeillant à côté d'un trésor enfoui, mais n'osant pas le déterrer par excès de paresse ou de

1. Entretien avec l'auteur, Antibes, 1988.

crainte. Le roi m'invite à m'exprimer plus clairement. Je lui réponds que je ne doute pas pour ma part que le sous-sol de son immense pays recèle d'énormes richesses minérales, dont personne ne peut toutefois profiter tant qu'elles demeurent enfouies dans les entrailles de la terre. Seuls des prospecteurs professionnels sont susceptibles de les découvrir, leur exploitation au bénéfice du pays ne pouvant être organisée qu'avec l'effort de capitaux et de techniciens étrangers. Et pourtant, le gouvernement saoudien semble refuser d'envisager que des sociétés étrangères puissent contribuer à développer la richesse potentielle du pays.

« Au lieu de s'apitoyer sur son sort, poursuit Philby, Ibn Séoud doit plutôt se rappeler le verset du Coran qui dit : "Dieu ne change ce qui est au plus profond des hommes que si ceux-ci changent ce qui est au plus profond d'eux-mêmes." "Oh, Philby, s'exclame le roi, si quelqu'un m'offre un million de livres, je lui accorde volontiers toutes les concessions qu'il pourra me demander [1]." »

Cette conversation va marquer un tournant dans l'histoire du royaume... et du monde. Philby, avec une ambiguïté consommée dont a hérité son fils, favorise l'implantation de compagnies américaines tout en faisant croire à leurs rivales britanniques qu'il œuvre pour elles. Les Anglais sont aux portes du royaume, contrôlant les deux zones pétrolifères les plus riches de la planète : l'Irak et l'Iran. Mis en confiance, le responsable de l'IPC [2] confie à Philby, scellant sa perte,

1. Harry Saint-John Philby, *Arabian Jubilee*, Hale, Londres, 1952 et *Arabian Days*, Hale, Londres, 1948.
2. Qui succéda en 1928 à la Turkish Petroleum Company.

que l'objectif de la Grande-Bretagne n'est nullement d'exploiter le pétrole saoudien mais d'empêcher que les Américains ne mettent la main sur ces gisements. La crise économique mondiale est à son apogée et le baril de brut s'écoule à 10 cents sur le marché. L'Arabie Saoudite se résume alors, aux yeux des pétroliers et des politiques, à un pays inutile, au pétrole superflu.

« C'est un peu trop loin pour nous »

La signature, le 29 mai 1933, d'un acte de concession octroyé par le gouvernement saoudien à la compagnie américaine Standard Oil of California, qui deviendra Chevron, ouvre aux États-Unis la porte du Golfe, mais personne n'imagine alors que les États-Unis viennent de mettre la main sur le plus incroyable « scandale géologique », selon les mots d'un expert : des gisements pétroliers d'une ampleur inégalée.

Le 30 avril 1939, au terme d'un voyage de 1 500 kilomètres à travers le désert, le roi Ibn Séoud, suivi d'une caravane de cinq cents voitures transportant deux mille esclaves, domestiques, épouses, concubines et officiels, arrive sur le site de Dhahran où l'Aramco exploite désormais ses principaux gisements. L'inauguration du site donne lieu à un immense banquet organisé par le souverain, réunissant quatre mille personnes et où sont abattus plus de quatre mille moutons. Le roi devient un homme riche et les compagnies de l'Aramco accroissent encore leur puissance. Tout cela quatre mois avant que n'éclate la Seconde Guerre mondiale.

De 1939 à 1945, l'Arabie Saoudite ne perçoit que des échos lointains du conflit. Le seul fait militaire marquant se résume à l'intrusion dans la région d'une petite escadrille de bombardiers italiens, partis d'Érythrée pour bombarder les installations pétrolières de l'Émirat de Bahreïn situées juste à proximité des frontières saoudiennes[1].

Pourtant, lorsque les forces allemandes commandées par Rommel menacent en 1941-1942 de prendre le contrôle du Moyen-Orient, les gisements pétroliers saoudiens commencent à revêtir aux yeux des Alliés, et notamment des Américains, une importance vitale. Les États-Unis fournissent plus de 65 % des approvisionnements pétroliers alliés. Que le Reich prenne le contrôle de cette région et le cours de la guerre risque de s'en trouver modifié. Le seul moyen de s'assurer la loyauté d'Ibn Séoud consiste à satisfaire ses constants caprices financiers, qui atteignent des montants considérables. Il ne cesse de demander à l'Aramco des avances et le président du groupe alerte Roosevelt, qui adresse une note à un de ses collaborateurs : « Voulez-vous dire aux Britanniques que je souhaite les voir prendre soin du roi d'Arabie Saoudite ? C'est un peu trop loin pour nous. Franklin Delano Roosevelt[2]. »

Ce mémo transfère à Londres la charge de remettre à flot les finances saoudiennes en recourant au système de prêt-bail américain. Churchill et Eden en profitent pour tenter de reconquérir auprès du monarque l'influence perdue, en partie par la faute de Philby. Ils nomment des conseillers et proposent, par le biais d'une commission de contrôle, un plan de sauvetage

1. Leonard Mosley, *op. cit.*
2. Commission d'enquête du Sénat des États-Unis, Washington, 1948.

de la monarchie saoudienne. Face à ce risque d'emprise, l'Aramco alerte à nouveau le président américain en 1943 : « Ce que font les Britanniques ne nous dit rien qui vaille », lui écrit le président de Texaco, une des compagnies du consortium. Il est alors décidé que le gouvernement américain subviendra directement aux besoins du royaume saoudien[1].

Cette intervention, destinée à décharger financièrement l'Aramco, est d'autant plus surprenante que le groupe pétrolier a sèchement refusé la demande formulée par le gouvernement américain d'entrer dans son capital. Ce choix révèle la préoccupation des autorités américaines en matière d'accès aux sources d'approvisionnement, et aussi le formidable relais diplomatique et financier que Washington représente pour l'industrie du pétrole.

L'illusion d'Ibn Séoud

Point culminant de cette entente entre autorités politiques américaines et compagnies pétrolières : la rencontre en février 1945 entre Roosevelt, revenant de la conférence de Yalta, et le roi Ibn Séoud, à bord du croiseur *USS Quincy*. Le navire est ancré au milieu du canal de Suez ; le roi distribue 40 dollars à chaque membre d'équipage et 60 dollars à chacun des officiers. Les deux dirigeants parlent surtout du problème palestinien et de l'éventuelle création d'un État juif dans cette région. Roosevelt promet que Washington ne modifiera pas sa politique sur le dossier avant

1. Commission d'enquête du Sénat des États-Unis sur les ressources pétrolières, Washington, 1945.

d'avoir consulté les Arabes et les Juifs. Trois ans plus tard, son successeur approuve la création d'Israël, revenant sur cet engagement, et déclare à l'intention des responsables pétroliers : « Messieurs, je suis désolé, mais je dois répondre à l'attente de centaines de milliers de personnes qui luttent pour le succès du sionisme. Je ne compte pas plusieurs centaines de milliers d'Arabes parmi mes électeurs[1]. »

La rencontre du *Quincy*, occasion d'évoquer la coopération pétrolière américano-saoudienne, ne débouchera pas sur un accord formalisé mais seulement implicite : l'Amérique garantit la sécurité du royaume et en contrepartie celui-ci assure la sécurité des approvisionnements pétroliers à destination des États-Unis.

Les choses sont rendues d'autant plus faciles que le vieux roi Ibn Séoud vit sur une illusion absolue qu'il conservera jusqu'à sa mort : « Il est plus simple et plus facile de coopérer avec des compagnies pétrolières américaines ; à la différence de leurs homologues britanniques, elles ne sont pas inféodées au pouvoir politique et au gouvernement. » Ses propos illustrent en réalité l'ultime réussite du prestidigitateur Philby, qui a convaincu le monarque de cette fiction pour mieux écarter les compagnies britanniques.

Churchill avait bluffé

« Churchill, m'a confié Eden en 1974, sentait que nous n'avions plus les bonnes cartes en main et, trois jours après la rencontre entre Roosevelt et Ibn Séoud, nous sommes allés, à notre tour, rencontrer le souve-

1. Leonard Mosley, *op. cit.*

rain saoudien. La rencontre eut lieu dans une oasis à proximité du Caire. Nous avions beaucoup fait durant la guerre pour maintenir le train de vie extravagant du roi et renflouer les finances de son pays. La guerre à peine terminée, nos amis américains, avec l'approbation du monarque, nous refermaient en quelque sorte la porte au nez. Vous savez, depuis la conférence de Téhéran, en 1943, où Roosevelt avait semblé se ranger aux vues de Staline ironisant sur la Grande-Bretagne, Winston avait perdu beaucoup d'illusions sur le président américain. Il est arrivé à cette rencontre profondément irritable comme souvent, et dès notre arrivée il faillit y avoir un grave incident. On nous explique qu'Ibn Séoud, musulman pieux, ne tolère pas que l'on fume en sa présence. Winston réplique : "Dites à Sa Majesté que je comprends parfaitement que sa religion lui interdise de fumer et de boire, mais dites-lui aussi que la mienne me prescrit une règle immuable : fumer des cigares et boire de l'alcool avant et après les repas, et même pendant si le besoin s'en fait sentir." Le roi, ajouta Eden, accueillit avec humour cet accès de mauvaise humeur et nous fit cadeau de bijoux somptueux, alors que nous n'avions apporté que des échantillons de parfum. Nous avons échangé, Churchill et moi, un regard embarrassé et il s'est penché vers le souverain avec un large sourire en lui déclarant : "Majesté, ce que vous venez de recevoir n'est pas un présent. Nous vous offrons la plus belle voiture du monde, une Rolls Royce." Ibn Séoud était rayonnant. Il n'y avait qu'un seul problème : Winston avait bluffé. Le gouvernement britannique n'avait ni les moyens ni le droit d'effectuer un tel achat. Alors, pour le financer en partie, évidemment dans le plus grand secret, nous avons vendu les bijoux offerts. J'ai appris ensuite, conclut

Eden en riant, que le roi n'a jamais utilisé cette Rolls, et pourtant c'était le plus beau modèle, car la conduite se trouvait évidemment à droite. Or il aimait s'asseoir à côté de son chauffeur et s'installer à sa gauche était une position indigne pour un Arabe de lignée royale[1]. »

Le pétrole subventionne l'essor industriel

Rapidement, les administrations qui se succèdent à Washington découvrent l'importance croissante du royaume saoudien en matière d'approvisionnement énergétique. Depuis 1948, l'Amérique importe plus de pétrole qu'elle n'en exporte, et la tendance s'amplifie au fil des années.

Les milliards de barils extraits et achetés à des prix dérisoires subventionnent totalement l'essor industriel des États-Unis et de l'Europe.

Il est loin le temps où Ibn Séoud affirmait que « toute la fortune du royaume pouvait tenir dans une selle de chameau ». Désormais, Riyad, capitale jusqu'ici ignorée... et méprisée, devient un allié incontournable.

J'ai le sentiment, en réexaminant la période 1970-1973, que la véritable alliance politique, militaire et énergétique entre les États-Unis et le royaume saoudien s'est forgée durant cette période et non en 1945 lors de la rencontre du *Quincy*. L'accord vague entre Roosevelt et Ibn Séoud est devenu vingt-cinq ans plus tard une stratégie commune, adoptée par Washington, Riyad et les compagnies pétrolières.

Nicolas Sarkis, qui fut au cœur de ces événements,

1. Entretien avec l'auteur, 1974.

se souvient : « Au début des années 1970, Washington a jugé plus opportun de se présenter en victime de l'accroissement des prix du pétrole. Cela lui permettait notamment de jouer sur la corde sensible de la solidarité entre les pays occidentaux afin de mieux camoufler les divergences d'intérêts entre l'Europe, le Japon et les États-Unis, et aussi de conserver le leadership américain sur le marché pétrolier, en entravant le développement d'accords bilatéraux entre pays producteurs et consommateurs. Il fallait créer un ennemi, l'OPEP était toute désignée pour cela[1]. »

Les encouragements de l'adversaire américain

Entre-temps, les États-Unis font du charme aux pays de l'OPEP pour les inciter à accroître les prix. Le scénario commence en 1971 avec l'accord de Téhéran. Avant la signature de cet accord, les pays arabes les plus radicaux songent à une augmentation de 12 à 17 cents par baril pour les prix postés dans le Golfe. À la surprise générale, les négociations menées « hâtivement » à Téhéran entre les représentants de l'OPEP et ceux des *majors* aboutissent à un accord sur une augmentation immédiate de 35 cents par baril, plus un accroissement annuel de 5 cents par baril et un autre de 2,5 % par an pour compenser l'inflation. L'accord de Téhéran, suivi de ceux de Tripoli et de Lagos, devait durer jusqu'en 1975. Mais, quinze mois après l'accord de Tripoli, les États-Unis préparent déjà le terrain pour un nouveau relèvement des prix de 1976 à 1980. Nicolas Sarkis révèle des détails troublants :

1. Entretien avec l'auteur, 1974.

« Je me souviens, dit-il, de cette journée du 2 juin 1972, quand le 7e congrès arabe du pétrole était réuni en séance extraordinaire au palais des Nations, près d'Alger, pour célébrer la nationalisation, survenue la veille, des avoirs de l'Irak Petroleum Company, le consortium qui contrôlait depuis plus de cinquante ans l'exploitation du pétrole en Irak et en Syrie. Les quelque cinq cents congressistes ont eu droit à une intervention non prévue au programme, celle d'un haut responsable américain, M. James Akins, qui occupait alors les postes de directeur du bureau des carburants et de l'énergie au Département d'État et de conseiller pour le pétrole du président Nixon. M. Akins a été nommé ensuite ambassadeur en Arabie Saoudite. Il avait joué un rôle de premier plan dans la préparation du rapport de la deuxième commission formée par Nixon pour réviser la politique pétrolière américaine, rapport qui recommandait la hausse des prix.

« Devant donc plusieurs centaines d'officiels et d'experts arabes, Akins monte à la tribune pour prononcer un discours écrit qui commence par des termes habilement flatteurs : "Messieurs, j'ai assisté à la séance de ce matin et j'ai entendu les discours et les applaudissements avec lesquels vous avez accueilli la nationalisation de l'Irak Petroleum Company. Je partage votre joie, même si je ne peux pas partager vos applaudissements, étant donné mes responsabilités officielles." Après cette introduction pour le moins inattendue, James Akins développe ses idées sur l'évolution du marché pétrolier avant de lâcher ce qui est alors considéré comme une vraie bombe : "Certains pays de l'OPEP pensent augmenter les prix postés jusqu'à 5 dollars par baril." J'avais à mes côtés, ajoute

Sarkis, le ministre irakien du Pétrole. Quand il entend le chiffre de 5 dollars, il se gratte l'oreille et me regarde, sidéré, me demandant si j'ai bien entendu la même chose. Notre surprise est d'autant plus grande qu'aucun pays de l'OPEP n'a jusqu'alors parlé d'un prix de 5 dollars. En réalité, l'OPEP n'a même pas encore commencé à discuter de l'évolution des prix pétroliers [1]. »

Pour comprendre la stupéfaction des délégués devant les propos du responsable américain, il faut se rappeler qu'aux termes des accords de Téhéran le prix du baril a augmenté de près de 50 %, passant de 1,80 dollar à 2,60 dollars. « Il faut vous replacer dans le contexte de l'époque, m'explique un ancien ministre du Pétrole. Tout notre objectif tendait à s'affranchir du cadre juridique et financier qui nous avait été imposé : nous nationalisions les compagnies et augmentions le prix du baril pour la première fois depuis la création de l'OPEP en 1960. Nous avions le sentiment d'avoir fait des choses réellement révolutionnaires et brusquement un homme comme James Akins, qui représentait nos deux principaux adversaires, le gouvernement américain et les *majors* du pétrole, intervient et nous explique que nos objectifs sont trop timorés et que nous devons viser plus fort et plus haut. Un membre influent de l'entourage de Nixon et des conseils d'administration des grandes compagnies pétrolières nous administrait au fond une leçon de radicalisme politique. C'était insensé pour nous. »

1. Nicolas Sarkis, *op. cit.*

Le pétrole américain décline depuis 1970

À l'été 1973, les États-Unis importent 6,2 millions de barils/jour, la part la plus importante provenant du Golfe, contre 3,2 millions en 1970 et 4,5 millions en 1972. Les pressions sur les achats et les prix ne cessent de s'accroître à travers le monde, dues à l'inquiétude des acheteurs et à l'opportunisme des spéculateurs.

Alors que se profile l'échéance d'octobre 1973, un événement d'une portée considérable, survenu trois ans auparavant, est resté totalement inconnu et ignoré, même des décideurs politiques.

En 1956, le professeur King Hubbert, géologue et directeur des recherches à la Shell, entame une étude minutieuse sur les rythmes de découverte des gisements pétroliers en Amérique du Nord. Ses travaux démontrent mathématiquement que l'exploitation de tout gisement suit une « courbe en cloche » qui met du temps à décoller, puis augmente vertigineusement avant de se stabiliser et de décliner à nouveau brutalement et définitivement. Hubbert souligne que les champs pétrolifères les plus importants et les plus faciles à exploiter ont été découverts en premier et que, le temps passant, les découvertes ne porteront plus que sur des gisements réduits, beaucoup plus difficiles d'accès. Au terme de ses études, le géologue conclut que la production américaine atteindra son point culminant en 1970 et qu'elle déclinera rapidement dans les années suivantes, provoquant un accroissement de la dépendance extérieure[1].

1. King M. Hubbert, *Nuclear Energy and the Fossil Fuels*, American Petroleum Institute, San Antonio, Texas, 1956.

Hubbert achève définitivement ses travaux en 1958, un an après le lancement du premier Spoutnik soviétique, et les présente en 1960 devant l'Institut américain du pétrole, face à une assistance qui réunit responsables pétroliers et membres du gouvernement. Tous accueillent avec dédain et scepticisme son exposé. Pourtant, Hubbert est tout sauf un fantaisiste. Avant la Seconde Guerre mondiale, il enseignait la géologie à l'Université Columbia ; ses travaux sur la résistance des roches dans la croûte terrestre font autorité et ont débouché sur des innovations dans l'exploration pétrolière. Au cours de son exposé, Hubbert profère également une autre hérésie : le déclin de la production se poursuivra inexorablement, malgré l'amélioration des méthodes de forage et l'apport de nouvelles techniques d'extraction. Pour lui, après le « pic », ou point de production maximum, tous les champs pétrolifères américains entreront dans un processus régulier et irréversible d'épuisement.

Pourtant, Hubbert a vu juste avec une précision saisissante : l'Amérique est entrée dans une phase de déclin pétrolier exactement à la date prévue, 1970, un déclin devenu au fil des ans de plus en plus marqué. Il aura la satisfaction de vivre assez longtemps, jusqu'en 1989, pour voir reconnue la justesse de ses travaux. Le pic d'Hubbert sert désormais de modèle à de nombreuses projections d'analystes dont nous décrirons plus loin les résultats inquiétants.

Durant mon enquête, j'ai fait un constat dérangeant. En lisant les principaux livres publiés au cours des dix dernières années aux États-Unis sur les questions pétrolières, j'ai remarqué que très peu citent, même brièvement, King Hubbert. Les travaux d'Hubbert seraient-ils si hérétiques et si subversifs qu'il faille à tout prix les ignorer ? Je comprends qu'il s'agit pour beaucoup d'une réalité gênante. Hubbert a ouvert une porte qui interdit désormais aux principaux acteurs pétroliers d'ignorer ou de diaboliser les dissidents, tous ceux qui dénoncent le discours « dominant » sur les réserves « inépuisables » de pétrole.

L'Amérique ignorait tout de ce déclin pétrolier et de son ampleur future quand, un an auparavant, elle a contemplé fascinée, comme le monde entier, les pas du premier homme sur la Lune. En regardant en 1969 Neil Armstrong marcher sur notre satellite, qui pouvait imaginer la panique et les véhicules immobilisés faute d'essence quatre ans plus tard ?

Un pétrole pompé en toute sécurité

En 1973, regardons le dessous des cartes. Le choc pétrolier vient d'avoir lieu et Nixon place les forces américaines en état d'alerte nucléaire maximum – une première depuis la fin de la Seconde Guerre mondiale –, en réponse aux mouvements de la flotte russe en Méditerranée. En réalité, derrière cette gesticulation politique se joue une partie d'une tout autre gravité, au siège de l'Aramco et sur les gisements saoudiens exploités, selon les mots d'Antony Sampson, par « quatre des compagnies parmi les plus riches du monde ».

Sans l'Arabie Saoudite, plus d'OPEP ni de prospérité occidentale. Le pays idéal : une monarchie que l'on croit étroitement dépendante de l'Amérique, suffisamment faible pour rechercher une protection constante contre d'éventuelles menaces de ses voisins ; et surtout des gisements pétroliers colossaux, certains disent même inépuisables, qui font du royaume le meilleur allié des pays industrialisés, et en premier lieu des États-Unis, au sein de l'OPEP. Les besoins mondiaux exigent-ils une augmentation de la production saoudienne, celle-ci passe immédiatement de 6 ou 7 millions de barils/jour à 8 ou 9 millions. Avec la possibilité d'atteindre, voire de dépasser 12 à 15 millions de barils/jour, un rythme d'extraction gigantesque que certains officiels saoudiens affirment même être pratiquement en mesure de doubler pour garantir plus de 20 millions de barils. À la fin des années 1970, Sheikh Yamani, le ministre saoudien du Pétrole, s'inquiète des prix du pétrole, devenus, selon lui, trop élevés, et envisage de porter la production saoudienne à 20 millions de barils/jour. Un objectif qui n'a jamais été appliqué.

L'Occident peut être rassuré et l'OPEP effondrée. Avec un tel partenaire, elle ne possède plus aucune marge de manœuvre, ni sur la production ni sur les prix.

Un pion essentiel pour la stratégie américaine

En 1964, le prince Fayçal a chassé du pouvoir son frère Saoud. Allure austère, profil d'aigle, Fayçal n'aime guère les États-Unis mais encore moins les régimes arabes laïques et progressistes, incarnés par Nasser. Il considère, non sans quelque raison, le président égyptien comme une tête de pont idéale permettant à Moscou et au communisme d'étendre leur influence dans la région. L'existence d'Israël est un sujet constant de frictions entre le monarque saoudien et les administrations américaines. Il trouve humiliant de devoir dépendre, comme son pire ennemi, l'État hébreu, du bouclier américain.

Il a suivi avec beaucoup d'attention la crise qui a déstabilisé son voisin iranien dix ans plus tôt, puis la chute du Premier ministre Mossadegh et le retour du Shah sur le trône grâce à l'aide de la CIA. Il a exigé des responsables américains que l'agence de renseignements n'opère pas à l'intérieur du royaume. Il ne se rend pas compte que les Américains n'en ont nul besoin.

La monarchie saoudienne est un pion essentiel pour la stratégie américaine. Depuis le début des années 1950, Washington s'efforce de contrer Nasser et son nationalisme arabe en favorisant l'émergence de l'islam radical. En Égypte, les Frères musulmans sont appuyés et financés en sous-main par les États-Unis, qui voient dans le royaume saoudien une création correspondant parfaitement à leurs objectifs : une monarchie conservatrice, voire rétrograde, où la dynastie au pouvoir, les Séoud, s'appuie sur l'islam sommaire, puritain et intransigeant prôné par les tribus alliées qui l'ont porté au pouvoir et appliquent à la lettre le wahhabisme [1].

Jusqu'au début des années 1960, la région du Hedjaz, qui s'étend le long de la mer Rouge et abrite les deux lieux saints de l'islam, La Mecque et Médine, incarnera encore une culture unitaire faite de tolérance et de diversité. Mais Fayçal encourage le renforcement, l'omniprésence du wahhabisme, né, lui, dans la

1. Le wahhabisme tire son nom de son fondateur Mohammad Ibn Abdel Wahab (1720-1792). Il rédigea sa philosophie religieuse en 1739, dans trois ouvrages. Son courant revendique une interprétation littérale du Coran.

région centrale et reculée du Nadjd et qui impose peu à peu ses règles totalitaires.

Tout le monde à Washington s'en félicite, car, comme me l'a confié un vétéran de la CIA qui a travaillé à l'époque dans la région du golfe Persique et souhaite garder l'anonymat : « Nous nous moquions complètement des querelles et des rapports de force au sein de la famille royale. La seule réalité qui nous intéressait, c'était que le pétrole puisse être pompé en toute sécurité, que le pays soit stable et que le wahhabisme encadre et surveille la population aussi efficacement qu'une police politique. »

Fayçal, qui ne veut pas de la présence de la CIA à l'intérieur de son pays, a mal mesuré l'étroite coopération qui existe entre les services secrets américains et les compagnies pétrolières. Quand Kermit Roosevelt, l'homme chargé des opérations secrètes au Moyen-Orient, quitte la CIA, il devient, en 1960, vice-président du géant pétrolier Gulf Oil, où il sera chargé des « relations » entre les groupes pétroliers et le gouvernement américain.

Un an plus tard, en 1961, l'homme nommé par John Kennedy à la tête de la CIA, John Mac Cone, a fait toute sa carrière dans l'industrie du pétrole. Il a créé une société spécialisée dans la construction de raffineries aux États-Unis et au Moyen-Orient, puis dirigé une flotte de pétroliers. Lors de son audition devant le Congrès, il reconnaît qu'il possède 1 million de dollars d'actions de Chevron, ce qui ne paraît gêner aucun des sénateurs présents.

Une réalité pétrolière saoudienne inquiétante

Cette longue symbiose existe toujours en 1973, à la veille du choc pétrolier. Cette fois, c'est l'Aramco qui informe, partiellement, les agences de renseignements américaines sur l'évolution de la situation. Dès cette époque, l'Arabie Saoudite est supposée détenir plus de 25 % des réserves mondiales de pétrole. Mais la structure d'exploitation est insolite : 90 % de la production saoudienne proviennent de six gisements géants concentrés dans une zone minuscule du royaume, l'équivalent d'une petite portion de l'État américain de l'Utah. Le plus impressionnant d'entre eux est Ghawar, le plus grand gisement pétrolier au monde. Découvert en 1948, il s'étend sur 250 kilomètres de long et 30 kilomètres de large, sur lesquels 3 400 puits extraient une production qui peut atteindre 5 millions de barils/jour. Selon les experts, le gisement abrite 17 % de toutes les réserves en pétrole accessibles de la planète. Son déclin marquerait celui, irrémédiable, des approvisionnements mondiaux.

Au début des années 1970, les quatre compagnies composant l'Aramco fixent encore le prix du pétrole produit en Arabie Saoudite, tout en payant une confortable redevance au royaume sur chaque baril vendu. Une pratique d'un autre âge, et au début de l'année 1973, confrontés à de multiples tensions, les dirigeants du consortium sont parfaitement conscients que leur règne sans partage touche à sa fin.

La partie qui se joue en coulisse, durant cette période, est d'une gravité extrême, lourde de conséquences pour l'avenir du monde industrialisé. Elle serait restée totalement secrète sans la pugnacité de deux des plus grands journalistes américains. Les révélations de Jack Anderson dans le *Washington Post*, en janvier 1974, vont être complétées et confortées cinq ans plus tard par l'article que Seymour Hersh publie dans le *New York Times*. Aujourd'hui encore, Hersh est une figure majeure du journalisme d'investigation. Trente-cinq ans après sa révélation du massacre de My Lai, où des soldats américains avaient sauvagement exécuté les habitants d'un village vietnamien, il est celui qui a publié les révélations les plus embarrassantes sur les mensonges et manipulations de l'administration Bush.

Anderson et Hersh, dans leurs articles, décrivent l'inquiétude croissante des dirigeants de l'Aramco en 1973, leur crainte d'être bientôt nationalisés et leur décision d'augmenter le niveau de production, de façon à pouvoir extraire le maximum de pétrole avant que les dirigeants saoudiens ne prennent le contrôle des gisements. Ce qui survient en 1976, lorsque le consortium est nationalisé à hauteur de 60 %. Jusque-là, Exxon, Texaco, Mobil, Chevron se lancent dans une surproduction effrénée, profitant de la hausse des prix du baril. Les responsables ont demandé à leurs services spécialisés de rédiger des études, destinées à leurs actionnaires, prouvant à quel point les hausses de prix accroissent le retour sur investissement.

L'exploitation des champs saoudiens, révèle Anderson, se fait dans le mépris le plus absolu des normes techniques de pompage et de préservation. Par mesure d'économie. Les procédures indispensables de pressurisation des puits ne sont pas appliquées, provoquant des difficultés techniques[1]. Il apparaît, selon un rap-

1. Jack Anderson, *op. cit.*

port interne à Chevron, que ces méthodes brutales d'extraction et l'absence de précautions endommagent de manière permanente le champ de Ghawar, mais aussi celui, extrêmement important, d'Abqaiq.

Un autre rapport technique, secret lui aussi, alerte les responsables de l'Aramco sur les risques que la pression des réservoirs, dans les quatre plus grands gisements saoudiens, chute brutalement en deçà du niveau de pression (*bubble point*). Ce qui indique que les niveaux d'exploitation sont trop élevés.

Pas de nouveaux gisements

Ce comportement est motivé bien sûr par l'appât du gain, mais aussi par une conviction totalement erronée des dirigeants pétroliers : ils croient que l'Arabie Saoudite peut produire 20 à 25 millions de barils par jour. Lorsque les difficultés apparaissent, les prévisions sont abaissées à 16 millions de barils/jour, chiffre encore trop optimiste, corrigé à 12 millions.

L'article publié en 1979 par Seymour Hersh repose, lui, sur des documents internes à Exxon et à Chevron, deux des membres de l'Aramco. Ils brossent un tableau inquiétant de la situation pétrolière de l'Arabie Saoudite, bien éloigné de la vérité officielle. L'un d'eux révèle que l'état de ses réserves permet au royaume de produire à un niveau de 14 à 16 millions de barils/jour pendant moins de dix ans, une cadence pourtant jugée indispensable pour éviter des ruptures d'approvisionnement dans les pays consommateurs au milieu des années 1980. Les documents énumèrent également les nombreux problèmes techniques rencontrés lorsque le niveau d'extraction est trop élevé.

Ces pièces sont transmises à la commission des Affaires étrangères du Sénat, qui a cité les deux géants pétroliers à comparaître. Le dossier contient également une étude détaillée fort instructive réalisée à la demande du gouvernement saoudien.

Celle-ci prévoit, au début des années 1970, que si le rythme quotidien ne dépasse pas 8,5 millions de barils/jour, la production totale déclinera en l'an 2000. Si le niveau quotidien atteignait 12 millions de barils, les champs pétrolifères saoudiens seraient épuisés en moins de quinze ans. La dernière projection est la plus inquiétante : avec un rythme d'extraction de 14 ou 16 millions de barils/jour, le pétrole saoudien atteindra son « pic » (niveau maximum) dans un délai de six ou dix ans, avant de décliner rapidement. Cette dernière évaluation suppose également la découverte de nouveaux gisements. Or l'article de Hersh révèle que l'Aramco, malgré de nombreux forages, n'en a pas trouvé depuis le début des années 1970 [1] (en réalité, la date est fausse : le dernier gisement important découvert sur le territoire saoudien, celui de Shaybah, remonte à 1967) ; 85 puits au total ont été forés en Arabie Saoudite, mais seuls une dizaine ont produit du pétrole, et la moitié seulement en quantité appréciable.

Des chiffres de découvertes falsifiés

L'administration Carter manifeste une très grande colère à l'encontre de l'Aramco. Elle accuse ses dirigeants – accusations feutrées qui ne seront jamais

1. Seymour Hersh, « Saudi Oil Capacity Questioned », *New York Times*, 4 mars 1979.

exprimées en public – d'avoir falsifié le niveau de leurs découvertes pour faire croire qu'entre 1973 et 1977 les réserves pétrolières ont augmenté de 15 milliards de barils. Cette colère se double d'un scepticisme croissant quant aux réserves réelles du sous-sol saoudien. « C'était un extraordinaire paradoxe, m'a expliqué l'un des anciens membres de l'équipe Carter qui travaillait à la Maison-Blanche. Pendant des années, les responsables américains ne manifestèrent qu'un intérêt distrait pour les ressources pétrolières saoudiennes ; puis, après 1970, la production américaine chutant de plus en plus rapidement, le pétrole saoudien devint indispensable et nous faisions semblant de nous extasier sur l'ampleur des réserves que recelait ce pays, alors que nous savions parfaitement que c'était très exagéré. »

L'article de Hersh, comme ceux d'Anderson, sera totalement ignoré et n'aura aucun écho aux États-Unis, malgré l'importance des révélations.

1973 va marquer le début d'une gigantesque partie de bluff dont les trois complices sont le gouvernement américain, la famille royale saoudienne et les compagnies pétrolières.

En 1970, la production saoudienne représente 13 % des exportations mondiales. Le chiffre atteint 21 % en 1973 et ne cesse d'augmenter. En juillet 1972, le royaume produit 5,4 millions de barils/jour ; le chiffre s'envole à 8,4 millions en 1973, à la veille du choc qui va consacrer la fiction d'une Arabie Saoudite véritable « géant pétrolier ». Dans les congrès et les réunions internationaux, les responsables politiques et les experts saoudiens se plaisent à souligner les capacités infinies dont ils disposent (12, 15, et même 18 millions de barils quotidiens). Washington acquiesce et les compagnies pétrolières approuvent, tout en sachant parfaitement que c'est faux. L'Arabie Saoudite, qualifiée par James Schlesinger de « pays du dernier recours », est une fiction pétrolière, démesurément grossie.

Pourtant, même au plus fort du second choc pétrolier, provoqué en 1979 par l'arrivée au pouvoir de l'imam Khomeyni et l'interruption des exportations iraniennes, le niveau de la production saoudienne ne dépassera jamais 10 millions de barils, alors que sur le marché, totalement paniqué, le baril crève le plafond des 40 dollars. Hormis cette brève pointe à 10 millions de barils/jour, l'Arabie Saoudite maintient son niveau de production à 8,5 millions de barils, malgré les supplications de Jimmy Carter, dont l'ambassadeur fait constamment antichambre au palais royal pour obtenir une hausse de la production et une baisse des prix. En vain. La famille royale pense à sa survie.

Le pétrole représente 95 % des ressources du royaume, dont 20 % sont dévolus à la famille royale. Composée de huit mille princes, elle a la fâcheuse manie de confondre ses intérêts personnels et ceux de l'État.

En 2001, Bandar Bin Sultan, l'ambassadeur saoudien à Washington, fils du prince Sultan, ministre de la Défense et frère du roi, se laissera aller à une confidence étonnante à la télévision américaine. Cet homme, surnommé « Bandar Bush » en raison de ses liens étroits avec l'ex-Président et son fils, déclare alors, en réponse aux accusations de corruption touchant la famille royale : « Cette famille a dépensé près de 400 milliards de dollars pour développer l'Arabie

Saoudite. Si vous me dites que, pour édifier ce pays, 50 milliards de dollars sont partis en corruption, je vous réponds oui... Et alors [1] ? »

L'arrogance de ces aveux, le ton provocateur sur lequel ils sont formulés découlent pour une large part du rôle central que Bandar, son pays et son pétrole ont joué dans la stratégie secrète menée au cours des années 1980 par Washington pour abattre l'Union soviétique et l'empire communiste, une coopération qui apaisait également, temporairement, les inquiétudes de Washington.

1. PBS, « *Frontline* », 9 octobre 2001.

8

Moscou viole l'embargo

« Le pétrole, c'est 10 % d'économie et 90 % de politique », affirme l'historien américain Daniel Yergin. Les années 1970-1980 vont démontrer la justesse du propos.

En décembre 1972, Leonid Brejnev déclare à une trentaine de visiteurs occidentaux reçus au Kremlin : « Les échanges économiques, le commerce, constituent le noyau dur et indestructible de la détente. » Brusquement, le rapprochement soviéto-américain, entamé par les milieux d'affaires et adopté en cours de route par les dirigeants politiques, prend presque l'allure d'une idylle romantique où l'Hamlet américain rencontre une Ophélie soviétique trop longtemps assoupie. Durant la crise pétrolière de 1973, les deux pays prennent, dans le plus grand secret, des mesures conjointes à l'opposé des positions politiques qu'ils affichent officiellement.

L'embargo décrété par les pays arabes producteurs

vise à obtenir de l'Occident, et plus particulièrement des États-Unis, qu'il exerce des pressions sur Israël. Cet embargo est battu en brèche... par l'URSS. Moscou, qui appuie pourtant l'initiative politique des pays arabes, importe alors du pétrole provenant des concessions récemment nationalisées par son allié irakien et revend le fruit de « cette victoire anti-impérialiste »... aux États-Unis.

Pour que ce réalisme commercial n'interfère pas trop avec les principes politiques, le pétrole irakien est d'abord acheminé en Roumanie, seul pays d'Europe de l'Est à conserver des relations diplomatiques avec Israël, puis revendu aux États-Unis par le biais d'une société commerciale soviétique. Ces transactions secrètes et complexes, qui se développent durant la période d'embargo, sont cependant décelées par plusieurs opérateurs travaillant sur le marché pétrolier. Ceux-ci constatent qu'il existe plus qu'une coïncidence entre les 7 millions de tonnes de pétrole importées du Moyen-Orient et les exportations soviétiques de même volume à destination des États-Unis. La recherche de devises fortes et de profits rapides prévaut une nouvelle fois sur la tentation d'exploiter cette « crise du capitalisme ».

Téhéran copropriétaire avec Israël

En fait, les réalités de l'interdépendance rendent parfois obsolètes les positions idéologiques. Les pipelines, ces veines jugulaires indispensables à la survie économique des États, en sont la meilleure illustration. La Roumanie importait de grandes quantités de pétrole iranien en partie par un pipeline construit, durant le régime du dictateur communiste Ceausescu, par... Israël. L'actuel président ultra-conservateur qui propose de rayer Israël de la carte cache soigneusement cette réalité à son opinion : Téhéran était copropriétaire avec Israël d'un pipeline qui acheminait la principale source de revenus du pays.

Le 6 novembre 1980, Ronald Reagan remporte une élection triomphale face à un Jimmy Carter dont l'impuissance est devenue notoire. Avant la campagne électorale, les conseillers de Reagan ont divisé les présidents en deux catégories : les présidents « tâcherons » dont Carter fait partie, comme autrefois Gerald Ford et Harry Truman, et les présidents « symboles », comme Roosevelt, Kennedy et... Reagan.

Le 7 novembre au matin, le plus vieux président de l'histoire des États-Unis – il vient d'avoir soixante-dix ans – apparaît sur la scène du Century Plazza, à Los Angeles, pour une première conférence de presse. Je suis assis dans la salle et la plupart de ses lacunes transparaissent dès que les questions portent sur la politique étrangère. Mais qu'importe : il est direct, chaleureux, et affirme : « Je n'ai pas peur de ce qui m'attend et le peuple américain non plus n'a pas peur de l'avenir », avant d'ajouter à l'adresse des journalistes qui, comme moi, l'ont suivi tout au long de sa campagne : « Voilà, mes enfants, vos ennuis sont terminés, les miens viennent de commencer. » Il aurait pu ajouter : et ceux de Moscou aussi.

En 1983, il qualifie l'Union soviétique d'« empire du mal » et peu après convie à dîner son vice-président, George Bush, et sa femme. Le dîner se déroule dans les appartements des Reagan, au deuxième étage de la Maison-Blanche. Tout au long de la soirée, le chef de l'exécutif américain se montre, comme à son habitude, chaleureux dans le ton et vague dans les propos. Il émaille la conversation de ces nombreuses plaisanteries dont, selon un de ses proches, « il possède un stock quasi inépuisable ». À la fin du repas, il se penche vers Bush et lui dit d'un ton gentiment persuasif : « George, vous savez, les Soviétiques sont vraiment au bout du rouleau. »

Une analyse ultra-secrète, rédigée par la direction des Affaires économiques du Conseil national de sécurité de la Maison-Blanche, sert alors de bible à l'administration Reagan. Elle repose sur une enquête menée à travers le monde avec des résultats vérifiés et recoupés à de nombreuses sources. Le Président et ses proches collaborateurs en ont parcouru chaque ligne, stupéfaits.

Un tiers du chiffre d'affaires d'Exxon

Selon cette analyse, « les revenus en devises fortes d'une superpuissance comme l'URSS, si on additionne les ventes d'armes, d'or, de diamants et surtout de pétrole et de gaz, atteignent tout juste 24 à 26 milliards de dollars. Un chiffre modeste, dérisoire même, puisqu'il représente à peine le quart du chiffre d'affaires d'une compagnie comme General Motors, ou le tiers de celui réalisé par une firme pétrolière comme Exxon ».

« Sur l'autre versant, poursuit l'analyse, les importations de produits agricoles et les achats de biens d'équipement, ainsi que le remboursement de la dette, absorbent la totalité de ces revenus en devises. Or Moscou, qui connaît une chute brutale de ses revenus pétroliers, doit faire face, dans la gestion de son empire, à un certain nombre de contraintes financières. Le soutien apporté à des satellites comme Cuba, le Vietnam, le Nicaragua et l'Angola se monte chaque année à environ 6 milliards de dollars. Beaucoup d'Occidentaux peuvent être tentés de penser qu'un tel chiffre constitue au fond une dépense marginale pour un pays de la taille de l'URSS. Il faut qu'ils sachent que ces 6 milliards représentent en fait plus de 15 % des revenus annuels de Moscou. »

Les Soviétiques, conclut le rapport, « n'ont que deux solutions pour remédier à leurs difficultés :

« 1) augmenter leurs ventes d'armes, mais leur marge de manœuvre est des plus réduites, car des clients importants comme la Syrie et l'Irak connaissent de graves problèmes de paiement dus à la baisse des prix du pétrole ;

« 2) obtenir davantage de crédits ».

C'est vers cette solution qu'ils se sont orientés.

L'auteur de cette étude se nomme Roger Robinson. Il était l'un des vice-présidents de la Chase Manhattan Bank, plus particulièrement chargé des prêts à destination de l'Union soviétique et de l'Europe de l'Est. Un théâtre d'observation idéal. Deux ans plus tard, à la demande de William Casey, le directeur de la CIA, et de Caspar Weinberger, le secrétaire d'État à la Défense, Ronald Reagan le nomme à la tête de la Direction des affaires économiques internationales du Conseil national de sécurité de la Maison-Blanche. Il devient un des stratèges de cette « guérilla économique destinée à affaiblir l'Union soviétique », selon les mots de Caspar Weinberger, le chef du Pentagone.

L'Union soviétique doit « disparaître »

J'ai rencontré Robinson pour la première fois en 1987, et je l'ai revu à plusieurs reprises au cours des années suivantes. Il avait quitté la Maison-Blanche pour ouvrir un cabinet de consultants à Washington. C'est alors un homme d'une quarantaine d'années, aux cheveux blonds filasse, dont le visage poupin, chaussé de grosses lunettes, s'illumine de sourires aussi réguliers que des feux clignotants. Il porte invariablement un costume sombre, une chemise blanche soigneusement repassée et une cravate sobre, l'uniforme de ces nouveaux clergymen que sont les financiers.

Robinson est un croisé, fier d'avoir contribué si efficacement à « éradiquer » de la surface de la Terre le mal absolu que représentaient à ses yeux l'Union soviétique et le communisme.

Durant nos conversations, qui se déroulent à son bureau ou au restaurant, il ne me dévoile qu'une partie du puzzle et il a fallu de longues années pour que je puisse en rassembler tous les éléments. Je découvris le mécanisme simple, ingénieux et invisible qui permettait à l'Union soviétique de financer sa stabilité, et parfois même son expansion militaire, grâce à près de 10 milliards de dollars mis chaque année à sa disposition par les plus grands établissements bancaires du monde capitaliste. Le mécanisme reposait non seulement sur la coopération des financiers occidentaux, mais aussi sur l'usage de six banques, appartenant à l'État soviétique, implantées à travers l'Europe. Ces établissements constituaient une fiction. Ils étaient soumis aux lois et réglementations en vigueur dans les pays où ils étaient implantés et certains – comble de l'ironie – avaient même ouvert des bureaux à Moscou.

Ce réseau discret mis en place depuis plusieurs décennies servait de relais pour les grandes banques européennes, japonaises et américaines qui effectuaient des dépôts *« interbanks »*. L'accès à ces dépôts permettait à l'URSS d'éviter des formes plus coûteuses et plus visibles de financement occidental. Entre 7 et 10 milliards de dollars étaient ainsi disponibles à n'importe quel moment et les avantages retirés par Moscou étaient considérables. Ces dépôts dans des établissements bancaires soviétiques installés à l'Ouest n'étaient pas comptabilisés dans le montant de la dette soviétique ; ils se révélaient extrêmement bon marché puisqu'ils ne coûtaient pas plus de 6,75 à 6,85 % d'intérêts, alors que tout citoyen d'un pays occidental devait payer près de 20 % d'intérêts pour le moindre emprunt.

Il existait dans cette circulation d'argent et ces transferts une autre dimension, encore plus étonnante selon Robinson : « L'argent ainsi obtenu pouvait aisément être transféré de ces banques à Moscou sans laisser de traces. » Je me rappelle que nous dînions dans un restaurant du quartier de Georgetown et Robinson conclut sa démonstration en usant d'un exemple : « Les banques capitalistes préfèrent prêter globalement à l'URSS plutôt que d'identifier l'usage de chaque prêt. Au fond, a-t-il ajouté, c'est comme si vous aviez à payer à court terme une note de l'American Express et que quelqu'un vous prête l'argent nécessaire en vous laissant deux ans pour le rembourser. Entretemps, vous l'utiliserez à d'autres fins. Il s'agit d'un subtil tour de passe-passe qui voit les Occidentaux prêter, sans rien exiger, de l'argent qui sera utilisé contre eux puisqu'il servira à Moscou à financer des agressions militaires aussi bien que des entreprises de subversion[1]. »

Le tableau dressé par Robinson impressionne tous les hauts responsables de l'administration Reagan, y compris le Président lui-même, qui nourrit la conviction qu'un régime aussi « néfaste et amoral » que celui de l'Union soviétique doit « disparaître » rapidement. Encore une fois, des convictions simples, tranchées, vont marquer le cours de l'Histoire, et les dirigeants saoudiens, en 1980, ne soupçonnent pas le rôle central qu'ils vont jouer dans la guerre secrète qui se prépare.

« Ils veulent notre pétrole »

La famille royale a généreusement contribué, par divers intermédiaires, au financement de la campagne électorale de Reagan. Mais, en cette année 1981, le roi, ses frères et la cohorte des princes éprouvent un sentiment nouveau d'inquiétude et de précarité. Le royaume leur apparaît fragile et menacé.

Le 20 novembre 1979, plus d'un millier d'hommes en armes ont envahi La Mecque et pris le contrôle de la grande mosquée en prêchant le renversement des Saoud. Ce qui stupéfie davantage la famille royale et les responsables étrangers, c'est l'identité de celui qui menait ce groupe d'hommes armés de grenades et de mitraillettes. Il s'est emparé d'un haut-parleur et s'adresse aux dizaines de milliers de pèlerins déjà présents autour de la Kaabah, le haut tabernacle noir placé au milieu de la place sainte. L'homme appartient à l'une des principales tribus qui soutiennent les

1. Entretien avec l'auteur, 1987.

Saoud depuis leur prise du pouvoir en 1930 : les Oteibi. Juyaman al-Oteibi, tel est son nom, indique que les hommes qui l'entourent sont des volontaires venus du Yémen, du Koweït, d'Égypte et que tous ont pour objectif de « sauver le royaume de la corruption matérialiste par le renouveau islamique ». Une initiative et un discours qui ressemblent étonnamment à ceux qu'adoptera Oussama Ben Laden une vingtaine d'années plus tard.

Le lieu le plus saint de l'islam, qui accueille plus de deux millions de pèlerins chaque année, va devenir pendant plusieurs jours le théâtre d'une bataille rangée entre les insurgés et les soldats de la garde nationale saoudienne, encadrés par des hommes du GIGN français dirigés par Paul Barril.

Les Lieux saints avaient été reconstruits et réaménagés par le groupe de travaux publics Ben Laden, et l'un des frères d'Oussama sera arrêté peu après, soupçonné d'avoir transmis aux rebelles les plans détaillés des lieux.

Dans les palais de Riyad et de Djedda, la peur et la consternation éprouvées devant l'événement s'accroissent un mois plus tard, quand l'URSS envahit l'Afghanistan. Désormais, les Soviétiques se trouvent à deux heures d'avion des gisements pétroliers les plus riches de la planète. Interrogé sur l'objectif final des Soviétiques, le chef des services secrets saoudiens, le prince Turki al-Fayçal, fils de l'ancien roi Fayçal et protecteur d'Oussama Ben Laden, répond : « C'est très simple : ils veulent notre pétrole [1]. »

La réponse paraît relever du bon sens mais Turki se

1. « Saudis, Stressing Regional Stability, See Soviet Threat », *The New York Times*, 8 février 1980.

trompe : c'est Washington qui a des vues sur le pétrole saoudien et souhaite l'utiliser comme arme de destruction massive contre l'Union soviétique.

Un homme coordonne cette stratégie : William Casey, directeur de la CIA. Pour la première fois dans l'histoire de l'agence de renseignements, son dirigeant a rang de ministre et assiste à pratiquement toutes les réunions qui se déroulent autour du Président, dans le Bureau ovale de la Maison-Blanche.

Casey, un vétéran du renseignement durant la Seconde Guerre mondiale, a ensuite mené une carrière financièrement fructueuse à Wall Street. Il possède un visage de batracien, chaussé de grosses lunettes, et je suis frappé de découvrir que sa bibliothèque, dans sa maison de la banlieue de Washington, est remplie de livres sur le déclin et la chute de l'Empire romain.

Le même danger menace, selon lui, aujourd'hui les États-Unis. Il s'exprime d'une voix traînante en écorchant parfois les noms. Nicaragua, dans sa bouche, devient « Nicahuahua », et il s'enflamme en dressant des parallèles entre le péril communiste et la menace nazie, deux dangers selon lui identiques[1].

Quand il n'est pas à son bureau, au siège de la CIA à Langley, il sillonne le monde à bord de son C-141 Starfighter au fuselage noir dépourvu d'immatriculation.

L'appareil, équipé pour échapper à toute détection radar ou tir de missiles, possède un centre de communication ultra-sophistiqué qui permet à Casey d'être constamment en liaison avec n'importe quel point du monde.

1. Entretien avec l'auteur, Washington, 1980.

Il aime le renseignement, l'action secrète, et bénéficie de la confiance absolue du président américain. Jamais dans l'histoire des États-Unis un directeur de l'agence de renseignements n'a détenu autant de pouvoir ni possédé une telle liberté d'action.

Pour gagner du temps et ne pas être repéré, l'avion est ravitaillé en vol par des C-130 qui décollent d'une des nombreuses bases militaires américaines installées à travers le monde. Durant ces longs voyages, Casey travaille sur les trois dossiers prioritaires qui vont permettre, estime-t-il, de provoquer l'effondrement de l'URSS : le soutien, en Pologne, au syndicat Solidarité, véritable brèche démocratique ouverte au sein de l'empire communiste ; le financement et l'encadrement des moudjahidines, fer de lance de la lutte contre les troupes soviétiques présentes sur le sol afghan ; enfin, troisième volet du triptyque, l'étranglement financier de l'URSS en réduisant drastiquement ses rentrées en devises fortes. Par un moyen très simple : l'effondrement des cours du pétrole, dont Moscou est l'un des plus gros producteurs mondiaux. Pour réaliser ces deux derniers objectifs, Washington a besoin du soutien absolu de l'Arabie Saoudite et, d'ailleurs, un des premiers déplacements de Casey est pour rencontrer son homologue saoudien Turki al-Fayçal.

Faire chuter les prix du pétrole

Selon Peter Schweizer, qui connaît parfaitement ce dossier, la principale préoccupation de Turki est « l'encerclement de l'Arabie Saoudite par l'Union soviétique ». Une analyse approuvée par Casey, qui rappelle la confidence faite, en 1939, par Molotov, le ministre des Affaires étrangères de Staline, à l'ambassadeur de Hitler à Moscou : « Le sud de Bakou[1] en direction du golfe Persique est reconnu comme le centre des aspirations de l'Union soviétique. » Le directeur de la CIA ajoute : « C'est toujours le cas aujourd'hui, rien n'a changé. » La conversation vient ensuite sur la chute du Shah : « Nous ne l'aurions jamais abandonné si nous avions été au pouvoir », précise-t-il. Les deux hommes évoquent ensuite l'aide aux moudjahidines afghans et Turki promet que, pour chaque dollar dépensé par Washington à armer et financer les rebelles islamistes, Riyad fournira une contribution identique. William Casey passe ensuite au dossier le plus sensible. Il a apporté plusieurs rapports top secret de la CIA sur la production pétrolière de Moscou. Tous démontrent ce que Roger Robinson m'a expliqué : l'URSS finance son empire à travers les exportations pétrolières, et chaque fois que le prix du baril augmente de 1 dollar, cela augmente de 1 milliard de dollars les rentrées en devises fortes des Soviétiques. « Nous ne pouvons pas tolérer que cela arrive à nouveau », ajoute Casey, selon Peter Schweizer. Il souligne le poids pétrolier du royaume, qui représente 40 % de la production totale de l'OPEP, seul pays producteur à pouvoir peser directement sur les prix mondiaux[2].

Le message transmis par Casey et relayé ensuite par d'autres membres influents de l'administration Reagan est clair. L'Amérique garantit la sécurité du royaume

1. Capitale de la province pétrolière de l'Azerbaïdjan, riveraine de la mer Caspienne et contrôlée par l'URSS.

2. Peter Schweizer, *Victory*, Atlantic Monthly Press, New York 1994.

et, en échange, celui-ci s'engage à faire chuter les prix. Ce que le chef du Pentagone, Caspar Weinberger, résume en déclarant : « Nous voulions des prix du pétrole plus bas, c'est une des raisons pour lesquelles nous leur vendions des armes. »

Plusieurs des hommes qui entourent le président américain possèdent un accès direct à la famille royale, grâce au pétrole. C'est le cas bien sûr du vice-président Bush, dont la fortune repose sur les forages effectués trente ans plus tôt par sa société Zapata dans le Koweït voisin. « Il était la porte d'entrée parfaite, me déclara un des hommes qui travaillèrent à ses côtés pendant cette période et qui souhaite garder l'anonymat, le seul à pouvoir joindre le roi Fahd à n'importe quelle heure du jour et de la nuit. » Bien que moins proche du sommet, Caspar Weinberger, le secrétaire d'État à la Défense, a lui aussi un accès direct aux dirigeants saoudiens, qui remonte à l'époque où il dirigeait Bechtel, le plus grand groupe de construction mondial, qui a installé les réseaux de pipelines traversant le désert saoudien.

Turki al-Fayçal est l'homme vers lequel remontent tous ces dossiers et qui orchestre l'ensemble de la partition américano-saoudienne.

Le parrain de Ben Laden

Je me souviens parfaitement de ma rencontre avec le chef des services de renseignements saoudiens, au tout début de l'année 1980, quelques mois après le soulèvement de La Mecque. J'accompagnais Jean-Jacques Servan-Schreiber, le fondateur de *L'Express*, pour la préparation de son ouvrage *Le Défi mondial*.

Nous revenions d'Inde où je lui avais fait rencontrer le Premier ministre Indira Gandhi, qui venait juste de revenir au pouvoir.

Turki nous a fixé rendez-vous et envoyé une voiture qui nous a conduits dans un quartier excentré, jusqu'à une petite rue aboutissant à une modeste caserne. Son bureau est une vaste pièce aux murs blancs, où se trouve accrochée une photo de son père, le roi Fayçal, assassiné en 1975 par un de ses neveux. Nous nous sommes assis autour d'une table basse. L'homme est sympathique, ouvert. Il écoute courtoisement, questionne, hochant parfois la tête en signe d'approbation. Il nous a raconté comment, prévenu de l'insurrection à La Mecque à 6 h 30 du matin, il a immédiatement alerté le prince héritier Fahd avant de le rejoindre au palais royal. À partir de cet instant, il avait isolé l'Arabie Saoudite du reste du monde, fermant les aéroports, coupant les communications téléphoniques. Il décrit avec calme la crise la plus grave que le pouvoir saoudien ait jamais affrontée.

J'ai souvent repensé à cet entretien, à son bureau dépouillé et aux manières apparemment si « occidentalisées » de notre hôte. J'ignorais bien entendu que dans le même temps Turki al-Fayçal rencontrait régulièrement, peut-être dans cette pièce, un homme de vingt-trois ans, à la longue silhouette frêle, qui venait juste de rentrer d'Afghanistan : Oussama Ben Laden. Ce dernier proposa au prince Turki – les familles des deux hommes se connaissaient – d'utiliser sa fortune personnelle pour faire venir des combattants et aider financièrement leurs familles. Le chef des services secrets lui répondit que le royaume mettrait à sa disposition tous les moyens dont il avait besoin.

Pendant vingt et un ans, Turki tiendra parole et déversera des flots d'argent destinés à armer les combattants qui affluent. Avec les vifs encouragements de la CIA. Quelque 35 000 intégristes musulmans, en provenance de quarante pays islamiques, se joindront à la lutte entre 1982 et 1992. Des dizaines de milliers d'autres vont étudier dans les madrasas pakistanaises. Turki est le véritable « parrain » du futur chef d'Al-Qaida, le rencontrant dans les maquis afghans, puis à Kaboul quand les talibans prennent le pouvoir. Lorsque Ben Laden, expulsé du Soudan, atterrit en 1996 sur l'aéroport de Djalalabad, dans le nord-est de l'Afghanistan, Turki est sur le tarmac. Il illustre parfaitement le double visage de l'Arabie Saoudite, ancrée à l'Occident tout en favorisant l'expansion de l'islamisme radical.

En 1980 déjà, lors de notre séjour, ce pays était étrangement schizophrène. Les conversations avec les responsables rencontrés reflétaient l'inquiétude face à la fragilité du royaume et en même temps c'était un univers incroyablement courtisé, où personnalités politiques, financiers, entrepreneurs se pressaient, fascinés par les colossaux revenus pétroliers. Après l'entretien avec Turki, nous avons regagné notre hôtel et dîné avec Spiro Agnew, l'ancien vice-président de Richard Nixon, contraint à la démission pour malversations. Agnew, effondré, explique à Jean-Jacques Servan-Schreiber qu'il représente une société américaine fabriquant des gilets pare-balles qui, malheureusement, n'ont pas résisté aux tests effectués par les Saoudiens. C'est comique et pathétique de le voir, un verre de whisky à la main, expliquer à Servan-Schreiber, impavide devant son verre d'eau minérale, que le spectacle navrant de ces gilets perforés a enterré tous ses espoirs d'un contrat juteux.

« De l'or par stupidité »

Roger Robinson m'a également expliqué que les ventes d'or constituaient le baromètre le plus exact des difficultés soviétiques. En 1980, Moscou vend 90 tonnes de métal jaune, son niveau habituel, mais au milieu de l'année 1981 les ventes dépassent les 250 tonnes. Le poids financier de l'empire, le coût de l'engagement militaire en Afghanistan ainsi que les problèmes économiques intérieurs expliquent l'ampleur de ces transactions. Moscou demeure le principal producteur mondial d'or avec l'Afrique du Sud, à l'époque sous le régime de l'apartheid. La propagande officielle soviétique met régulièrement en accusation le régime de Pretoria et, pourtant, responsables soviétiques et sud-africains se rencontrent régulièrement pour éviter tout dérapage des prix de l'or. Ces contacts ont lieu le plus souvent à Londres.

La capitale britannique abrite alors, en plein cœur de la City, au 17 Charter House Street, le quartier général du plus grand groupe minier mondial : l'Anglo-American Corporation, une nébuleuse de plus de mille sociétés réparties sur quatre continents. Les actions du groupe et de ses filiales représentent près des trois quarts de la valeur de la Bourse de Johannesburg. Un empire, propriété de la famille Oppenheimer, qui non seulement est le premier producteur mondial d'or, mais contrôle également, à travers la société De Beers, près de 80 % du marché mondial du diamant.

Harry Oppenheimer, à soixante-douze ans, conserve le pouvoir et la propriété de son groupe, mais en a cédé la gestion à quelques collaborateurs sûrs. Il parle très rarement, avec réticence, et je suis très surpris, en 1985, qu'il accepte de me rencontrer pour une longue interview. Dans ses bureaux londoniens, huissiers et majordomes circulent, affairés, entre les étages, veste noire et pantalon rayé. Ce petit homme au regard bleu-gris, à la fois poli et distant, me confie : « Mon activité se situe dans une zone grise, aux confins de la politique et des affaires. Je pense, ajoute-t-il avec un sourire ironique, que les hommes achètent des diamants par vanité et de l'or par stupidité, parce qu'ils sont incapables de mettre au point un système fondé sur autre chose. Franchement, entre la sottise et la vanité, j'ai choisi la vanité... C'est beaucoup mieux. La vanité est une base très stable pour la prospérité. » Cynique ? Il s'en défend avec indignation : non, seulement d'un pragmatisme qui lui fait appréhender le monde à travers de surprenantes alliances. Je lui demande s'il existe, comme on le soupçonne, un véritable Yalta économique et commercial entre son groupe et l'Union soviétique pour l'extraction et la commercialisation à travers le monde des diamants et de l'or. Il ne nie pas les contacts entre membres de son état-major et responsables soviétiques qu'il qualifie de « courtois et réguliers ». Le milliardaire ajoute, sibyllin : « Ce n'est pas une coopération formelle, mais il existe entre nous une même manière d'agir, de voir les choses. Nous avons les mêmes intérêts[1]. »

1. Entretien avec l'auteur, *Figaro Magazine*, 28 septembre 1985.

Accélérer l'asphyxie économique

Lorsque la Maison-Blanche est informée de ces ventes massives d'or, les principaux responsables de l'administration Reagan tombent d'accord pour accélérer l'asphyxie économique de l'Union soviétique.

Le 2 janvier 1980, à la suite de l'invasion de l'Afghanistan, Jimmy Carter, sur le point de quitter le pouvoir, a accompli un timide premier pas en imposant un embargo sur les céréales et les fertilisants à destination de l'URSS.

Deux ans plus tard, Ronald Reagan porte un coup fatal aux projets énergétiques de l'URSS en imposant un embargo sur les matériels fabriqués aux États-Unis destinés à la construction du gazoduc euro-sibérien. Il le complète par un second embargo visant cette fois les matériels américains fabriqués sous licence en Europe. L'accord auquel s'oppose ainsi l'administration républicaine est le contrat, signé par la France, l'Allemagne et l'Italie, prévoyant la livraison annuelle par l'Union soviétique de 8 milliards de mètres cubes de gaz par an pendant vingt-cinq ans ; les Européens fournissent en échange une part importante du matériel nécessaire à la construction des 5 500 kilomètres de gazoduc. L'enjeu, pour l'Europe en crise, est d'importance : 20 milliards de francs, plus de 20 millions d'heures de travail pour ses entreprises. Mais à terme une dépendance inacceptable envers Moscou, estime le gouvernement américain. Cet argument officiel cache l'essentiel. Le gaz naturel acheminé de la zone nord-sibérienne d'Urengoï jusqu'à la frontière soviéto-tchèque rapportera annuellement à Moscou 32 milliards de dollars en devises fortes. « Avec ces revenus, me confie un des responsables américains de l'époque, notre grand malade aurait retrouvé des couleurs, de belles couleurs même ; c'était inacceptable. » Selon Robinson, Caspar Weinberger, secrétaire d'État à la Défense, et Casey, le directeur de la CIA, sont « obsédés par cette éventualité ».

L'embargo suscite de violentes réactions en Europe, et particulièrement en Allemagne fédérale. Mannesmann, un des géants de la Ruhr, doit fournir les tuyaux du pipeline et son carnet de commandes se réduit presque au seul marché soviétique ; privée de la fourniture des compresseurs destinés à ce même gazoduc, une autre filière de l'industrie lourde allemande, AEG, est menacée elle aussi.

C'est exactement l'objectif voulu par les « faucons » de l'administration Reagan. Privé d'accès aux marchés gaziers européens, Moscou se voit également interdit d'accès aux prêts et à la technologie occidentaux. Le régime communiste décide alors de mobiliser toutes ses ressources pour construire le gazoduc à ses frais et avec sa technologie. Or, ses moyens limités et sa technologie défaillante conduisent à un véritable enlisement.

Robinson se rappelle leur vaine quête : « Ils avaient décidé de faire l'impasse sur d'autres projets importants de développement pour concentrer fournitures et crédits sur un projet qui relevait de l'orgueil politique. Ils essayaient, avec leurs ressources réduites, d'acheter à l'étranger le matériel approprié, mais souvent leurs efforts échouaient[1]. »

Deux ans après l'embargo, en 1984, Moscou a dépensé en pure perte plus de 2 milliards de dollars.

1. Entretien avec l'auteur, 1987.

Moscou dégaine le premier

En 1982, le prince héritier Fahd, en charge des questions pétrolières, reçoit longuement à dîner Casey, au palais royal. Fahd, qui va monter sur le trône quelques mois plus tard, adore écouter le directeur de la CIA lui raconter son passé dans le renseignement durant la Seconde Guerre mondiale, la lutte contre le nazisme, puis son extension naturelle, le combat contre l'URSS et le communisme. Fahd approuve, ajoutant au cours du repas un commentaire surprenant : « Les Soviétiques sont les vrais Infidèles[1]. »

Fahd, selon Peter Schweizer, pose de nombreuses questions sur l'effet des sanctions à l'encontre de l'URSS. L'Arabie Saoudite ne peut que se réjouir de l'initiative américaine, qui élimine, ou du moins réduit à l'impuissance, un concurrent important sur le marché énergétique. Les rapports de la CIA parvenus à Casey font état d'une chute rapide de la production sur de nombreux champs pétrolifères soviétiques. Forer de nouveaux gisements implique de les équiper de pipelines à large diamètre, construits seulement en Occident. Les estimations de la CIA indiquent que Moscou aurait besoin d'acheter 15 à 20 millions de tonnes de tuyaux d'acier pour construire les pipelines prévus, ainsi que des turbines à gaz et de l'équipement d'exploration. Mais, encore une fois, l'ampleur des besoins dépasse ses moyens en devises fortes. La CIA a également observé que Moscou réduit de plus de 10 % ses livraisons de pétrole à ses États satellites d'Europe de l'Est pour vendre davantage d'or noir sur le marché mondial, ce qui augmente ses profits.

1. Peter Schweizer, *op. cit.*

Face à cette stratégie, Casey plaide une nouvelle fois auprès de Fahd pour une baisse des prix du pétrole saoudien. Une telle mesure permettrait de dynamiser l'économie américaine, et l'Arabie Saoudite, glisse Casey, a tout intérêt à avoir un allié américain le plus fort possible ; enfin, et c'est probablement l'argument qui touche le plus le Saoudien, des prix plus bas mettront un terme à la recherche d'autres sources d'énergie, notamment le gaz russe [1].

Les Saoudiens attendront plus de deux ans avant de céder aux demandes américaines. Ils observent longuement, attentivement, les effets des sanctions américaines, l'évolution du marché pétrolier, et reportent plusieurs fois une décision aux conséquences multiples et imprévisibles.

Au début de l'année 1983, Moscou dégaine le premier, inondant de pétrole le marché mondial. Les compagnies exploitant le pétrole de la mer du Nord sont les premières à réduire les prix et l'OPEP, pour la première fois depuis de longues années, doit baisser les prix du baril de 34 à 29 dollars.

Les revenus du royaume plongent eux aussi, tandis que les menaces se précisent. La Syrie et l'Iran opèrent un rapprochement, discrètement appuyé par Moscou qui soutient le régime de Damas, tandis que Téhéran multiplie les menaces et les insultes contre les Saoud.

« Ils étaient affolés, se souvient un membre du Conseil national de sécurité. Leur ambassadeur à Washington, Bandar Bin Sultan, faisait le siège de la Maison-Blanche et du Pentagone pour que nous leur

1. Peter Schweizer, *op. cit.*

fournissions encore davantage d'armement plus sophistiqué, ainsi que des avions Awacs et des missiles Stinger, dont une partie a transité par l'Arabie Saoudite pour finir entre les mains des combattants islamistes afghans. »

Les discussions entre responsables des deux pays ressemblent durant cette période à un dialogue de sourds. Les Américains évoquent l'augmentation de la production saoudienne et la baisse des prix, les Saoudiens répliquent, comme s'ils n'avaient rien entendu, en proposant d'augmenter leur contribution au financement de la résistance afghane. Selon Casey, dans un rapport au président Reagan au terme d'une de ses nombreuses navettes dans le royaume saoudien, « la famille royale est probablement divisée sur cette question d'une baisse des prix. Certains redoutent de jouer les apprentis sorciers et de déclencher une spirale incontrôlable, une chute vertigineuse qui provoquerait un effondrement du royaume et des économies occidentales ». Mais l'impatience grandit du côté américain. Casey déclare à Fahd que « les seuls bénéficiaires de prix élevés sont les ennemis du royaume, l'Iran, la Libye et l'URSS en tête, cette dernière pouvant, grâce au soutien implicite saoudien, financer la subversion aux portes du royaume[1] ».

L'empire soviétique semble à bout de souffle : une superpuissance militaire avec une économie du tiers-monde, au poids industriel et commercial inférieur à celui des Pays-Bas, pays de 10 millions d'habitants. Privé de crédits occidentaux, d'accès à la technologie occidentale et de revenus suffisants en devises fortes,

1. Peter Schweizer, *op. cit.*

le régime étouffe. L'exaspération devient d'autant plus forte que le supplice du garrot infligé à Moscou produit d'incontestables effets.

Le cavalier seul de Bush

La visite du roi Fahd à Washington, au début de l'année 1985, la première effectuée en tant que chef d'État, aboutit à la décision tant attendue. Le voyage a été longuement préparé ; le souverain est accueilli avec le maximum d'égards à la Maison-Blanche, flatté, encensé, et les rencontres bilatérales entre les deux délégations sont nombreuses. Les Américains, par la voix de Ronald Reagan, réaffirment le soutien total des États-Unis au royaume saoudien et « à son souverain si courageux, une grande figure ».

Quatre mois plus tard, selon un membre de l'équipe Reagan, « les Saoudiens ouvrent les vannes à fond » et leur pétrole se déverse en de telles quantités qu'il va bientôt engloutir l'Union soviétique. Au début de 1985, les Saoudiens font passer leur production de 2 à 6 millions de barils/jour pour frôler les 9 millions à la fin de l'année 1985 et atteindre près de 10 millions au début de l'année 1986. Les prix continuent de plonger mais, paradoxalement, les revenus saoudiens augmentent. Les quantités vendues en 1986 permettent de maintenir des rentrées conséquentes et même avec un prix du baril approchant des 8 dollars, le royaume conserve des revenus supérieurs à ceux de l'année 1985 [1]. L'objectif est atteint. Moscou est à genoux,

1. Département d'État, *State Department Memo*, Washington, janvier 1986.

mais l'industrie pétrolière américaine aussi, une situation que n'avaient pas envisagée les stratèges américains.

Durant les premiers mois de 1986, le brut West Texas est tombé de 31,75 dollars le baril à 10 dollars ; certains pays de l'OPEP doivent même se contenter de 6 dollars.

C'est le moment choisi par le vice-président George Bush pour faire cavalier seul. Pur produit de l'*establishment* financier de la côte Est, il a fait carrière et fortune au Texas. L'État le plus grand des États-Unis constitue pour lui non seulement une base professionnelle, mais également un tremplin politique. Il a vécu avec sa famille à Midland, une petite ville composée en majorité d'« immigrés » venus travailler dans le pétrole, puis, en 1976, il est venu s'installer à Houston, très exactement à Indian Trail, un quartier situé à l'ouest de la ville. Depuis sa nomination comme vice-président, il vit à Washington, mais continue de voter au Texas. Personne ne peut être plus sensible que lui au désastre qui frappe la région et aux difficultés énormes dans lesquelles se débat l'industrie pétrolière américaine.

Le consommateur, ravi de la baisse des prix à la pompe, considère que l'on est enfin revenu à la normale, avec un pétrole bon marché. Les *majors* licencient, stoppent la prospection ; les compagnies indépendantes font faillite, tout comme la ville de Houston, devenue une cité fantôme à l'activité économique en chute libre. Le chômage crève les plafonds, la récession s'est installée et les nouvelles tours de verre récemment construites, qui dominent la ville, sont surnommées « les translucides », en raison du très faible nombre de bureaux occupés.

Pendant cinq ans, George Bush a été un vice-président modèle, l'illustration parfaite du commentaire formulé par un humoriste du début du XXe siècle pour qui « la seule chose moins importante qu'un candidat à la vice-présidence, c'est un vice-président élu ».

Durant ces années, Bush a conservé un profil bas, approuvant toutes les décisions prises par l'équipe Reagan. On pourrait en conclure qu'il est un partenaire loyal ; les hommes autour de Ronald Reagan le jugent autrement : « Pauvre George » est le sobriquet qui revient souvent dans leur bouche pour qualifier la personnalité falote, à leurs yeux, du vice-Président et ses rêves, qu'ils jugent irréalistes, de succéder à Reagan en 1988.

Bush désavoue Reagan auprès des Saoudiens

George Bush s'envole, en avril 1986, pour une tournée de dix jours au Moyen-Orient et dans le Golfe. Il s'agit officiellement de rassurer les chefs d'État de la région, inquiets de la poursuite et des conséquences de la guerre Iran-Irak.

Avant son départ, il s'est rendu au Texas, sa base électorale, et a pu mesurer l'ampleur du sinistre économique et aussi la colère éprouvée par ses interlocuteurs à l'encontre de la politique gouvernementale. Juste avant d'embarquer à bord d'*Air Force Two*, l'appareil réservé au vice-Président, il déclare : « Je vais faire tout ce qui est possible pour convaincre les Saoudiens. Il est essentiel que nous parlions enfin de stabilité [des prix] au lieu de continuer cette chute libre comme un parachutiste qui s'est jeté dans le vide sans parachute [c'était la logique économique défendue par

Reagan et ses proches], mais je suis convaincu qu'une industrie américaine puissante relève de nos intérêts de sécurité nationale, des intérêts vitaux de ce pays[1]. »

Dès son arrivée à Riyad, il dîne dans les nouveaux locaux de l'ambassade américaine en compagnie de plusieurs ministres et hauts responsables saoudiens, dont Sheikh Yamani, le ministre du Pétrole. Selon un témoin, « les sujets évoqués furent nombreux mais Yamani et ses collègues changèrent de visage quand le vice-Président avertit que si les prix du pétrole restaient aussi bas, les producteurs américains risquaient d'exercer de fortes pressions sur les membres du Congrès pour faire voter une loi qui instaurerait un système tarifaire permettant de se protéger des importations de pétrole en provenance de l'étranger ».

Les Saoudiens présents éprouvaient un trouble profond : pendant plus de deux ans, Ronald Reagan et ses principaux collaborateurs, Weinberger et Casey, étaient constamment montés à l'assaut pour convaincre le royaume de faire chuter les prix, en évoquant les effets bénéfiques d'une telle situation ; aujourd'hui, le vice-Président assis en face d'eux défendait paisiblement l'opinion opposée et soulignait les graves conséquences, pour leur pays, de la situation actuelle.

George Bush se rend le lendemain à Dhahran, la grande cité pétrolière où le roi Fahd séjourne. L'entrevue est d'abord reportée en raison de l'attaque d'un tanker saoudien par des navires iraniens près du détroit d'Ormuz. Puis le roi convie Bush à un dîner fastueux qui se prolonge au-delà de 3 heures du matin. La menace iranienne est au cœur des discussions, mais

1. *New York Times*, 2 avril 1986, p. A1 et D5 ; *New York Times*, 3 avril 1986, p. D6.

Bush aborde ensuite la question du pétrole. Sur le marché *spot*[1], le baril a chuté de 30 dollars en 1985 à 10 dollars en 1986, et, selon le vice-président américain, les informations recueillies laissent penser qu'il pourrait encore baisser jusqu'à 5 dollars le baril. Le monde se trouve ramené, en termes de prix, à la situation qui précédait le choc pétrolier de 1973. Mais ce retour en arrière, par une ironie perverse, conduit à des résultats radicalement opposés.

Pendant des décennies, le pétrole bon marché a assuré la croissance et la prospérité. « L'accès au pétrole, a déclaré l'un des principaux experts de l'OPEP, fait – et continuera de faire dans les années à venir – la différence entre la survie et le dépérissement de la communauté humaine. Car, dans la société industrielle où nous vivons, le pétrole est aujourd'hui au cœur de tout. »

Il est désormais au cœur et à l'origine de tous les problèmes. L'économie mondiale après le second choc pétrolier de 1979, déclenché par la révolution iranienne, a plongé dans une profonde récession. Aux États-Unis, les taux d'intérêt dépassent les 20 % et la demande en pétrole retombe au fur et à mesure que les économies ralentissent.

1. Le marché *spot*, par opposition aux marchés à terme, est un marché physique lié à l'approvisionnement qui reflète la disponibilité immédiate en pétrole ; l'acheteur achète vingt-quatre ou quarante-huit heures (parfois quinze jours) avant la livraison.

Un « coup de poing dans l'estomac »

Dans la nuit saoudienne, au cœur du palais royal, George Bush réitère à Fahd l'analyse faite auprès de Yamani : les pressions seront croissantes aux États-Unis pour élaborer des quotas ou des tarifs douaniers sur les importations de pétrole et il vaut mieux, pour éviter ces désagréments, que les Saoudiens augmentent les prix.

À la Maison-Blanche, les rapports sur le voyage du vice-Président font l'effet d'un « coup de poing dans l'estomac » et provoquent colère et consternation. Face à un chef d'État étranger, il a publiquement désavoué la ligne défendue par son administration.

Reagan a la réputation, justifiée, d'un homme gentil et foncièrement dépourvu d'animosité. Je l'avais suivi durant sa campagne électorale de 1980 puis revu lors d'une visite en France, juste après son départ de la Maison-Blanche. Il affichait toujours un large sourire et un optimisme inébranlable. Reagan ou l'ultime avatar d'une Amérique dont les valeurs, les certitudes et les références allaient bientôt être englouties par la modernité, un homme du passé, fier de la grandeur de l'Amérique.

Pourtant, « ce faucon en politique et cette colombe sur le plan humain », selon la formule de ses proches, aura une explication orageuse avec Bush quand il le recevra au retour de sa tournée.

La plupart des observateurs de la vie politique américaine sont alors persuadés que ses positions ont définitivement compromis les chances de Bush d'accéder deux ans plus tard à la présidence. C'est exactement le contraire qui se produit. Bush, au fond, a donné le coup d'envoi de sa future campagne dans les sables saoudiens, auprès d'alliés fidèles avec lesquels il partage les mêmes intérêts.

La victoire de Bush et ses réseaux

Le système Bush et l'ampleur de ses réseaux vont se révéler au cours de cette crise. À la stupéfaction générale, le quotidien libéral *Washington Post* prend la défense du vice-Président dans un éditorial remarqué : « M. Bush se bat sur une vraie question, est-il écrit, une augmentation régulière de la dépendance envers le pétrole importé n'est pas une perspective réjouissante [1]. »

Le *Post* se fait soudain le défenseur de Bush et des pétroliers texans, tout en édulcorant dans cet article la réalité. Personne ne comprend le soutien apporté par le journal, qui est pourtant le fruit d'une alliance ancienne totalement ignorée.

En 1948, le propriétaire du *Washington Post*, Eugene Meyer, fut un des premiers à investir, ainsi que son gendre Phil Graham, dans Zapata, la société pétrolière que Bush venait de créer.

Les propos de Bush ont impressionné les dirigeants saoudiens dont le pétrole, en juillet 1986, se négocie à 7 dollars le baril, mais ils ont déclenché un processus infernal qu'ils ne peuvent stopper seuls. En mai 1986, un rapport secret de la CIA est transmis à la Maison-Blanche. Il s'intitule *L'URSS face au dilemme des pénuries en devises fortes*. Le rapport indique que « des prix réduits du pétrole, le déclin de sa propre

1. *Washington Post*, éditorial, 8 avril 1986.

production et un dollar déprécié » ont considérablement réduit, jusqu'à la fin de la décennie, la capacité soviétique à importer de l'équipement occidental, des produits agricoles et du matériel industriel. Ce déclin survient au moment où l'arrivée au pouvoir de Gorbatchev coïncide avec une tentative, infructueuse, de revitalisation économique.

Selon la CIA, les pertes nettes essuyées par Moscou, résultant de la chute des cours, se montent à 13 milliards de dollars et n'ont pas été compensées par les ventes d'armes, car les principaux clients, l'Irak, l'Iran et la Libye, ont vu leurs revenus pétroliers s'effondrer de 46 % au premier semestre 1986. De plus, la guerre en Afghanistan coûte chaque année 4 milliards de dollars à l'économie soviétique. L'URSS n'a plus les moyens, ni même le désir, de mener une politique de superpuissance [1].

Une trêve est décidée, et il s'agit probablement d'un des accords les plus soigneusement dissimulés à l'attention des opinions. Les Soviétiques engagent des discussions avec l'OPEP, au sein de laquelle l'Arabie Saoudite joue naturellement un rôle prépondérant. L'organisation décide la mise en place d'un nouveau système de quotas par pays, auquel l'Iran, malgré ses refus initiaux, se rallie sous la pression de Moscou. L'URSS, quant à elle, s'engage à réduire de 100 000 barils/jour sa production pour ne pas entraver les efforts de l'OPEP en vue d'une remontée des prix autour de 18 dollars le baril.

1. Central Intelligence Agency, Directorat of Intelligence, *USSR : Facing the Dilemma of Hard Currency Shortages*, Washington, mai 1986. Peter Schweizer, *op. cit.*

À la Maison-Blanche, plus personne ne sourit. Le « pauvre George Bush [1] » a obtenu gain de cause, en apparence seul contre tous, en réalité en s'adossant à des réseaux de pouvoir dont personne jusqu'ici n'avait mesuré l'ampleur et la puissance.

1. *Washington Post*, 9 avril 1986.

9

Une provocation et une trahison

Le 8 avril 1988, au terme de huit ans d'un conflit avec l'Iran qui a fait près de 8 millions de morts, Bagdad est à la fois puissant et exsangue. Son armée est en apparence impressionnante, sans égale au Proche-Orient : 55 divisions contre 10 divisions en 1980, 1 million d'hommes prêts à combattre, 500 avions et 5 500 chars (plus que n'en possèdent les États-Unis et l'Allemagne fédérale réunis). Le désastre financier est tout aussi démesuré. Au début de la guerre, l'Irak détenait 30 milliards de dollars de réserves. Huit ans plus tard, l'endettement du pays atteint les 100 milliards de dollars.

Saddam Hussein ne manque jamais de confier à tous ses hôtes étrangers qu'il a été durant ces huit années « un véritable bouclier protégeant les frères arabes de la menace perse » et qu'il attend « des plus riches d'entre eux – l'Arabie Saoudite, les Émirats arabes unis et le Koweït – qu'ils nous aident à rembourser toutes nos dettes ».

Le 9 août 1988, au lendemain même du cessez-le-feu, le Koweït prend la décision d'augmenter sa production pétrolière, en violation des accords signés au sein de l'OPEP, notamment en extrayant davantage des puits de Roumaylah, situés dans une zone frontalière revendiquée depuis toujours par l'Irak et qui fait l'objet d'âpres controverses diplomatiques.

L'initiative koweïtienne est ressentie par Saddam Hussein comme une provocation et une trahison. Elle aggrave la surproduction régnant sur le marché pétrolier et accentue la baisse des cours. Avec cette mesure, les revenus de Bagdad, qui dépendent à 90 % du pétrole, chutent à 7 milliards de dollars par an, tandis que le service de sa dette se monte à 7 milliards de dollars également. C'est une véritable asphyxie.

20 % de tout le pétrole

Au début de l'année 1990, les principales capitales arabes prennent connaissance d'un rapport confidentiel sur l'état de l'économie irakienne qui vient d'être rédigé par l'un des banquiers les plus influents du Moyen-Orient. Son analyse rappelle d'abord qu'entre 1972 et 1980, année où débuta la guerre contre l'Iran, les revenus pétroliers annuels de l'Irak sont passés de 1 milliard de dollars à 25 milliards de dollars. Mais, en 1990, le banquier se montre extrêmement pessimiste sur l'avenir du pays. Il insiste sur le fait que l'énorme dette accumulée, dont Bagdad ne peut même pas payer les intérêts, « va conduire à une politique téméraire, dangereuse, d'emprunts à des taux effectifs excédant 30 % l'an ». Le dernier paragraphe du rapport présente avec une remarquable lucidité ce qui va arriver : « Saddam Hussein est maintenant tout à fait au courant de sa situation financière. Quelles sont les options qui s'offrent à lui en Irak même ? Elles sont peu nombreuses. Mais il y a toujours le Koweït, situé juste à quelques kilomètres de son armée oisive, massée sur le Chatt al-Arab. L'Irak a besoin d'un accès aux eaux ouvertes du Golfe [1]. »

Grâce à l'or noir, le Koweït est devenu, avec un produit national brut (PNB) atteignant les 20 milliards de dollars, l'État le plus riche de la planète. Jalousés, aveugles et intransigeants, ses dirigeants n'ont pas compris qu'ils représentent une proie qui ferait rêver n'importe quel prédateur. Or Saddam Hussein est aux abois.

Le 2 août 1990, ses troupes, massées depuis plusieurs semaines sur la frontière avec le Koweït, envahissent l'Émirat. Le monde entier, stupéfait, est en état de choc. Pourtant, depuis plusieurs mois, les rapports se faisaient alarmants. Aveuglement ou volonté de laisser faire à Washington ? En tout cas, en quelques heures, Saddam Hussein vient de modifier les rapports de force. En se rendant maître des champs pétrolifères koweïtiens, il contrôle désormais plus de 20 % de tout le pétrole produit à travers le monde. Les investissements de l'Émirat peuvent lui fournir en plus un gigantesque trésor de guerre et un moyen de pression accru sur les économies occidentales.

Le portefeuille se chiffre entre 100 et 120 milliards de dollars – 30 milliards de dollars sont investis aux États-Unis sous forme d'actions, de bons du Trésor. En Espagne, le Koweït apparaît comme le plus gros investisseur étranger et des Koweïtiens siègent dans

1. Pierre Salinger, Éric Laurent, *Guerre du Golfe, le dossier secret*, Olivier Orban, 1991.

les conseils d'administration de plusieurs grosses sociétés américaines, travaillant dans des secteurs aussi sensibles que la presse, la défense ou... le pétrole. En Grande-Bretagne, le fonds koweïtien d'investissement possédait même jusqu'à 22 % des actions du géant pétrolier BP, mais devant les réactions du gouvernement britannique il a dû réduire sa participation à 9 %. En Allemagne, l'Émirat est l'un des plus importants actionnaires de plusieurs firmes comme Daimler Benz ou Hoechst ; au Japon, le plus gros investisseur étranger, sous forme de stocks d'actions et de bons du Trésor.

« L'Arabie Saoudite est la porte à côté »

Personne ne peut se désintéresser de la crise qui vient d'éclater. Elle comporte également, du côté américain, une dimension personnelle très curieuse. L'essentiel de la fortune acquise par le président américain provient des concessions que le gouvernement koweïtien lui a octroyées dans les années 1950 pour l'exploitation de ses gisements off shore.

Trajectoire identique pour le général Norman Schwarzkopf, qui va diriger l'imposante coalition militaire rassemblée contre Bagdad. Le passé de Schwarzkopf plonge ses racines dans la politique menée par l'Amérique dans la région du Golfe. Son père, diplômé comme lui de l'académie militaire de West Point, est un agent itinérant de la CIA envoyé à Téhéran en 1942 pour assurer la sécurité du Shah qui vient de succéder à son père. Il a également pour mission d'assurer la protection des convois permettant l'acheminement de fournitures à l'Union soviétique.

Homme des missions délicates, il réintervient en 1953 à Téhéran pour coordonner le coup d'État de la CIA qui va aboutir au renversement du Premier ministre Mossadegh et au retour au pouvoir du Shah. En 1946, à douze ans, Norman accompagne son père en Arabie Saoudite où il est venu négocier avec Ibn Séoud, le fondateur du royaume.

Le général au physique imposant, bourru et jovial, en a gardé la certitude qu'il s'agit d'une zone « vitale pour la sécurité et l'économie de l'Occident ». En novembre 1988, trois mois seulement après le cessez-le-feu entre l'Iran et l'Irak, il a adressé un rapport confidentiel au Pentagone : « La pire chose qui pourrait arriver dans la région du Golfe serait que l'Irak s'empare des puits de pétrole saoudiens. Bagdad possède la plus forte armée de la région, et peut-être la quatrième du monde, et pour ce pays l'Arabie Saoudite est la porte à côté. Or nous n'avons pas de forces stationnées dans la région. » Il est le premier à soulever l'hypothèse d'une menace irakienne et le concept de « quatrième armée du monde » va se révéler, durant la guerre, un slogan d'une redoutable efficacité psychologique.

Des ours en peluche

Je l'ai rencontré deux ans après la guerre. Il venait de quitter l'armée pour écrire ses Mémoires, et, en plus d'une avance de plusieurs millions de dollars, il siégeait au conseil d'administration de grandes sociétés où les anciennes gloires militaires sont assez appréciées.

Son bureau, dans un immeuble neuf de Tampa, en

Floride, était envahi d'ours en peluche de toutes tailles et de tous modèles qui donnaient l'impression de pénétrer dans une garderie pour enfants.

Massif, avec un visage de bouledogue, il m'explique qu'on l'a surnommé « The Bear » (« l'Ours ») et que de nombreux admirateurs lui rendent ainsi un hommage affectueux. Lors de l'invasion de l'Irak, il dirigeait le Centcom (Central Command) dont le quartier général est situé sur la base de Mac Dill, près de Tampa. Les stratèges du Pentagone divisent le monde en zones d'intervention. Celle couverte par le Centcom s'étend sur 26 millions de kilomètres carrés, du Kenya au Pakistan : 70 % de toutes les réserves mondiales de pétrole étaient situés dans les régions dont Schwarzkopf avait la responsabilité.

Assis en face de lui, dans cette vaste pièce remplie de peluches, je l'écoute évoquer sa première rencontre avec Dick Cheney, le secrétaire d'État à la Défense choisi par Bush. Cheney lui parle de la montée du fondamentalisme islamique et du terrorisme iranien avant de lui demander : « Selon vous, quel est le pays qui représente la menace la plus importante pour la sécurité du Golfe, l'Iran ou l'Irak ? »

— Je lui ai répondu sans hésiter : l'Irak [1]. »

2 500 hommes en tout et pour tout

En tout cas, un document top secret transmis en août 1989 à Cheney a profondément ébranlé le secrétaire d'État à la Défense et permet, je crois, d'expliquer sa future ligne de conduite. Il s'agit d'un rapport

1. Entretien avec l'auteur, 1992.

intitulé *Stratégie militaire nationale*, rédigé par l'amiral William Crowe Jr., alors chef d'État-Major interarmées. Son contenu énumère les priorités militaires des États-Unis et Cheney est stupéfait de découvrir que l'analyse n'accorde qu'une place infime à une région aussi vitale pour les intérêts américains que le Golfe, relégué dans le texte au même rang que « l'Afrique et la protection de ses ressources naturelles ».

En fait, l'administration Bush se trouve confrontée à un problème de doctrine stratégique. Une intervention militaire dans le Golfe est une éventualité retenue depuis dix ans. À la chute du shah d'Iran, en 1979, Jimmy Carter a créé une force de déploiement rapide dont la mission prioritaire est la protection des champs pétrolifères de la région. Un plan secret, portant le numéro de code 90-1002, a été élaboré. Il n'y a qu'un seul oubli, mais de taille : ce plan ne prévoit ni la perte du Koweït ou de l'Arabie Saoudite, ni l'agression de l'Irak. Il envisage seulement un affrontement avec l'Union soviétique dans la région du Golfe.

Le Centcom, créé en 1983, a la charge de mettre en place ce plan secret. Mais, malgré les 2 000 milliards de dollars dépensés au cours des huit dernières années pour moderniser et renforcer les forces armées, les responsables militaires américains se trouvent dans l'impasse. Leurs troupes sont formées et entraînées aux conflits sur des théâtres d'opérations comme l'Europe ou la péninsule coréenne, pas à une guerre dans les sables du désert pour protéger des gisements pétroliers. De plus, le Pentagone est pris de court. Un des responsables de l'état-major avoue : « Nous partions de zéro. » Quand Bush demande de quelles forces il peut disposer immédiatement, la réponse est sans appel : 2 500 hommes de la 82e division aéroportée, basée à Fort Braggs, en Caroline du Nord. En tout et pour tout.

Une révélation pour Cheney

Le 4 août au matin, à Fort Meade, au siège de la National Security Agency, les clichés transmis par les satellites espions, qui photographient désormais chaque kilomètre de la zone de crise, montrent que 100 000 soldats des troupes d'élite irakiennes ont pénétré dans la « zone neutre » entre le Koweït et l'Arabie Saoudite et prennent position à un kilomètre de la frontière saoudienne. Une analyse, immédiatement transmise à la Maison-Blanche, évalue les objectifs clés d'une éventuelle invasion du royaume saoudien : « Les ports et les aérodromes à proximité de Dhahran (un des principaux centres pétroliers), situés à 300 kilomètres de la frontière koweïtienne. Cette zone contient toutes les cibles économiques vitales dont la capture fermerait les accès des Saoudiens au golfe Persique et entraverait l'arrivée des renforts américains. »

Le roi Fahd, homme timide et à la santé fragile, dont la principale passion est le jeu – il a perdu 6 millions de dollars en une soirée à Monte-Carlo –, donne l'impression d'être désemparé. Il confie d'une voix véhémente au secrétaire d'État James Baker : « Je connais Saddam Hussein depuis 1975, et il ne s'est pratiquement pas écoulé un jour sans qu'il me téléphone. Après la guerre avec l'Iran, il ne cessait de m'affirmer que l'aide financière que je lui avais donnée l'avait sauvé et qu'il me considérait comme un héros. Soudain, le 3 août, je suis devenu à ses yeux un personnage abominable. Vous ne trouvez pas, monsieur le secrétaire d'État, que tout ça n'a aucun sens [1] ? »

Pour les responsables américains, la crise a franchi un nouveau degré. Ils viennent de demander à l'Arabie Saoudite d'augmenter de 4 millions de barils/jour sa production pour compenser l'arrêt de la production pétrolière au Koweït et l'embargo qui frappe le brut irakien, mais ils perçoivent l'ampleur de la menace qui pèse sur les approvisionnements mondiaux. L'Arabie Saoudite a acheté au cours des dernières années pour plus de 150 milliards de dollars d'armement sophistiqué et s'avère incapable de se défendre. Si Saddam prenait le contrôle des champs pétrolifères saoudiens, il contrôlerait plus de 40 % de l'approvisionnement mondial et pourrait dicter sa loi à l'ensemble de la planète, États-Unis compris.

Je pense que cette crise a été pour Dick Cheney un formidable révélateur qui explique son comportement depuis qu'il est devenu le vice-Président le plus puissant de l'histoire américaine. Durant les mois d'enquête, j'ai cherché à le rencontrer, en vain. Notre dernier entretien remonte à la fin 1991, alors qu'il se préparait à quitter le Pentagone. Il me reçut pendant une heure et demie, à la grande fureur de son chargé de presse qui n'avait prévu que vingt minutes d'entretien.

Cheney m'a laissé l'impression d'un homme froid, intelligent, autoritaire, avec son visage sévère chaussé de fines lunettes. J'ai tenté de joindre ses collabora-

1. Éric Laurent, *Tempête du désert. Les Secrets de la Maison-Blanche*, Olivier Orban, 1991.

teurs, ses amis, en vain également. Visiblement, Cheney n'est pas un homme sur qui on a envie de livrer des confidences. Mes interlocuteurs m'ont semblé inquiets à l'idée de parler. Deux seulement accepteront de se confier brièvement, à condition que je préserve totalement leur anonymat. Le premier, qui a travaillé avec lui au Congrès, me brosse le portrait d'un homme sans histoires, menant avec sa femme, une intellectuelle conservatrice, et ses deux filles une vie calme et régulière, consacrant ses loisirs à la chasse ou à des activités culturelles et charitables.

Ce portrait lisse et édifiant est quelque peu corrigé, complété par mon second interlocuteur qui fut un de ses proches collaborateurs durant la campagne présidentielle de 2000. « Derrière cette façade lisse, c'est un homme de pouvoir qui entretient avec lui une relation à la fois fascinée et ambiguë. Il a le goût du secret et il aime appartenir au petit groupe de ceux qui décident, en secret justement. »

L'invasion du Koweït par Saddam, la mise en place de la coalition militaire constituent pour lui un véritable *war game* grandeur nature.

Quand il prend en 1995 la présidence d'Halliburton, le numéro un mondial des services pétroliers, ses certitudes se sont renforcées. La crise de 1990 lui a révélé que les États-Unis ne sont pas prêts à agir militairement dans une zone qui garantit pourtant la sécurité de leurs approvisionnements pétroliers.

« Il m'a expliqué, ajoute son ancien collaborateur, que c'était une véritable folie, alors que 65 % des ressources pétrolières de la planète se trouvent concentrées dans la zone du Golfe. "Plus jamais ça" pourrait être la formule qui résume sa pensée, une pensée qui reflète à la fois les objectifs du gouvernement et les intérêts des milieux pétroliers. »

Le pétrole au cœur de la stratégie Bush

Comme en 1914, en 1939, en 1956, en 1973, en 1979, en 1991, le pétrole est encore aujourd'hui au cœur de la stratégie suivie par l'administration de George W. Bush. Et de la pensée de Dick Cheney.

Ronald Reagan avait déclaré peu après son élection : « Le mode de vie américain n'est pas négociable », un principe suivi et appliqué à la lettre par tous ses successeurs. Les Américains consomment plus de pétrole que jamais et la plus grande partie est brûlée dans les voitures et les camions, plutôt que dans des activités productives. Dans les années 1990, les foyers américains achètent des véhicules de plus en plus gros et chaque foyer effectue, en moyenne, onze déplacements par jour. La population américaine parcourt, annuellement, plus de 20 milliards de kilomètres. Mais l'essence reste bon marché, ce qui plonge les consommateurs américains, ainsi que ceux du reste de l'Occident, dans une torpeur satisfaite.

Au moment même où Washington déclenche, en janvier 1991, l'opération « Tempête du désert », le cours du pétrole retombe en dessous de 20 dollars le baril, niveau qui va demeurer stable pendant la plus grande partie des années 1990. Pour Cheney, particulièrement bien informé, il s'agit d'un calme trompeur.

En 1991, au terme de l'interview qu'il m'avait accordée pour TF1, Cheney prit un dossier posé sur la table devant lui, qu'il me tendit avec un sourire légèrement amusé : « Puisque vous semblez tant vous intéresser à cette guerre du Golfe et à ses conséquences, voilà peut-être de quoi nourrir vos réflexions. » J'ai commencé à feuilleter ce document de quelques pages en sortant de son bureau, au 7e étage du Pentagone. Il s'agissait d'une intervention prononcée devant la commission des Forces armées du Sénat cinq semaines après l'invasion du Koweït : « Nos intérêts stratégiques dans la région du golfe Persique sont, je pense, bien connus, mais méritent d'être répétés. Nous y avons un intérêt évident à cause de l'énergie qui est l'enjeu dans le Golfe. (Et il ajoutait :) Si Saddam Hussein détient le Koweït et déploie son armée, il sera clairement en position de dicter la politique future qui prévaudra pour l'énergie mondiale. Cela lui donnera la mainmise sur notre économie, mais aussi sur celles de nombreuses autres nations[1]. »

« Une activité caractérisée par l'auto-épuisement »

Au milieu des années 1990, le déclin de plus en plus rapide des ressources pétrolières américaines conduit le pays à importer plus de 50 % de ses besoins en énergie.

Entre-temps, grâce à Bush père, Cheney est devenu en 1995 le P-DG d'Halliburton, numéro un mondial des services pétroliers, et donc un homme encore mieux informé de l'état réel de la situation pétrolière mondiale et des priorités vitales pour les grandes compagnies d'énergie, club fermé auquel désormais il appartient.

À l'automne 1999, au cours d'un déjeuner à l'Institut londonien du pétrole, il prononce un discours dont

1. US Congress, Senate Committee on Armed Services, *Crisis in the Persian Gulf Region Hearings*, Washington, 11 septembre 1990.

chaque ligne éclaire la politique future de l'administration Bush : « Le pétrole est unique parce qu'il est stratégique par nature. Nous ne parlons pas ici de soupes de flocons d'avoine ou de vêtements de loisir. L'énergie est vraiment fondamentale pour l'économie mondiale. La guerre du Golfe était le reflet de cette réalité.

« Du point de vue de l'industrie pétrolière, nous sommes depuis plus de cent ans confrontés à un problème embêtant : chaque fois que vous trouvez du pétrole et que vous l'extrayez du sol, vous devez immédiatement chercher tout autour pour en trouver davantage, sous peine d'être mis hors jeu. Extraire du pétrole est une activité caractérisée naturellement par l'auto-épuisement. Chaque année, vous devez trouver et développer des réserves équivalentes à celles que vous avez extraites, uniquement pour rester au même niveau. C'est vrai pour les compagnies pétrolières et aussi, d'une manière plus large, pour l'ensemble de l'économie mondiale. La nouvelle entité Exxon-Mobil, issue d'une fusion, devra garantir chaque année plus de 1,5 milliard de barils en réserves nouvelles, juste pour remplacer sa production existante ; c'est comme envisager du 100 % d'intérêts ou découvrir tous les quatre mois l'équivalent d'un nouveau gisement important de 500 millions de barils. Les compagnies pétrolières, pour répondre à la totalité des besoins mondiaux, doivent trouver et développer assez de pétrole pour remplacer les 71 millions de barils consommés chaque jour[1], mais aussi pour répondre aux demandes nouvelles[2]. »

1. Ce chiffre remonte à 1999 et la consommation mondiale dépasse aujourd'hui les 85 millions de barils quotidiens.

2. Discours de Dick Cheney, London Institute of Petroleum, Automn Lunch, 1999. www.petroleum.co.uk/speeches.httm

Un des participants à ce déjeuner, dirigeant de BP qui a demandé à ne pas être cité, se souvient parfaitement de l'intervention de Cheney : « Il ne parlait pas du tout comme un homme du sérail, mais plutôt comme un politique préoccupé par les intérêts du sérail pétrolier. Nous en étions à la fois ravis et inquiets. La croissance d'Halliburton devait plus aux contacts politiques entretenus par Cheney aux États-Unis et à travers le monde qu'à ses talents de manager. Pourtant, c'est ce qu'il a tenté de nous faire croire en brossant de lui un portrait qu'il voulait empreint d'ironie. Je me rappelle très bien ses mots : "On m'a souvent demandé pourquoi j'ai quitté la politique pour rejoindre Halliburton, j'ai expliqué que j'avais atteint un tel niveau d'impatience et d'intolérance envers ceux qui se montraient en désaccord avec moi que ces gens m'ont dit : 'Hé, avec ce comportement, vous feriez un grand P-DG.' Je dois dire, ajoute mon interlocuteur, que l'assistance a ri très modérément [1]." »

« 50 millions de barils supplémentaires »

La suite de son intervention plantait le décor, soulignant la gravité des échéances qui pèsent sur nous aujourd'hui. « Selon certaines estimations, la croissance annuelle moyenne de la demande globale en pétrole pour les prochaines années atteindra 2 % et coïncidera avec un déclin annuel des réserves existantes se chiffrant, lui, à 3 %. Cela signifie qu'en 2010 nous aurons besoin de 50 millions de barils supplémentaires chaque jour. D'où proviendra ce pétrole ? Les gouvernements et les compagnies pétrolières

1. Entretien avec l'auteur, juillet 2000.

nationales contrôlent clairement 90 % de tous ces actifs pétroliers. Le pétrole reste fondamentalement un *business* gouvernemental. Bien que plusieurs régions du monde offrent des opportunités importantes, le Moyen-Orient, avec les deux tiers du pétrole mondial et le coût d'extraction le plus bas, demeure la zone aux prix les plus attractifs. »

Il conclut sur une note de désillusion : « C'est vrai, la technologie, la privatisation et l'ouverture d'un certain nombre de pays ont créé dans de nombreuses régions du monde des nouvelles opportunités pour plusieurs compagnies pétrolières, mais si nous songeons aux espérances du début des années 1990, où nous pensions qu'une part importante des nouvelles ressources pétrolières mondiales proviendrait de zones telles que l'ex-Union soviétique et la Chine, naturellement les scénarios ne se sont pas déroulés comme nous l'espérions [1]. »

Au contraire, la Chine est devenue le deuxième consommateur mondial d'énergie et son entrée ainsi que celle de l'Inde dans l'arène mondiale ont contribué à bouleverser toutes les données. Les nouvelles prévisions ont fait voler en éclats celles formulées en 1999 par Cheney. Le chiffre de 50 millions de barils/jour supplémentaires en 2010, bien que terriblement inquiétant, est déjà obsolète. Simple élément de comparaison : en 2000, la production quotidienne de l'ensemble des pays de l'OPEP atteignait 22 millions de barils/jour et atteint 29 millions aujourd'hui.

1. Discours de Dick Cheney, *ibid.* Kjell Aleklett, *Dick Cheney, Peak Oil and the Final Count Down*, Université d'Uppsala, Suède.

Plusieurs experts ont confirmé que la production pétrolière chinoise a atteint son pic en 2003, et depuis le niveau de déclin et d'épuisement de ses champs pétrolifères atteint le chiffre élevé de 3,7 % par an, accentuant encore les tensions sur le marché mondial.

Harry Longwell, directeur et vice-président exécutif d'Exxon, confirme cette nouvelle réalité : « Alors que la demande augmente, la production existante décline. Pour donner un ordre de grandeur à l'horizon 2010, la moitié de la production quotidienne correspondant à la demande prévue et attendue n'est pas en cours d'exploitation aujourd'hui. Et c'est tout le défi auquel sont confrontés les producteurs[1]. »

Six barils consommés pour un baril découvert

La BBC, dans une enquête sur le déclin du pétrole en 2004, résume de manière encore plus saisissante cette échéance : « Aujourd'hui, nous consommons six barils de pétrole pour un nouveau baril découvert[2]. » Lorsque George W. Bush et son équipe arrivent à la Maison-Blanche en janvier 2001, ils n'ignorent rien de cette réalité. Jamais une administration américaine ne s'est installée aux commandes en laissant dans son sillage une telle odeur de pétrole.

Outre Bush, plusieurs membres importants viennent directement de l'industrie pétrolière : l'actuelle secré-

1. « The Future of the Oil and Gas Industry : Past Approaches, New Challenges », *World Energy*, vol. 5, nº 3, 2002.

2. *Is the World's Oil Running out Fast ?*, BBC Online, 7 juin 2004.

taire d'État Condoleezza Rice a été directrice et membre du conseil d'administration de Chevron, plus particulièrement en charge des investissements en mer Caspienne ; Chevron a fusionné avec Texaco en octobre 2001 et réalise plus de 130 milliards d'euros de chiffre d'affaires ; Donald Evans, l'ami intime de George W. Bush, secrétaire d'État au Commerce, fut le président de Tom Brown Inc., une importante compagnie d'énergie, tandis que Donald Rumsfeld, un des hommes les plus riches de l'administration, possède dans son volumineux portefeuille d'actions des titres de plusieurs compagnies pétrolières ; Gale Morton, secrétaire d'État à l'Intérieur (chargé de l'Environnement), représente les intérêts de BP. Mais c'est indiscutablement le vice-président Cheney qui incarne le mieux l'intransigeance et les ambiguïtés de cette administration.

Dès son entrée en fonctions, il exprime son profond mépris pour les accords de Kyoto [1] visant à la réduction des gaz à effet de serre, ce qui témoigne chez lui d'une grande cohérence. En effet, alors qu'il siégeait à la Chambre des représentants, avant d'entrer en 1988 dans l'administration de Bush père, il vota contre à peu près toutes les lois sur la protection de l'environnement parce que ces textes étaient en contradiction flagrante avec les intérêts des grands groupes pétroliers qu'il côtoie depuis toujours.

Devenu P-DG d'Halliburton, il exprime en 1996, au cours d'une conférence sur l'énergie, son agacement

1. L'objectif du protocole de Kyoto, signé en 1997, est une réduction moyenne de 5 % des émissions de gaz à effet de serre à l'horizon 2008-2012 dans les pays développés.

devant les sanctions prises contre certains régimes : « Nous avons l'air d'aimer les sanctions dans ce gouvernement [celui de Bill Clinton]... Le problème, c'est que le bon Dieu n'a pas toujours jugé souhaitable de placer les réserves de gaz et de pétrole dans des pays à régime démocratique[1]. »

Après avoir exprimé ces regrets, il réaffirme son intransigeance sur le dossier irakien et l'embargo qui frappe Bagdad, au cours d'une interview télévisée sur ABC, en 2000 : « J'ai une politique très ferme sur l'embargo de l'Irak qui consiste à ne rien faire avec ce pays, même à travers des arrangements qui seraient jugés légaux. »

Malheureusement, c'est inexact : au premier trimestre 1997 puis au début de l'année 2000, deux filiales d'Halliburton, Dresser Rand et Ingersoll Dresser Pump Co., ont vendu à l'Irak des pompes de retraitement, des pièces détachées pour l'industrie pétrolière et des équipements de pipelines, tout cela par le biais de filiales françaises[2]. La France, il convient de le rappeler, est accusée par les Américains de défendre ses seuls intérêts en Irak, contre la guerre démocratique prônée par Dick Cheney.

1. *Petroleum Finance Week*, avril 1996. Kenny Bruno / Jim Valette, « Cheney and Halliburton : Go where the Oil Is », *Multinational Monitor Magazine*, mai 2001. Ken Silverstein, « So you Want to Trade with a Dictator », *Mother Jones*, 28 avril 1998.

2. *Washington Post*, 23 juin 2001. Jason Leonard, « Cheney'Lies About Halliburton and Iraq », *Counter Punch*, 19 mars 2003.

« Il est plus amusant d'aller botter les fesses »

L'Irak reste au cœur des préoccupations des deux administrations Bush. En partie pour une raison qui relève d'un cynisme achevé, rapportée par Nicolas Sarkis : « J'assistais en 1992 au congrès mondial du pétrole qui se déroulait à Madrid. L'un des orateurs était James Schlesinger, ex-directeur de la CIA, ancien secrétaire d'État à la Défense ; il fut également surnommé "le tsar de l'énergie", chargé de définir la politique pétrolière des États-Unis après le premier choc pétrolier.

« Il est monté à la tribune et devant une assistance stupéfaite a déclaré : "La leçon que le peuple américain a retenue de la guerre du Golfe est qu'il est beaucoup plus amusant d'aller botter les fesses des populations du Moyen-Orient que d'accepter des sacrifices..." (À cet instant, il a marqué une pause avant d'ajouter :) "Bien entendu, ces propos ne reflètent pas ma pensée mais je ne fais que répéter ce qui se dit et se pense dans les hautes sphères politiques de Washington."[1] » Si un homme se trouve au cœur de l'*establishment* politique américain, c'est bien James Schlesinger. Intouchable à Washington, il peut s'offrir le luxe de ces révélations qui éclairent d'un jour cru la psychologie des dirigeants américains.

Quand Bush et Cheney accèdent au pouvoir suprême, leurs premières priorités ne sont pas les armes de destruction massive en Irak ou la menace terroriste, comme une propagande habilement orchestrée a pu le laisser croire ensuite. Non. L'énergie et la sécurité des approvisionnements pétroliers constituent

1. Entretien avec l'auteur, juin 2005.

leur seule véritable préoccupation. Il est vrai que les informations qui remontent jusqu'à eux sont préoccupantes. Les prévisions concernant la production mondiale semblent indiquer que le pétrole va, en 2001, atteindre un plafond d'extraction au-delà duquel les producteurs ne pourront aller. Arrive-t-on à un pic irréversible ?

« Société secrète »

Le 29 janvier 2001, une semaine seulement après l'investiture du nouveau Président, Dick Cheney met en place une commission de développement de la politique énergétique nationale, la NEPD, dont les objectifs, les participants et les séances de travail vont être entourés d'un secret et d'un mystère absolus, propices à toutes les hypothèses.

Une des journalistes les plus estimées du *Washington Post*, Dana Milbank, qualifie la commission présidée par Cheney de « société secrète » et recense les précautions prises pour éviter toute fuite : « Au début de chaque réunion avec des personnalités ou groupes extérieurs, les membres de la commission exigent que la rencontre ne soit pas enregistrée, précisent qu'il n'y aura ni échange ni partage de documents, pour éviter les fuites, et qu'enfin aucun contact avec les médias ne doit avoir lieu. » Elle évoque le cas de deux hauts fonctionnaires auditionnés par la commission auxquels elle a téléphoné et qui ont refusé de lui répondre ou même de voir leur nom publié [1].

1. Dana Milbank, « Energy Task Force Works in Secret », *Washington Post*, 16 avril 2001.

La Maison-Blanche refuse catégoriquement de dévoiler l'identité des personnalités siégeant dans la commission, mais on peut supposer, sans grand risque de se tromper, que les responsables des grandes compagnies pétrolières y participent. « Pourquoi un tel secret ? » s'interroge Dana Milbank. Probablement pour cacher l'étroite consanguinité existant entre l'administration Bush et l'industrie de l'énergie.

Pourtant, le dispositif mis en place par Cheney commence à faire l'objet de vives attaques de la part de plusieurs membres du Congrès, dont Henry Waxman, influent représentant de Californie. Waxman et ses collègues demandent à connaître l'identité des membres de la commission, ainsi que le contenu de leurs discussions. Leur démarche s'appuie sur des lois fédérales qui prévoient la transparence des décisions publiques. Pour Waxman, « la Commission Cheney sur l'énergie a mené ses réunions en privé et, à ce qu'on dit, obtenu des financements émanant de citoyens privés et de groupes, comprenant des donateurs politiques[1] ». Le GAO (General Accounting Office), qui mène des enquêtes pour le Congrès, exige également de pouvoir disposer des documents fournissant l'identité des membres de la commission, ainsi que les sujets abordés et le coût total des travaux. Le vice-président Cheney refuse catégoriquement de communiquer le moindre document et, devant cette obstruction manifeste, le GAO dépose une plainte devant la Cour fédérale ; elle sera rejetée après les attentats du 11 septembre.

1. Scott Thompson, « Dick Cheney Has Long Planned to Look Iraqi Oil », *Executive Intelligence Review*, 1er août 2003.

La tragédie de septembre 2001 fournit un répit à la Maison-Blanche, mais deux organisations privées, Judicial Watch, qui surveille les dérives gouvernementales, et Sierra Club, un groupe de défense de l'environnement, engagent une action en justice reposant à la fois sur la loi « sur la liberté de l'information » (*Freedom Information Act*) et celle relative « aux réunions publiques ». La bataille juridique dure deux ans. L'affaire est même portée devant la Cour suprême, où Cheney dispose de nombreux alliés et amis, sous le titre « Cas Richard Cheney contre la Cour du district de Columbia n° 03-475 ».

Pour faire obstacle à ces procédures, les avocats de la Maison-Blanche affirment que le droit au secret est un privilège de la présidence. Les adversaires répliquent que des collaborateurs de la commission travaillent au ministère de l'Énergie et dans d'autres administrations, et qu'en conséquence les documents en litige ne peuvent pas être considérés comme appartenant à la Maison-Blanche.

Le 17 juillet 2003, la Cour d'appel fédérale ordonne au ministère du Commerce de rendre publics des documents de travail utilisés par la Commission Cheney, provoquant la fureur du vice-Président. On comprend pourquoi. Les éléments divulgués ne représentent qu'une petite partie de l'iceberg, mais ce qu'ils révèlent est saisissant. J'ai eu ces documents entre les mains. Il y a d'abord deux cartes détaillées de l'Arabie Saoudite et des Émirats arabes unis où figurent les gisements pétroliers, le tracé des pipelines, l'emplacement des raffineries et des terminaux où accostent les tankers. Des listes suivent, répertoriant les principaux projets pétroliers et gaziers dans chacun des deux pays, le coût, la capacité, les compagnies engagées.

« Six mois avant le 11 Septembre »

Plus étonnante encore est la troisième carte divulguée : c'est celle de l'Irak. Elle détaille les gisements pétrolifères, les pipelines et les raffineries, et on distingue aussi le tracé et le découpage très nets en huit blocs, pour exploration, d'une vaste zone, qui représente à peu près un tiers du pays, située à proximité de la frontière avec l'Arabie Saoudite. Une liste, jointe à la carte, énumère par ordre alphabétique la liste des compagnies et des pays ayant passé des accords pétroliers avec le régime de Saddam Hussein. Ces cartes, élaborées par la Commission Cheney, datent de mars 2001, soit six mois avant le 11 Septembre [1]. Le « terrorisme irakien » ne fait pas encore partie des priorités de l'administration Bush, mais son pétrole si.

Mars 2001. La date donne le vertige parce qu'elle conduit inévitablement à envisager l'impensable : l'administration Bush aurait-elle planifié, dès son entrée en fonction, une intervention militaire en Irak et utilisé le prétexte de la tragédie du 11 Septembre pour déclencher l'invasion et le renversement de Saddam ? L'Irak est considéré par les experts comme le deuxième détenteur de ressources pétrolifères de la planète, avec 112,5 milliards – pense-t-on – de barils de réserves prouvés et 200 milliards de barils, croit-on, avec les zones convoitées sur les cartes.

Bagdad constituerait-il pour Washington une alternative énergétique à Riyad, dont le pétrole décline rapide-

1. « Cheney Energy Task Force Documents Feature Map of Iraqi Oilfields », *Judicial Watch*, 17 juillet 2003.

ment ? D'autres éléments renforcent mes interrogations. Il y a ce briefing tenu en janvier 2003 au Pentagone par le chef d'État-Major des armées, le général Tommy Francks, qui expose aux officiers présents, dont les unités seront engagées dans le conflit à venir, « les stratégies qui permettent de sécuriser et protéger en priorité les champs pétroliers aussi rapidement que possible, avec l'ordre de les préserver de tout risque de destruction[1] ». Outre la sécurisation des champs pétrolifères de Kirkouk, au nord du pays, la priorité assignée aux forces américaines qui pénètrent dans Bagdad est de prendre le contrôle du ministère du Pétrole irakien et d'éviter les destructions éventuelles de documents.

Alors que la capitale irakienne est livrée à l'anarchie, la population saccageant les ministères, symboles d'un pouvoir honni, devant celui du Pétrole, blindés et marines montent la garde et forment un dispositif imposant qui sera maintenu pendant très longtemps.

L'Amérique vient pour instaurer la paix et la démocratie

L'Amérique vient pour instaurer la paix et la démocratie en Irak, soit, mais réinstaurer une vie normale pour la population n'est pas la priorité de l'armée américaine. Les services publics ne fonctionnent plus, l'eau, l'électricité manquent, ce qui est toujours le cas aujourd'hui. Mais, quelques jours à peine après la prise de contrôle total du pays, les employés de la compagnie pétrolière irakienne reçoivent l'ordre de

1. Department of Defense, *Briefing Pentagone*, 24 janvier 2003, www.eia.dol/gov/cabs/iraq.html.

remettre en état de marche l'exploitation des gisements, protégés par l'armée américaine.

Paul Wolfowitz, le secrétaire adjoint à la Défense, confie que la relance rapide de l'exploitation pétrolière a uniquement pour objectif d'accélérer la reconstruction du pays. Propos estimables qui n'ont encore une fois qu'un lointain rapport avec la réalité. J'ai pris connaissance, quelques mois après la fin de la guerre, d'un plan élaboré par l'Export-Import Bank. Cet établissement public garantit les prêts à l'exportation et les défauts de paiement sont supportés par les contribuables américains. L'Ex-Im-Bank, à travers les hommes nommés à sa tête, est souvent un relais du pouvoir politique. En juin 1984, à la demande de Bush père, alors vice-Président, l'établissement fournit un prêt de 500 millions de dollars au régime de Saddam Hussein puis, un mois plus tard, en juillet, 200 millions de dollars en crédits à court terme. Autant dire que l'Irak n'est pas un dossier inconnu pour cet établissement.

Le plan qu'elle fait circuler sous le manteau en 2003, et qui lui aurait été inspiré par le vice-président Cheney, prévoit que l'Ex-Im-Bank réunira et garantira des prêts émanant de banques privées pour payer les contrats de reconstruction de l'Irak, le remboursement étant obtenu par les ventes de pétrole irakien. Le plan vise également à restructurer la dette du pays, qui atteint le montant vertigineux de 120 milliards de dollars. Là encore, le pétrole apparaît au cœur du dispositif. Pour la finalisation du projet, l'Ex-Im-Bank a travaillé avec un groupe de lobbying, The Coalition For Employment Through Exports (« la coalition pour l'emploi à travers les exportations »), dont deux des principaux participants sont... Halliburton et Bechtel[1].

À cette époque, l'ex-compagnie du vice-président américain vient de bénéficier d'un contrat, sans appel d'offres, pour la protection du pétrole irakien – notamment dans la région sud, potentiellement la plus riche en hydrocarbures –, tandis que Bechtel, numéro un mondial des travaux publics, dont les propriétaires sont proches des Bush, a lui aussi décroché, également sans appel d'offres, un contrat de 506 millions de dollars pour des programmes de reconstruction.

Responsables pétroliers et dirigeants de la CIA

J'ai sous les yeux la liste des trente-neuf principales sociétés liées au secteur de l'énergie qui, entre 1999 et 2002 – période charnière qui précéda et suivit l'élection présidentielle de 2000 –, ont versé 6,3 millions de dollars en dons politiques, dont 4,5 millions à destination du parti républicain, donc de l'administration Bush. Nombre de dirigeants de ces firmes siégeaient probablement dans la commission mise en place par Cheney.

Selon la confidence faite à Jeff Gerth du *New York Times*, le 5 octobre 2003, par un conseiller à la présidence qui demanda à conserver l'anonymat, « dans les mois précédant la guerre, les membres de l'administration, dans leurs interventions publiques, évitèrent d'évoquer la question du pétrole parce qu'ils avaient

1. « Outrage at US Plan to Mortgage Iraqi Oil », *The Observer*, 13 juillet 2003.

peur que leurs choix et leurs agissements ne soient perçus comme un soutien à l'industrie pétrolière[1] ».

En coulisse, la réalité est tout à fait différente. Dès septembre 2002, le sous-secrétaire à la Défense, Douglas Feith, un néo-conservateur proche de Paul Wolfowitz qui est aussi l'avocat de plusieurs compagnies pétrolières, demande à ses collaborateurs d'élaborer des projections sur l'état et l'avenir de l'industrie pétrolière irakienne en cas d'intervention militaire américaine. Feith décide de créer un groupe baptisé Energy Infrastructure Planning, qui regroupera dans le plus grand secret des responsables du secteur pétrolier et des dirigeants de la CIA. L'objectif : sécuriser les gisements pendant et après la guerre, puis restaurer des capacités de production maximale.

Pour ces experts, la capacité de production irakienne est en théorie supérieure à 3 millions de barils/jour, mais les infrastructures vétustes et l'embargo permettent seulement d'extraire quotidiennement de 2,1 à 2,4 millions de barils/jour. Les projections fixées par ce groupe envisagent des revenus pétroliers annuels « de 25 à 30 milliards de dollars dans le meilleur des cas, c'est-à-dire en l'absence de tout sabotage ou de dégâts provoqués par les affrontements armés, et d'environ 16 milliards de dollars dans une évaluation pessimiste ». Dans le pire des cas, « sabotages importants et dégâts provoqués par la guerre », le pays risque de se trouver privé de toute production pétrolière.

Aucun membre de l'administration Bush n'est prêt à retenir une hypothèse aussi pessimiste. Cheney déclare en avril, le jour même où Bagdad tombe, que

1. Jeff Gerth, « Report Offered Bleak Outlook About Iraq Oil », *New York Times*, 5 octobre 2003.

la production pétrolière pourrait dépasser les 3 millions de barils/jour avant la fin de l'année, et les revenus dépasser les 20 milliards de dollars annuels. Six mois plus tôt, Paul Wolfowitz, témoignant devant la Chambre des représentants, estimait que « les revenus pétroliers [de l'Irak] pourraient se chiffrer entre 50 et 100 milliards de dollars au cours des deux ou trois prochaines années[1] ».

Cet optimisme forcené découle pour une large part de l'inquiétude éprouvée face à l'évolution de l'Arabie Saoudite.

Des ressources bien inférieures aux chiffres officiels

Pendant près de quarante ans, quatre des plus grands groupes pétroliers mondiaux, Exxon, Texaco, Mobil et Chevron, regroupés au sein de l'Aramco, ont exploité en toute liberté les gisements saoudiens qu'ils connaissent beaucoup mieux que les dirigeants du pays. Ils n'ignorent rien de l'état réel des ressources. Leur proximité, sur l'autre versant, avec les gouvernements américains successifs ne les a pas empêchés, dans les années 1950, d'être poursuivis pour avoir surfacturé le pétrole vendu à la marine américaine.

En 1976, les Saoudiens ont nationalisé l'Aramco. Cependant le consortium continue de jouer son rôle d'opérateur, assurant l'extraction et la commercialisation de 80 % du pétrole saoudien, en échange de 21 cents par baril.

L'accord fut définitivement conclu, au printemps 1976, dans une suite de l'hôtel Al-Yamama de Riyad,

1. Jeff Gerth, art. cit.

mais étrangement les Saoudiens attendirent quatorze années, jusqu'en 1990, pour ratifier ce contrat d'une importance capitale pour eux. Cela montre à quel point l'Aramco reste un acteur incontournable ; un acteur également détenteur de secrets embarrassants que la famille royale s'efforce par tous les moyens de dissimuler.

Les révélations publiées en 1974 et 1979 par les journalistes Jack Anderson et Seymour Hersh ont été soigneusement étouffées. Cependant la réalité demeure préoccupante et les dirigeants de l'Aramco, constamment au chevet des gisements saoudiens, ont dû en informer George W. Bush et Dick Cheney : les ressources pétrolières du pays sont bien inférieures aux chiffres officiels publiés et les principaux puits révèlent des signes inquiétants de ralentissement. L'Irak peut, dès lors, apparaître comme une alternative, un « bon risque » qui mérite le déclenchement d'une intervention militaire.

Au sein de l'administration Bush, deux discours coexistent. L'un, officiel : « Nous pouvons contrôler le problème posé par les approvisionnements pétroliers en redessinant la carte du Moyen-Orient. » L'autre, officieux : « Mon Dieu, nous importons trop de pétrole saoudien. »

Pour Bush et son équipe, le 11 Septembre a conduit à tirer la leçon, non pas en utilisant moins d'énergie, mais au contraire en garantissant des approvisionnements moins instables.

L'occupation de l'Irak est dès lors la clé de voûte de cette nouvelle stratégie. Une des premières mesures prises sera la mise à l'écart de toutes les compagnies étrangères, russes, françaises, chinoises, qui disposaient de contrats d'exploitation. L'objectif américain : verrouiller et contrôler la production de l'OPEP, grâce à une supériorité militaire qui garantit la sécurité des approvisionnements des États-Unis durant les prochaines décennies. Contrôler le Golfe permet aussi à Washington d'exercer des pressions sur l'Europe et la Chine.

Les informations filtrent peu à peu. J'apprends, au moment de boucler mon enquête, par un haut fonctionnaire qui vient de quitter la vice-présidence, que l'objectif de Cheney, bien avant le 11 Septembre, était de forer le maximum de puits en Irak pour porter la production à 7 millions de barils/jour. Une telle initiative ferait chuter les cours et obligerait les pays producteurs endettés, avec un baril à 14 dollars, à ouvrir leur pays à de nouvelles prospections des compagnies américaines. Un scénario différé en raison de la situation sur le terrain, mais qui n'a qu'un seul but : ne rien modifier aux habitudes de consommation des Américains. L'objectif fixé dans le rapport « officiel » et édulcoré de la Commission Cheney n'est-il pas de « faire de la sécurité énergétique une priorité de notre commerce et de notre politique étrangère [1] » ?

1. National Energy Policy Development Group, *National Energy Policy*, Maison-Blanche, Washington, mai 2001.

10

Le déclin pétrolier de l'Arabie Saoudite

En apparence, les relations entre l'Amérique et l'Arabie Saoudite sont au beau fixe. Mieux, elles sont empreintes d'une chaleureuse complicité depuis le retour au pouvoir, en 2000, d'un membre de la famille Bush. Les liens sont si étroits que le pétrole saoudien devient une arme destinée à favoriser la réélection de George W. Bush en 2004. Le journaliste du *Washington Post* Bob Woodward révèle en effet que le prince Bandar avait donné l'assurance au Président que, « à la fin de l'été 2004 et à l'approche de l'élection présidentielle, le royaume pourrait augmenter sa production de plusieurs millions de barils par jour, afin de faire baisser les prix de manière significative[1] ». Interrogé, Bandar n'a pas nié une intervention saoudienne, affirmant que l'objectif de son pays était la stabilisation

1. CBS, *« Sixty Minutes »*, 18 avril 2004.

des prix mondiaux du pétrole, de façon à ne pas entraver la croissance de l'économie. Il ajouta que les Saoudiens souhaitaient voir le prix du baril, qui tournait alors autour de 33 dollars, baisser dans une fourchette allant de 22 à 28 dollars.

Une telle initiative coïncidait en réalité avec les préoccupations électoralistes du Président sortant. Son adversaire démocrate, John Kerry, multipliait les critiques sur l'impuissance de Bush et son équipe à contrôler les prix élevés du pétrole.

Cette intervention cynique sur les marchés et cette manipulation des cours pour faire réélire son candidat préféré donnaient à croire que l'Arabie Saoudite était un acteur incontournable sur la scène politique et économique américaine. C'était en partie vrai. Les Saoudiens disposaient, croyait-on, de ressources permettant d'orienter les cours à la baisse ou de stabiliser les prix. Une étude, publiée en 2000 par le Fonds monétaire international, indiquait qu'une hausse de 5 dollars du prix du baril provoquerait une baisse du PIB américain de 0,3 % par an. Gardien vigilant de la prospérité occidentale, Riyad permettait aussi aux États-Unis de combler leur déficit budgétaire, grâce à ses achats massifs de bons du Trésor américain.

« Un mariage arrangé »

La relation entre la première puissance mondiale et le premier producteur de la planète ressemble cependant, selon un spécialiste, « davantage à un mariage arrangé qu'à une union romantique », et le pétrole en est le ciment.

En trois décennies, une dynastie de Bédouins

nomades s'est retrouvée à la tête de revenus pétroliers colossaux. Ils ont déposé des montants considérables à la banque Pictel de Genève, mais l'essentiel de leurs dépôts s'effectue dans des banques américaines. Selon Raymond Seiz, vice-président de Lehman Brothers à Londres et ancien ambassadeur des États-Unis en Grande-Bretagne, les trois quarts de l'argent saoudien se trouvent investis aux États-Unis, le reste se répartissant entre l'Europe et l'Asie. Il évalue les montants investis dans l'économie américaine entre 500 et 700 milliards de dollars. Brad Bourland, chef économiste de la Saudi American Bank, en partie contrôlée par la City Bank, corrige à la hausse ce chiffre déjà vertigineux : entre 700 milliards et 1 trillion (3 000 milliards) de dollars. Des clients qualifiés par l'ancien président de Morgan Stanley, Richard Debs, de « très loyaux [1] ».

En coulisse cependant, Washington manifeste une nervosité croissante. La CIA continue d'être quasiment en sommeil à l'intérieur du royaume, mais depuis près de dix ans, les satellites espions et les centres d'écoute de la NSA (National Security Agency) interceptent les conversations entre les membres de la famille royale. Elles révèlent les divergences entre les hommes mais aussi l'ampleur de la corruption et la peur de ces dirigeants qui transfèrent des centaines de millions de dollars à des organisations fondamentalistes dont ils redoutent que certaines ne travaillent à leur renversement. Dès 1996, ces interceptions ont appris aux Amé-

1. Robert Kaiser, « Enormous Wealth Spilled into American Coffers », *Washington Post*, 11 février 2002. « Report by the General Comptroller of the United States, "Are OPEC Financial Holdings a Danger to US Banks or the Economy ?" », *Washington Post*, juin 1979.

ricains que l'argent saoudien, à hauteur de plus de 500 millions de dollars, soutenait Ben Laden et de nombreux autres groupuscules dans le Golfe, au Moyen-Orient et en Asie du Sud-Est. Cette myriade d'organisations allaient peu après se fédérer dans la nébuleuse Al-Qaida[1].

Les revenus pétroliers payés aux Saoudiens servent à financer le terrorisme, et l'administration Bush s'efforce de dissimuler à tout prix cette réalité embarrassante.

« Ma femme est une star dans son travail »

Le pétrole saoudien est également au cœur d'une affaire d'État où s'entremêlent règlements de comptes politiques et affrontements entre la Maison-Blanche et les services secrets. Un épisode combien étrange, dont les principaux protagonistes sont l'ambassadeur Joseph Wilson et son épouse. Wilson est un diplomate fin et cultivé qui, en tant que chargé d'affaires à Bagdad, fut le dernier responsable américain à rencontrer Saddam Hussein en 1990, avant le déclenchement de la guerre. Malgré ses sympathies démocrates, Wilson a versé 1 000 dollars en 2000 pour la campagne de George W. Bush. Son nom est soufflé par la Maison-Blanche pour aller enquêter au Niger sur d'éventuels achats d'uranium par l'Irak. Son rapport transmis à Dick Cheney mécontente vivement le vice-Président. Il démontre que ces ventes d'uranium ne sont qu'une invention. Pourtant, le président américain reprend cet argument dans un discours consacré aux menaces que

1. Seymour M. Hersh, *The New Yorker*, 22 octobre 2001.

font peser les armes de destruction massive irakiennes. Le 6 juillet 2003, le *New York Times* publie une tribune de Wilson réfutant catégoriquement cette argumentation. Il vient d'allumer la mèche.

Dans le film *Le Monde selon Bush* [1], adapté de *La Guerre des Bush* et du *Monde secret de Bush*, Joseph Wilson s'explique longuement sur l'ensemble de l'affaire et met très clairement en cause l'exécutif américain et notamment le vice-président Cheney. On sait aujourd'hui, avec l'inculpation de son directeur de cabinet, Lewis Libby, que la piste Cheney est la bonne et qu'elle mène probablement jusqu'au puissant conseiller de Bush, Karl Rove.

Le 14 juillet 2003, l'éditorialiste Robert Novak, proche des néo-conservateurs, a publié un article fondé sur des entretiens avec « deux officiels de haut niveau », qui affirment que Wilson a été choisi pour cette mission au Niger par la CIA en raison de sa proximité avec l'agence de renseignements, sa femme travaillant sous couverture pour l'Agence. Son nom, Valerie Plame, est révélé, au mépris de toutes les règles de sécurité. L'affaire prend peu à peu une tournure fascinante.

Les rares photos dont j'ai pu prendre connaissance montrent une femme blonde à la quarantaine élégante, dotée d'un physique avantageux à la Sharon Stone.

En révélant son nom, l'administration Bush met en danger sa sécurité et détruit totalement sa couverture. Or Valerie Plame, comme je vais le découvrir, est un des agents les plus importants de la CIA. Un membre de l'Agence, que je connais depuis de longues années,

1. Diffusé en 2004 sur France 2.

très exactement depuis la fin de la première guerre en Irak, me confie, sous couvert d'anonymat : « Valerie Plame appartient à un petit groupe d'élite d'agents de la CIA, rattachés à la Direction des opérations, qui opèrent sous couverture non officielle et ne peuvent compter sur aucune protection de l'Agence ou du gouvernement américain s'ils sont démasqués. » Plus de deux cents grandes sociétés privées américaines et étrangères servent de couverture à des agents de la CIA qui occupent souvent des postes de direction.

Plame aurait déjà échappé une fois à la mort. Aldrich Ames, un responsable de la CIA qui travaillait pour Moscou depuis plusieurs années, aurait communiqué son nom et son identité au KGB, alors qu'elle était en poste à l'étranger. Elle reçut l'ordre de rentrer immédiatement à Washington.

Selon mon interlocuteur, Plame revêtait une grande valeur pour l'Agence, en raison de ses compétences mais aussi de l'importance des sommes investies pour sa formation et l'élaboration d'une couverture solide.

En progressant dans mes recherches, je découvre que Valerie Plame travaillait pour un cabinet de conseil, Brewster Jennings and Associates. Sur la déclaration fiscale W-2, renvoyée aux impôts, la firme indique que Plame est employée depuis 1999. En creusant, je m'aperçois que cette firme a été créée en 1994, curieusement l'année où Plame est revenue à Washington. Le nom m'intrigue. Cette société de conseil est spécialisée dans le secteur de l'énergie. Sur le répertoire téléphonique de Boston, daté de 2001, elle apparaît sous la double appellation Brewster Jennings and Associates et Jennings Brewster Associates. J'appelle : le numéro de téléphone mentionné n'est plus en service. Je cherche à savoir qui sont Brewster et Jennings. Personne n'est en mesure de me répondre. Un de mes interlocuteurs finit par me fournir une piste intéressante : « Brewster Jennings est le nom de l'ancien président du groupe pétrolier Socony-Vacuum Oil Company, devenu Mobil. La firme a depuis fusionné avec Exxon. »

Les indices se précisent. La firme Brewster Jennings a probablement été créée par la CIA uniquement pour servir de couverture aux activités de Plame. Joseph Wilson a confié au cours d'une interview télévisée : « Ma femme est une star dans son travail. » Or son travail, selon tous les indices réunis, est la recherche de renseignements dans le secteur pétrolier saoudien. À plusieurs reprises, elle a séjourné dans le royaume où elle effectuait des expertises pour le compte de l'Aramco.

L'administration Bush, si proche du pouvoir saoudien, ne souhaitait pas que la CIA soit en possession d'informations sur la situation pétrolière du pays. « Depuis 2000, m'explique un observateur de la vie washingtonienne, l'Arabie Saoudite est devenue la chasse gardée de la Maison-Blanche. Celui qui s'aventure sur ce territoire doit s'attendre à le payer cher. » Ce fut probablement le cas pour Valerie Plame. Autre étrange coïncidence. J'apprends que Plame était en contact avec l'inamovible ambassadeur saoudien à Washington, Bandar Bin Sultan. Or, à la suite de la divulgation de l'identité de l'agent secret, Bandar « l'intouchable » a quitté brusquement ses fonctions pour être remplacé par le détenteur de tous les secrets du royaume, le prince Turki Al-Fayçal, ancien chef des services de renseignements.

Des chiffres faux

Le quartier général de l'Aramco, à Dhahran, est un immeuble de verre construit à proximité du désert. Les visiteurs ont droit à la projection d'un film, sur écran géant, dont le commentaire affirme : « Nous fournissons ce que le monde demande chaque jour. » Une déclaration désormais obsolète. En écho, un responsable de l'Aramco prédit, en exigeant l'anonymat : « Le monde a pu jusqu'ici compter sur l'Arabie Saoudite, mais je ne vois pas combien de temps encore une telle situation pourra durer. »

Les experts de l'Aramco ont estimé à 10,15 millions de barils/jour la capacité de production du pays en 2011. Or, selon le ministère américain de l'Énergie, le royaume, pour répondre aux besoins mondiaux, devra extraire 13,6 millions de barils/jour en 2010 et 19,5 millions de barils en 2020[1].

Seul problème : l'ensemble de ces projections est dépourvu de toute fiabilité. La production saoudienne à cette époque sera nettement inférieure, tandis que la demande mondiale, elle, aura explosé et dépassé les estimations prévues.

J'ai fait un constat effarant en progressant dans mon enquête : les chiffres concernant l'ampleur réelle des ressources pétrolières mondiales sont faux, qu'ils émanent des pays producteurs ou des compagnies pétrolières. Une véritable conspiration du silence et du mensonge. Les producteurs exagèrent le niveau de leurs réserves, accroissant ainsi leur influence et leur

1. « Forecast of Rising Oil Demand Challenges Tired Saudi Fields », *New York Times*, 24 février 2004.

poids financiers ; les compagnies pétrolières, en faisant de même, envoient un message rassurant à leurs investisseurs quant à leur profitabilité. Les gouvernements des États consommateurs, en fermant les yeux, évitent l'impopularité. De plus, le prix du pétrole payé par les consommateurs constitue un véritable transfert de richesse pour les États, à travers les taxes. En France, le montant des taxes sur le pétrole, si on ajoute la TVA, dépasse 75 %.

Parler de pétrole et vouloir prendre des mesures courageuses et nécessaires est un exercice extrêmement risqué pour tout homme politique. Jimmy Carter déclara à l'opinion publique américaine que réduire la dépendance envers le pétrole étranger était « l'équivalent moral d'une guerre ». Messager porteur de mauvaises nouvelles, il ne fut pas réélu.

En examinant attentivement les chiffres publiés officiellement sur les réserves prouvées, je fais une première découverte : les réserves totales des pays de l'OPEP ont connu une croissance vertigineuse de plus de 65 %, passant de 467,3 milliards de barils en 1982 à 771,9 milliards de barils en 1991. Sans qu'aucune découverte d'importance ne justifie cette hausse de plus de 300 milliards de barils. Cette augmentation coïncide avec un nouveau système de quotas mis en application en 1986 par l'OPEP. Grâce à ce nouveau système d'évaluation, les réserves prouvées de l'Arabie Saoudite passent de 169 à 260 milliards de barils, tandis que celles du Koweït augmentent de près de 50 %. Pour l'Émirat d'Abu Dhabi, les 30 milliards de barils déclarés en 1985 se transforment en 92 milliards en 1988 ; quant à l'Irak, les 49 milliards de barils de 1985 deviennent 100 milliards en 1988.

Par un simple jeu d'écriture, un artifice comptable sans rapport avec la réalité, les pays de l'OPEP trouvent ainsi le moyen d'augmenter leurs revenus en exportant plus.

Nicolas Sarkis m'a fourni de nouvelles données qui concernent cette fois l'Iran. Téhéran a publié en 2003 une réévaluation de 35,7 % de ses réserves, les portant de 96,4 milliards de barils à la fin 1999 à 130 milliards à la fin de 2002. Pour les autorités iraniennes, cette réévaluation phénoménale serait justifiée par l'amélioration du taux de récupération de pétrole. Un argument qui suscite une profonde incrédulité chez tous les experts [1]. Ces exagérations sont d'autant plus faciles que les réserves « prouvées » sont inventoriées par les États producteurs et les compagnies pétrolières, et que ces chiffres sont publiés chaque année par les deux annuaires de référence du monde pétrolier, *BP Statistical Review* et *Oil and Gas Journal*, qui ne s'interrogent jamais sur la fiabilité et la réalité de ces informations.

46 % des ressources sont fausses

Selon Colin Campbell, 46 % des ressources actuelles déclarées par les principaux pays de l'OPEP sont « douteuses » sinon « fausses ». Et face à cette réalité les gouvernements sont, selon lui, pathétiquement mal informés et mal préparés [2].

Pendant longtemps, cet ancien géologue britannique

1. Nicolas Sarkis, éditorial, *Pétrole et gaz arabes*, 1er juillet 2004.

2. « L'impasse énergétique », 28 novembre 2003, www.transfert. net.d51.

fut une voix soigneusement marginalisée et même étouffée par les grandes compagnies pétrolières. Parce que dangereux et compétent, ou plutôt dangereux parce que compétent.

Ses analyses, solidement étayées, sur l'imminence d'un déclin pétrolier ont fait voler en éclats les discours et les vérités officiels. Il a créé l'ASPO[1], l'Association pour l'étude du pic pétrolier, qui regroupe d'anciens géologues et responsables de la prospection au sein des groupes pétroliers. Campbell a travaillé comme géologue pour Texaco, BP et Aramco, avant de devenir président de Nordic American Oil Company, puis consultant pour Statoil, Mobil, Amerada, Shell, Exxon. C'est donc un homme du sérail devenu un dissident. À ses côtés, le Français Jean Laherrère, qui travailla pendant trente-sept ans pour Total et fut longtemps le responsable des techniques d'exploration du groupe.

Pour ces hommes, la falsification des données officielles sur les réserves de pétrole encore disponibles est générale et systématique. Campbell affirme : « Si les chiffres réels étaient connus, ce serait la panique sur les marchés financiers. » Laherrère ajoute : « Aujourd'hui, il est impossible pour un pétro-géologue de parler ouvertement du pic pétrolier s'il n'est pas à la retraite[2]. » Pour traiter rigoureusement la question des réserves, selon les deux hommes, il faudrait abandonner la notion de « réserves prouvées », « probables » ou « estimées » actuellement en vigueur, au profit de « réserves récupérables à terme », c'est-à-dire la quantité totale de pétrole qui pourrait être extraite d'un

1. Association for the Study of Peak Oil. www.peakoil.net
2. « L'impasse énergétique », art. cit.

gisement. Sur certains puits forés, 40 % du pétrole existant ne sont pas pompés, en raison souvent de difficultés techniques.

Commentant les manipulations des montants exacts de leurs réserves par les pays producteurs, Laherrère estime : « Les chiffres officiels des réserves pétrolières sont loin d'être des données purement scientifiques. C'est le reflet d'un patrimoine financier que les États valorisent ou déprécient selon leur intérêt du moment [1]. »

« Un avenir peu radieux »

Une autre personnalité conforte les analyses de Campbell et de l'organisation ASPO : le banquier texan Matthew Simmons. Il a créé et dirige à Houston la première banque d'investissement mondiale spécialisée dans le secteur de l'énergie, qui gère des actifs de 52 milliards de dollars. Il fut le conseiller de George W. Bush avant de prendre ses distances avec la politique de l'administration actuelle. Que dit Simmons ? « Si on considère que l'énergie non renouvelable est la ressource la plus critique, alors, effectivement, c'est bien un problème majeur. Sans énergie... plus d'alimentation en eau efficace, plus d'agriculture durable, plus de système de santé viable... Ce que le "pic pétrolier" signifie réellement, en termes d'énergie, c'est qu'une fois atteint, il en sera fini de l'augmentation de l'approvisionnement. Pourquoi ce problème suscite-t-il de telles controverses ? Eh bien, je pense tout d'abord que le mot "pic" suggère malheureusement un avenir

1. « L'impasse énergétique », art. cit.

peu radieux. Il suggère aussi des prix de l'énergie élevés dans le futur et rien de tout cela n'est très agréable à considérer. Je crois qu'il est dans la nature humaine de préférer les pensées agréables. Ceux qui crient au loup sont ignorés, à moins que le loup ne soit déjà à la porte ; alors il est en général trop tard. Les crises sont par définition des problèmes qui ont été ignorés. Et toutes les grandes crises ont été ignorées jusqu'à ce qu'il soit déjà trop tard pour y remédier [1]. »

Signe que les temps et les comportements changent, Simmons tient ces propos en duplex de Houston devant la 2e conférence sur le pic pétrolier, organisée par Colin Campbell et l'ASPO. Plus de cent experts assistent à ces rencontres qui se déroulent le 27 mai 2003 dans les locaux de l'Institut français du pétrole. La manifestation est financée en partie par Total et Schlumberger, les deux géants pétroliers.

Le président de l'IFP, Olivier Appert, déclare dans son exposé que la production pétrolière mondiale diminue de 5 à 10 % par an et que 60 millions de barils/jour de capacité supplémentaire seront nécessaires pour répondre à la demande croissante. L'époque confortable pour le monde pétrolier, où il était possible de diaboliser et marginaliser ceux qui tenaient des propos hérétiques, semble révolue. Campbell, retiré dans un petit village d'Irlande, peut commencer à savourer sa victoire. Les dirigeants de grandes compagnies pétrolières viennent désormais, discrètement, lui rendre visite. Un voyage à Canossa pour recueillir ses conseils, alors qu'il y a peu, il confiait à un journaliste venu le voir :

1. Conférence internationale de l'ASPO, Institut français du pétrole, Rueil-Malmaison, 27 mai 2003.

« Quand vous rencontrerez les gens de Shell et BP, je vous conseille de ne pas dire que nous nous sommes vus, apparemment ils me considèrent comme un terroriste. »

Il est vrai que la carte pétrolière mondiale se réduit désormais comme peau de chagrin. Les États-Unis, l'Indonésie et le Gabon sont entrés dans une phase de déclin rapide. En 1970, avec un pic pétrolier prévu par le géologue King Hubbert, les États-Unis produisaient 9,6 millions de barils/jour, l'équivalent de l'Arabie Saoudite. Aujourd'hui, les chiffres sont inférieurs à 3 millions. Le Texas est le premier atteint. Cette baisse touche aussi le Mexique, la Norvège, l'Alaska, la Russie et la mer du Nord. L'important gisement des Forties, exploité dans la zone britannique de la mer du Nord, produisait 500 000 barils/jour il y a vingt ans contre 50 000 aujourd'hui. Le déclin pétrolier norvégien s'accentue désormais au rythme annuel de 5,5 %, dans un pays qui a pourtant « sanctuarisé » ses réserves en maintenant l'extraction et la production à des niveaux bas.

Le gisement géant de Prudhoe Bay en Alaska découvert en 1968, supposé abriter 20 milliards de barils, a fourni quotidiennement 1,5 million de barils jusqu'à la fin de l'année 1989, moment où la production a brusquement chuté pour passer à 350 000 barils/jour. La zone pétrolifère russe de Samotlor, exploitée à la même époque, a connu un destin et un déclin semblables, plongeant de 3,5 millions de barils/jour à 320 000 barils depuis 1983, soit dix fois moins.

BP a revendu le champ des Forties, à la suite de forages malheureux en Alaska sur le site prometteur de Mukluk. Au lieu du pétrole espéré, la compagnie britannique n'a découvert que de l'eau aussi salée que le coût des recherches : près de 2 milliards de dollars. Cette déconvenue illustre les difficultés croissantes des compagnies pétrolières à trouver de nouveaux gisements.

L'historien Daniel Yergin, professeur à Harvard, commet une erreur absolue en prédisant un avenir radieux avec le pétrole, utilisant un argument historique qui manque pour le moins de rigueur : « Vous savez, dit-il, on croit manquer de pétrole depuis 1880, quand l'un des fondateurs de la Standard Oil a revendu ses parts en déclarant que l'on ne trouverait jamais de pétrole en dehors de la Pennsylvanie [1]. »

Une planète « fouillée de fond en comble »

Plus de cent vingt années se sont écoulées depuis et le monde dispose désormais d'une vision plus précise de l'état exact de ses ressources. Les découvertes ont atteint leur pic mondial en 1964 et connaissent depuis une courbe de plus en plus décroissante. Selon Jean Laherrère, plus de 50 000 champs conventionnels ont été découverts à travers le monde [2]. Colin Campbell est très net : « Toutes les grandes découvertes ont été réalisées dans les années 1960. La planète a été fouillée de fond en comble. Les connaissances géologiques sont telles qu'il est quasiment exclu de pouvoir découvrir de nouveaux gisements importants. »

Le « pic » des découvertes pétrolières se situe en

1. Daniel Yergin, *Politique internationale*, n° 98, hiver 2002-2003.

2. Jean Laherrère, *op. cit.*

1965 avec 66 milliards de barils découverts, contre 4 milliards de barils aujourd'hui.

En 2000, treize gisements contenant plus de 500 millions de barils/jour (soit l'équivalent aujourd'hui d'une semaine de consommation mondiale) ont été découverts, contre six en 2001, deux en 2002 et, pour la première fois, aucun depuis 2003, en dépit de l'augmentation du rythme des recherches et de la remarquable sophistication des technologies utilisées pour la prospective et les forages[1].

À la fin des années 1990, le pétrole situé dans la zone de la mer Caspienne paraissait constituer une véritable alternative au pétrole du Golfe. L'Azerbaïdjan, le Kazakhstan allaient émerger comme de nouveaux Koweït. Je raconte dans un chapitre suivant mon enquête dans cette région. Mais déjà la désillusion est à la mesure des espoirs. En 2001, sur les vingt-cinq puits forés dans la zone off shore et on shore (en mer et sur terre), vingt se sont révélés négatifs. En 2002, BP et Statoil se sont retirées des gisements du Kazakhstan, suivies un an plus tard par d'autres compagnies. Seul le puits de Tengiz, exploité par Chevron, semble répondre aux attentes.

Les forages en eau profonde représentent pour les compagnies pétrolières de lourds investissements. En moyenne, 50 millions de dollars. Le coût d'une plateforme de forage se monte à 250 000 dollars par jour et à 450 000 dollars s'il s'agit du nouveau modèle Maersk Explorer, qui permet de forer jusqu'à une profondeur de 1 500 mètres d'eau et 7 500 mètres de profondeur de puits. Les recherches sur un seul site

1. « Break out the Bicycles », *The Guardian*, 8 juin 2004.

peuvent durer jusqu'à six mois. Plus inquiétant encore, le pétrole obtenu en eau profonde ne représenterait au mieux, selon les études et les projections, qu'environ 6 milliards de barils, soit 5 % de la production mondiale et moins de trois mois de consommation.

L'état pétrolier du monde donne le vertige : notre planète consomme actuellement 1 milliard de barils tous les douze jours et donc plus de 30 milliards de barils par an, l'équivalent d'un gisement géant. S'il existe une véritable folie des hommes, elle tient à leur aveuglement. Une conversion en litres frappe davantage encore l'imagination. Un baril de pétrole équivaut à 159 litres et nous consommons chaque jour 84 millions de barils, soit 12 milliards 790 millions de litres.

Dans une étude prémonitoire, il y a plus de vingt ans, Denis Hayes, directeur du Solar Energy Research Institute du Colorado, écrivait : « L'explication probable de l'incapacité des nations industrielles à prévoir la crise pétrolière qui va se déclencher est sans doute la durée extraordinairement courte de l'ère du pétrole.

« Les enfants du pétrole ont tendance à oublier combien cette période a été brève. Il y a moins de cinquante ans, les trois quarts de l'énergie du monde provenaient encore du charbon et 16 % seulement du pétrole. En 1950, le charbon en fournissait encore 60 %. C'est dans les deux décennies qui ont suivi que le pétrole a pris son élan pour dépasser le charbon dans les années 1960 (en 1967 exactement). Aujourd'hui il représente, à lui seul, les deux tiers de tout le budget énergétique mondial [1]. »

1. Denis Hayes, *Rays of Hope*, Norton, New York, 1977.

Si...

Allons-nous manquer très prochainement de pétrole ? Je le pense, mais de nombreux défenseurs de la « positive attitude » et d'une ligne optimiste se plaisent à souligner l'absurdité d'une telle hypothèse. Nous vivons dans un monde tellement dominé par l'énergie qu'ils ne peuvent envisager ni son déclin ni sa fin. Pour eux, le pétrole restera bon marché et nous trouverons de nouvelles zones prometteuses. Autre variante de ce discours qui relève de la méthode Coué : nous aurions autant de pétrole que nous le souhaitons si les pays de l'OPEP ne limitaient pas leur niveau de production ; si les compagnies étaient autorisées à forer dans des zones protégées comme l'Alaska ; si les rebelles irakiens ne faisaient pas sauter les pipelines. Le florilège est quasi inépuisable.

Sur le plan pétrolier, nous sommes désormais face à un monde fini. Il n'est plus désormais une partie du monde où l'on puisse espérer effectuer des découvertes majeures. Prenons le cas de l'Afrique, décrite par certains comme un nouvel eldorado, mais qui possède l'écosystème le plus fragile de la planète. Ce continent représente 4,5 % des réserves mondiales de pétrole. Je parle ici de réserves « prouvées », c'est-à-dire qui ont déjà été découvertes mais pas encore extraites. Le US Geological Survey, un organisme aux positions optimistes mais à la rigueur incontestée, estime à 50 % la probabilité de découvrir 70 milliards de barils supplémentaires. Il s'agit là de réserves « non découvertes » dont l'existence n'a même pas été confirmée par des forages. Même si – hypothèse irréaliste – ces 70 milliards de barils étaient découverts et intégralement exploités, ils ne représenteraient qu'un peu plus de deux ans de consommation mondiale.

Selon les études effectuées par Colin Campbell et corroborées par d'autres experts, notre monde, jusqu'à maintenant, a consommé environ 944 milliards de barils et détiendrait encore dans ses sous-sols 1,5 trillion de barils. Pour Campbell, c'est un chiffre trompeur qui doit être réduit d'au moins 30 %, les pays producteurs ayant gonflé artificiellement, comme nous l'avons vu, leurs montants. De même, selon le géologue britannique, une bonne partie des « ressources non découvertes » ne méritent même pas le nom de « ressources », dans la mesure où elles ne seront jamais techniquement et économiquement récupérables.

En prenant en compte ces restrictions, le chiffre le plus vraisemblable quant au montant restant de « réserves prouvées » tournerait autour de 900 milliards de barils[1]. Mais nous évoluons désormais dans un monde différent. La consommation a explosé et la plus grande partie des 944 milliards de barils consommés provenait de gisements géants, d'accès facile. Désormais, le pétrole à venir sera, selon la formule des géologues, « plus rude et plus profond », non seulement à trouver et à extraire, mais également à raffiner. L'exploration devient malaisée et les gisements restant à découvrir de plus en plus difficiles à atteindre. Une réalité que le responsable d'une société française d'exploration travaillant à Bakou m'a résumée d'une formule ironique : « L'exploration pétrolière, c'est comme la chasse. Le chasseur peut développer ses armes et les

1. John Vidal, « The End of Oil Is Closer than You Think », *The Guardian*, 21 avril 2005.

rendre plus sophistiquées ; ça ne change rien si le gibier se fait de plus en plus rare. »

À ce rythme, selon Campbell, le pic mondial de production sera atteint cette année. L'énergie totale utilisée pour localiser, pomper, raffiner et transporter le pétrole de certains gisements pourrait même dans certains cas se révéler équivalente aux quantités extraites. À ce niveau de ratio, il serait plus économique de laisser ce pétrole dormir dans le sous-sol.

La production décline

Visage bourru, contact direct, propos sans fard, Pickens reste à soixante-dix-sept ans une figure de légende. En 1956, il créa avec 2 500 dollars Mesa Petroleum, devenu aujourd'hui un des principaux groupes pétroliers et gaziers indépendants dans le monde, puis un fonds d'investissement, BP Capital, installé à Dallas. J'ai rencontré à plusieurs reprises ce natif de l'Oklahoma qui aime croiser le fer avec les grandes compagnies – il lança une OPA spectaculaire contre le géant Gulf –, et qui porte un regard lucide et dépourvu de concessions sur notre monde et l'avenir du pétrole.

En mai 2005, prenant la parole à Palm Springs, il déclare, prémonitoire : « Ne laissez pas le NYMEX [New York Mercantile Exchange, le marché à terme du pétrole] vous affoler. De nombreux experts prédisent que le prix du baril tombera à 35 dollars à la fin de l'année 2005. Je pense, moi, qu'il atteindra les 60 dollars [exactement le niveau actuel]. (Puis il ajoute :) Laissez-moi évoquer quelques faits. La production globale aujourd'hui est de 84 millions de barils par jour et je ne pense pas que nous puissions aller beaucoup au-delà. Je n'attache aucune importance à ce que disent le prince héritier saoudien Abdallah [devenu roi depuis], Vladimir Poutine ou tout autre dirigeant concernant les réserves ou la production pétrolières. Je pense qu'elle décline dans les plus grands champs à travers le monde. Quand vous commencez à ajouter les réserves [prouvées] existant dans ces pays, vous n'avez même pas de quoi remplacer ce que vous avez extrait. Laissez-moi évoquer rapidement une autre situation. 84 millions de barils, 365 jours par an représentent annuellement 30 milliards de barils qui sont épuisés. L'ensemble de l'industrie pétrolière mondiale n'est même pas en mesure d'atteindre un niveau de remplacement proche de ces 30 milliards.

« Maintenant, voyons les projections pour le dernier quart de l'année 2005 : 86 à 87 millions de barils/jour seront nécessaires. Notre économie ralentit un petit peu mais la croissance de la Chine et de l'Inde reste extraordinairement rapide. Les *majors* parlent de l'abondance du pétrole et affirment qu'elles peuvent produire davantage, mais si vous examinez des groupes comme Exxon, Mobil, Chevron, Texaco ou BP, vous constatez que toute leur production décline. Ils ne peuvent pas remplacer ce qu'ils extraient et donc encore moins augmenter leur production [1]. »

Depuis 1998, les grands groupes s'efforcent de masquer leurs faiblesses en fusionnant pour augmenter leur taille. En août 1998, BP a déclenché ces grandes manœuvres en rachetant Amoco, une des principales

1. Intervention de T. Boone Pickens, 11th National Clean Cities Conference, Palm Springs, 3-4 mai 2005. ASPO, www.peakoil.net

compagnies américaines possédant de larges actifs en gaz naturel et en pétrole sur le territoire américain. De 1998 à 2005, BP a réalisé des fusions-acquisitions d'un montant de 125 milliards de dollars, dont 1 milliard fut consacré, en 2000, à l'acquisition d'une participation de 50 % dans le nouveau groupe russe TNK/BP. En novembre 1998, deux autres fusions géantes survinrent : Exxon prit le contrôle de Mobil et Total acheta Petrofina. En octobre 2000, Chevron prit le contrôle de Texaco. Les « sept sœurs », qui avaient si longtemps dominé le paysage pétrolier, étaient réduites à cinq, mais restaient entre elles. Cette stratégie, sur le court terme, n'offre que des avantages. Les fusions provoquent une véritable flambée du cours des actions. Confrontés aux déceptions rencontrées devant l'absence de nouvelles découvertes importantes, ces groupes trouvent là un moyen ingénieux et spéculatif d'accroître leurs profits.

Il s'agit en réalité d'une fuite en avant désespérée pour tenter de masquer la réalité sur le front pétrolier : entre 1996 et 1999, les 145 compagnies d'énergie existant à travers le monde, de toute taille et de tout poids financier, ont dû dépenser la somme gigantesque de 410 milliards de dollars simplement pour maintenir l'ensemble de leur production à niveau, c'est-à-dire à 30 millions de barils/jour. Les « cinq sœurs » ont englouti à elles seules 150 milliards de dollars entre 1999 et 2002 pour accroître modestement leur niveau de production de 16 millions à 16,6 millions de barils/jour. En 2003, malgré un investissement de 40 milliards de dollars, ces compagnies ont perdu chaque jour 67 000 barils [1].

1. Matthew R. Simmons, Conférence internationale de l'ASPO, Institut français du pétrole, Rueil-Malmaison, 27 mai 2003.

Selon la société de consultants énergétiques Wood MacKenzie, réputée pour les renseignements confidentiels qu'elle détient, en 2003 les dix premiers groupes pétroliers ont engagé 8 milliards de dollars simplement en recherches, pour des découvertes dont le montant commercial s'est révélé inférieur à 4 milliards de dollars [1].

Ce résultat survient après une période 2001-2003 marquée par un déclin des réserves trouvées. La précision conférée par la technologie rend ces résultats encore plus préoccupants. En effet, il n'existe plus de « trous secs », ces forages hasardeux et qui se révélaient négatifs. Désormais, des gisements potentiels peuvent être localisés avec une grande précision. John Thompson, le président de l'exploration chez Exxon Mobil, estime de 4 à 6 % le déclin des gisements existants et ajoute qu'en 2015 l'industrie devra trouver, développer et produire un volume nouveau de pétrole et de gaz équivalant à huit de chacun des dix barils produits aujourd'hui [2].

Le coût des recherches devient beaucoup trop élevé face à la minceur des résultats obtenus [3]. Robert Plumer, un des principaux analystes de Wood MacKenzie, formule une analyse en forme d'oraison funèbre pour les compagnies : « Elles ont besoin de davantage

1. James Boxell, « Top Oil Group Fail to Recoup Exploration Costs », *New York Times*, 10 octobre 2004.
2. John Thompson, *A Revolutionnary Transformation*, Rapport aux actionnaires d'Exxon Mobil, volume 85, 2003.
3. Department of Energy, *Report of National Energy Technology Laboratory*, février 2005.

de découvertes pour maintenir leur croissance [...]. Le problème est que l'exploration n'a pas généré les retours espérés. Ces échecs poussent les pétroliers à réduire leur budget d'exploration pour se recentrer sur des champs déjà connus dans des zones comme le Moyen-Orient ou le Mexique, en espérant pouvoir ainsi garantir les niveaux de production jusqu'en 2008 [1]. »

En 2004, Herold, un autre groupe de recherche spécialisé dans l'énergie à Wall Street, a comparé les réserves déclarées par les grandes compagnies, leurs découvertes annoncées et leurs niveaux de production. Conclusion : toute leur production baissera d'ici quatre ans, c'est-à-dire justement en 2008.

La flambée actuelle des cours et les profits affichés par ces firmes masquent encore la réalité : l'industrie pétrolière est un univers aussi sinistré que l'industrie automobile ou celle de l'acier, qui ont perdu, de 1986 à 1992, 1 million d'emplois.

Il est difficile de ne pas porter un regard désabusé sur la stratégie cynique des hommes placés à la tête de ces groupes pétroliers : gagner du temps, consolider leur position personnelle et financière, satisfaire leurs actionnaires en faisant flamber artificiellement le cours des actions et donc leurs stock-options, maintenir l'illusion de la prospérité. Une véritable danse macabre. Leur objectif n'est plus de trouver du pétrole puisqu'ils savent, mieux que quiconque, qu'il est épuisé.

1. James Boxell, art. cit.

11

La descente aux enfers de Shell

En l'espace de quelques minutes, un matin de janvier 2004, une des compagnies les plus puissantes et les plus respectées du monde des affaires ruina en partie une réputation de près de cent ans ; ce fut pour Shell le début d'une descente aux enfers. La firme annonça aux investisseurs qu'elle réduisait de 20 % le montant de ses « réserves prouvées » de pétrole, soit l'équivalent de près de 4 milliards de barils. Un mois plus tard, le 5 février 2004, la multinationale précisa que son revenu net annuel pour 2003 était abaissé de 12,7 milliards de dollars à 12,5 milliards et reconnut à nouveau avoir surévalué sa production dans deux gisements de la mer du Nord.

Devant l'ampleur des remous et la violence des critiques, le groupe annonce le départ de ses trois principaux dirigeants, le président Philip Watts, le responsable de la production et de l'exploration Walter Van de Vijver et la responsable financière Judy Boynton.

Un rapport interne, le 21 avril, conclut que le président et le directeur de l'exploration avaient sciemment dissimulé les problèmes aux actionnaires et aux contrôleurs. Dans un e-mail adressé au président du groupe, Van de Vijver confiait : « Je deviens malade et fatigué à propos des mensonges concernant l'accroissement de nos réserves et sur la révision à la baisse qui devrait être opérée en raison de nos déclarations beaucoup trop agressives, ou trop optimistes. »

Dès septembre 2002, le même responsable, dans une note « strictement confidentielle », évoque la décision prise par Shell un an plus tôt, en septembre 2001, de réduire ses prévisions de croissance à la production, ce qui provoqua la déception des marchés et la baisse de l'action : « Le fait est que les réserves de remplacement et la croissance de la production étaient gonflées : des prévisions agressives et/ou prématurées concernant les réserves fournissaient l'impression d'un taux de croissance plus élevé, au-delà du possible et du réalisme. »

La vérité est simple : Shell a grossi artificiellement de plus de 4,47 milliards de barils le niveau de ses réserves entre 1997 et 2002, soit le cinquième de leur totalité. La gravité de la situation saute aux yeux : les compagnies pétrolières agissaient comme les pays producteurs de l'OPEP en surévaluant le montant des réserves qu'elles possédaient. Le cas de la Shell révélait aussi que les découvertes pétrolières du groupe, contrairement à ses affirmations, représentaient moins des deux tiers de ce qu'il produisait quotidiennement, à un coût de recherche et d'extraction plus élevé que celui déclaré : 7,9 dollars par baril au lieu de 4,27 dollars.

Des chiffres « hautement discutables »

Pour les investisseurs et la SEC (le gendarme américain de la Bourse), les conclusions étaient claires : Shell avait violé les règles du jeu, triché et menti, et bien entendu cela jetait la suspicion sur les agissements de ses concurrents. Le groupe anglo-néerlandais fut condamné par la SEC à une amende de 120 millions de dollars et fait toujours l'objet d'une enquête de la part du ministère de la Justice américain. Elle dut également verser plus de 9,2 millions d'honoraires à ses avocats. Ses dirigeants reconnurent que la « surévaluation » de 23 % des réserves avait permis à la compagnie de grossir ses profits de 432 millions de dollars[1].

Ce scandale révélait aussi l'usage financier que les compagnies pétrolières faisaient de leurs réserves, prouvées ou supposées. Elles avaient tout intérêt à surévaluer le montant de leurs découvertes pour valoriser leurs actifs ou emprunter massivement auprès des banques. La SEC se rendit compte à cette occasion que ses critères de contrôle étaient trop lâches et laissaient aux compagnies une trop grande marge de manœuvre.

Les pétroliers doivent, en théorie, lors de toute nouvelle découverte, payer des impôts dès la première année sur l'ensemble du gisement. Pour répartir cette

1. Terry Macalister, « Shell Forced to Make Fourth Downgrade », *The Guardian*, 25 mai 2004. Carl Mortished, « How Shell Blew a Hole in a 100 Years Reputation », *The Times*, 10 janvier 2004.

charge fiscale et maintenir leur cours à des niveaux élevés, les compagnies étalent leur déclaration dans le temps, allant même jusqu'à annoncer fictivement la découverte de nouvelles réserves dans des champs anciens déjà exploités.

Pour Colin Campbell, « beaucoup de chiffres concernant les réserves sont hautement discutables », et d'ajouter, commentant les déboires de la Shell : « De fausses réserves menacent la sécurité des approvisionnements pétroliers autant que des bombes placées sous des pipelines. » Il offre enfin une piste de réflexion intéressante en estimant que la production et la consommation pétrolières devraient être régulées par les gouvernements, ajoutant : « Le moyen d'augmenter la sécurité énergétique est de diminuer la demande[1]. » Une suggestion de bon sens, mais qui n'est pas près, hélas, de voir le jour.

L'OPEP a atteint le maximum de ses capacités

Je l'ai compris en assistant, le 15 juin 2005, à la réunion de l'OPEP. Je retrouve l'ambiance des grands jours à Vienne, photographes et journalistes se pressant auprès des délégués pour recueillir quelques mots, des forêts de micros dressés vers des hommes satisfaits de voir les regards de l'Occident se tourner à nouveau vers leurs pays. Car le monde industrialisé est plongé dans l'inquiétude. Les cours du baril commencent à flamber. Je regarde les locaux, les salles de réunion. Aucun changement notable depuis le milieu des

1. *Is the World's Oil Running out Fast?*, BBC Online, 7 juin 2004.

années 1970, quand j'ai découvert le siège de l'OPEP. Un lieu fonctionnel, qui m'a toujours fait penser à un décor de théâtre, dressé pour accueillir toujours la même pièce qui se joue parfois à guichets fermés, mais souvent devant des salles vides.

Après les grandes crises de 1973 et 1979, l'Occident, soulagé de renouer avec la baisse des prix, recommença à ignorer, puis à dédaigner l'OPEP.

Je me rappelle une réunion au milieu des années 1980 où nous étions seulement trois journalistes présents. L'OPEP n'est plus le cartel que nous redoutions mais, ce 15 juin, je sens la fièvre et l'anxiété remonter. Les ministres du Pétrole membres de l'organisation adorent les effets d'annonce inutiles : l'augmentation de leur plafond de production passe immédiatement de 27,5 millions de barils/jour à... 28 millions de barils. Le président en exercice est le Koweïtien Sheikh Ahmed al-Fahd al-Sabah, bien entendu membre de la famille régnante. C'est un homme souriant et fade, au visage chaussé de lunettes, qui cligne des yeux comme un hibou devant les flashs et les caméras, à la fois embarrassé et satisfait. Personne n'ignore ce qu'il s'efforce de cacher : l'organisation a atteint le maximum de ses capacités de production. La question lui est posée, reprise, répétée : « Que fera l'organisation si les prix ne retombent pas ? » Il marque une hésitation avant de confier : « Mon pays, mais aussi les Émirats arabes unis et l'Arabie Saoudite augmenteront à partir du mois prochain leur production pour fournir au marché tout le pétrole nécessaire. »

C'est faux. Encore une fois, tous les regards se tournent vers le représentant saoudien, le ministre Ali al-Nouaïmi, dont le pays est le seul, affirme-t-il, à détenir une capacité excédentaire d'au moins 1,5 million de barils/jour. Le ministre sourit, joue les sphinx et semble amusé par toute cette agitation autour de lui, qui ressemble tant à celle qui accompagnait chaque déplacement de son prédécesseur, Sheikh Yamani. En réalité, ces regards braqués sur son pays tombent au plus mauvais moment pour l'Arabie Saoudite.

« Qu'en est-il des Saoudiens ? »

Je repense à cet article du *London Times*, lu le 23 mai 2004, lors d'un séjour dans la capitale britannique où j'enquête sur les manipulations opérées par Shell : « Comme Shell l'a démontré, nous ne savons pas tellement quelles quantités de pétrole il y a. Si nous ne pouvons plus croire les comptes de Shell, qu'en est-il de ceux des Saoudiens ? Les chiffres avancés par l'OPEP ont longtemps été suspectés de faire l'objet d'une inflation politique. »

Depuis de longues années, le royaume saoudien possède aux États-Unis un puissant appareil de communication politique à travers plusieurs agences de relations publiques et cabinets d'avocats, payés à l'année et dont les dirigeants sont proches de l'administration Bush. Ces firmes vendent et vantent la stabilité du royaume, sa proximité stratégique avec les États-Unis et son attitude positive en tant que premier producteur mondial de pétrole, toujours prêt à faire un geste pour augmenter sa production et aider l'Occident.

Mais tous les efforts déployés par les groupes de pression, ce lobbying intense, se heurtent à un scepticisme croissant. Le royaume du « dernier recours », centre de gravité mondial des approvisionnements pétroliers, semble marquer le pas.

En 2003, les approvisionnements en provenance du Nigeria, de l'Irak et du Venezuela connaissent des baisses et des interruptions, la production de la mer du Nord poursuit son déclin annuel de plus de 5 % tandis que les informations sur l'état des réserves en Iran et au Koweït se révèlent préoccupantes.

Au même moment, Riyad affirme que l'Arabie Saoudite pompe au maximum pour stabiliser la situation. Le résultat est un échec : l'augmentation promise n'aura jamais lieu et les experts du monde entier comprennent à ce moment-là que l'Arabie Saoudite ne peut plus augmenter sa capacité de production, et qu'elle n'est plus en mesure d'imposer sa loi ni ses prix sur les marchés pétroliers.

Ce constat n'est pas une bonne nouvelle, car il signifie que plus personne désormais ne maîtrise la situation. La confirmation est fournie moins d'un an plus tard, à l'été 2004, lorsque le baril grimpe sur le marché de New York vers les 50 dollars le baril. Les Saoudiens promettent à nouveau d'accroître leur production, sans jamais y parvenir. En août 2004, elle chute même de 0,5 million de barils. Les prévisions de croissance pétrolière avancées par l'Aramco et les officiels saoudiens ressemblent de plus en plus aux chiffres publiés à l'époque de l'Union soviétique par le Gosplan. En URSS, qualifiée par un ancien dirigeant communiste yougoslave de « pays du mensonge déconcertant », tout était radieux : la croissance industrielle en hausse régulière, alors que l'appareil industriel était déjà plongé dans un coma irrémédiable, et les récoltes satisfaisantes, alors que Moscou achetait dans le plus grand secret des millions de tonnes de céréales auprès des grandes compagnies américaines.

Je repense aux propos du ministre saoudien du Pétrole, al-Nouaïmi, rencontré en juin 2005 à Vienne :

— L'Arabie Saoudite portera sa capacité de production à 12,5 millions de barils/jour en 2009 et même à un niveau supérieur ensuite.

— Quel chiffre ?

Il hésite, hoche légèrement la tête en se donnant un temps de réflexion, puis ajoute :

— 15 millions.

C'est une valse viennoise des chiffres. J'ai devant les yeux un relevé qui ressemble à un bilan comptable, où est détaillée mois par mois la production pétrolière de l'Arabie Saoudite. Le pays n'a atteint qu'une fois, brièvement, le niveau de 10 millions de barils/jour, avant de rechuter. J'examine également les prévisions établies par l'Agence internationale de l'énergie en 2004. Cette organisation créée par Henry Kissinger en 1974 regroupe les principaux pays industriels membres de l'OCDE. Je suis stupéfait de voir avec quelle inconscience les pays occidentaux se piègent eux-mêmes. Selon l'AEI, l'Arabie Saoudite devra produire 18,2 millions de barils/jour en 2020 et 22,5 millions de barils en 2050 pour répondre à la demande mondiale. Ces prévisions ne s'appuient nullement sur les capacités de production saoudiennes mais uniquement sur les besoins des consommateurs [1]. Surréaliste...

1. Peter Maass, « The Breaking Point », *New York Times*, 21 août 2005.

Les dirigeants saoudiens, si prolixes dans leurs déclarations, font preuve dans leurs actes d'un goût obsessionnel du secret. Présentation officielle du royaume : il détient entre 22 et 25 % des ressources pétrolières mondiales dans une région qui possède plus de 60 % de tout le pétrole de la planète. Cet argument constamment évoqué est aujourd'hui sérieusement écorné. Nicolas Sarkis me commente : « Les Saoudiens savent très bien que les espoirs du monde entier reposent sur eux. Pourquoi alors maintenir un tel secret sur l'état réel de leurs réserves et refuser à des experts le droit de mener un véritable audit ? Ce pays est de tous les acteurs pétroliers celui qui s'oppose le plus à toute présence étrangère [1]. »

Le pétrole, pour l'Arabie Saoudite, n'est pas seulement une matière première stratégique, il est également le secret d'État le plus jalousement gardé. Les chiffres publiés sont soigneusement sélectionnés. Brave soldat, le ministre saoudien du Pétrole est une fois encore remonté au front à l'occasion d'une conférence sur le pétrole à Washington : « Je tiens à vous assurer aujourd'hui, déclare-t-il à la tribune, que les réserves saoudiennes sont abondantes et nous sommes prêts à augmenter notre niveau de production si le monde l'exige. (Et il ajoute :) L'innovation technologique nous permettra de trouver et d'extraire plus de pétrole à travers le monde [2]. » Le meilleur des mondes.

Signe des temps, l'homme considéré comme le véri-

1. Entretien avec l'auteur, juin 2005.
2. Peter Maass, art. cit.

table cerveau de l'Aramco a démissionné. Numéro deux du groupe et principal géologue, Sadad al-Husseini a fait ses études à l'université Brown en 1973, avant d'être pendant près de trente années l'homme clé de la compagnie. Il s'exprime désormais avec mesure et prudence mais ses propos tranchent avec les discours officiels. Il refuse de commenter les raisons de son départ, qui seraient dues à une divergence de fond entre dirigeants saoudiens quant à la politique pétrolière du pays. Son point de vue est dépourvu d'équivoque : le monde doit se préparer à une pénurie de pétrole. Il évoque les nouvelles découvertes en mer Caspienne et en Afrique, et ajoute que « le grand défi auquel le monde est confronté est l'énorme croissance de la demande : 79 millions de barils/jour en 2002, 86 à 87 millions en 2006-2007 ». Pour répondre à ce défi et compenser le déclin actuel de la production mondiale, il faudrait « découvrir et exploiter l'équivalent d'une nouvelle Arabie Saoudite [1] ». Un scénario dont il est le premier à savoir qu'il est irréaliste.

À propos de son pays, il confie juste qu'une hypothèse de 20 millions de barils produits chaque jour n'est pas réaliste. Un autre expert saoudien cité par le journaliste du *New York Times* Peter Maass complète ces propos. Selon Mawaf Obaid, « les dirigeants saoudiens comprennent très bien que si vous visez une production de 15 millions de barils/jour, vous atteindrez 15 millions, mais avec des risques considérables... comme celui de provoquer un déclin excessif que l'Aramco ne pourra pas enrayer [2] ».

1. *Ibid.*
2. *Ibid.*

Sept gisements géants assurent à eux seuls 90 % de la production saoudienne ; celui de Ghawar, « le roi des gisements », le plus important jamais découvert sur cette planète, s'étendant sur plus de 250 kilomètres de long en bordure du golfe Persique, assure près de 60 % de la production du pays. Exploité depuis 1948, il manifeste depuis plusieurs années des signes sensibles de tarissement. L'Aramco, pour maintenir la pression et faciliter la sortie du pétrole, injecte désormais de l'eau de mer au rythme stupéfiant de 7 millions de barils/jour. Selon James Kunstler, « l'eau représente une part croissante du pétrole ainsi extrait. À l'été 2004, on estimait qu'elle constituait 55 % du "coupage", autrement dit plus de la moitié des liquides extraits du champ de Ghawar seraient de l'eau[1] ». Cette thèse est contestée par certains experts qui estiment que les injections ne peuvent pas dépasser 40 %, au grand maximum 50 % du pétrole, sous peine de rendre inexploitable le gisement. Des experts saoudiens de l'Aramco – mais sont-ils crédibles ? – affirment que le niveau d'eau injectée est de 36,5 %, ce qui est déjà énorme[2].

En tout cas, Ghawar décline au rythme de 8 % par an et aucun autre gisement d'importance n'a été découvert à travers le pays depuis 1967. Pour compenser la réduction de la production à Ghawar, les responsables de l'Aramco ont décidé de recourir à de

1. James Kunstler, *The Long Emergency*, Atlantic Monthly Press, New York, 2005 (édition française : *La Fin du pétrole*, Plon, 2005).

2. Trevor Sykes, « Staring Down the Barrel of a Crisis », *Financial Review*, 15 janvier 2005.

nouvelles techniques d'extraction comme le forage horizontal et le forage en goupillon, qui relancent temporairement la production mais accélèrent le rythme d'épuisement du gisement. « Une éphémère cure de jeunesse, un lifting trompeur », selon le banquier Matthew Simmons.

Cet homme, immergé dans l'univers pétrolier, le seul à diriger une banque qui investit exclusivement dans le secteur de l'énergie, provoque la fureur et le désarroi des responsables saoudiens.

Le pétrole saoudien « va vite arriver à sa fin »

Il raconte que pour lui tout a commencé lors d'une visite des installations pétrolières du royaume, en février 2003. « À un moment, dit-il, le responsable de l'Aramco qui guidait notre délégation nous déclara que l'Aramco avait désormais besoin d'utiliser une "logique floue" (*fuzzy logic*) pour être certaine que le royaume maximiserait la récupération de son gaz et de son pétrole. Je n'avais jamais entendu auparavant cette expression de *logique floue* formulée par un responsable de l'Aramco ; ce fut l'un des événements qui firent basculer vers le scepticisme mes réflexions sur le miracle pétrolier saoudien[1]. »

Pour lui, les dirigeants saoudiens, malgré leurs assurances répétées, ignorent peut-être en fait le niveau de pétrole pouvant encore être extrait. Ou, au contraire, le connaissent-ils trop bien.

1. Matthew R. Simmons, *Twilight in the Desert, The Coming Saudi Oil Shock and the World Economy*, John Wiley and Sons, New Jersey, 2005.

Au début des années 1970, les quatre compagnies qui composaient l'Aramco – Exxon, Chevron, Texaco et Mobil – estimaient à 60 milliards de barils le pétrole pouvant être extrait de Ghawar. Aujourd'hui, le gisement a déjà produit 55 milliards de barils et devrait donc toucher à sa fin[1]. Pourtant, l'Aramco, devenue depuis 1976 Compagnie nationale saoudienne, évalue désormais à 125 milliards de barils les réserves restantes.

Pour briser cette *omerta*, qui se double d'une désinformation, Simmons se transforme en détective. Aucun document officiel saoudien n'étant fiable, il s'appuie sur deux cents rapports techniques concernant les ressources et les opérations de production saoudiennes. La plupart sont le résultat de communications ou de publications faites, au sein de la Society of Petroleum Engineers, par des ingénieurs qui ont un accès aux données de l'Aramco. Ce qu'il découvre lui permet d'affirmer, au cours d'un exposé devant le Centre pour les études internationales et stratégiques de Washington, que le pétrole saoudien « va vite arriver à sa fin ».

Les documents examinés révèlent les difficultés d'exploitation rencontrées par l'Aramco, confrontée au vieillissement croissant de ses gisements, son impuissance à récupérer davantage de pétrole malgré l'utilisation de la technologie pétrolière la plus complexe et la plus sophistiquée au monde[2].

1. A.M. Samsam Bakhtiari, « World Oil Production Capacity Model Suggest Output Peak by 2006-2007 », étude publiée dans *Oil and Gas Journal*, 26 avril 2004.

2. Matthew Simmons, *op. cit.*, Institute for the Analysis of Global Security, *Energy Security*, Washington, 31 mars 2004

Il confronte les affirmations des officiels déclarant que leur production a atteint 9,5 millions de barils/jour en juillet 2004 et affirmant que ce niveau a été maintenu pendant cinq mois, avec les chiffres de l'Agence internationale de l'énergie. L'agence répertorie les exportations pétrolières par pays d'origine et leurs relevés montrent que le niveau de la production saoudienne n'a oscillé qu'entre 4,5 et 4,6 millions de barils/jour.

Face à ces révélations, un officiel de l'Aramco, Nansen Saleri, qui décrit Simmons comme « un banquier qui veut devenir un scientifique », rétorque : « Je peux lire deux cents articles sur la neurologie mais vous ne me demanderez jamais d'opérer vos proches [1]. »

À ces attaques, Simmons répond sereinement : « Il est facile pour les Saoudiens de prouver que j'ai tort. Il leur suffit de publier les rapports de production de chaque gisement et les informations sur les réserves. En quelques jours, les gens s'exclameront : "Simmons s'est totalement trompé !" ou encore : "Il a été trop optimiste [2]." »

« Un véritable tsunami énergétique »

« Il a rendu les Saoudiens littéralement fous », ajoute Nicolas Sarkis. « Fous de rage, complète un officiel américain qui souhaite garder l'anonymat et ajoute : Ils ont fait le siège de la Maison-Blanche. Abdallah téléphonait à Bush pour obtenir son appui

1. Peter Maass, art. cit.
2. *Ibid.*

public[1]. On avait l'impression que Simmons visait si juste qu'il avait trouvé le point d'impact pour faire vaciller la maison des Séoud. »

Il ne s'agit plus désormais des profits artificiellement créés par Shell en exagérant ses réserves.

Les Saoudiens affirmaient en 1986 que leurs réserves exploitables se montaient à 260 milliards de barils. Les quatre compagnies membres de l'Aramco, qui ont eu la haute main pendant des décennies sur les gisements, sont bien placées pour savoir qu'il s'agit d'un mensonge absolu. Leurs évaluations, restées confidentielles, se montent, elles, à 130 milliards de barils.

Le seul point sur lequel tout le monde semble s'accorder est le niveau de pétrole déjà consommé : 100 milliards de barils extraits depuis la découverte des gisements. Si les calculs des pétroliers américains se révèlent exacts, il ne reste plus que 30 milliards de barils à extraire des sables d'Arabie. Soit... une simple année de consommation mondiale.

« Le déclin constaté de Ghawar semble annoncer celui du royaume saoudien », déclare un expert du Département d'État. Il semble ainsi condamner tout avenir pour le pétrole et des chiffres me reviennent à l'esprit : en examinant le volume de pétrole découvert chaque année, je constate que cette croissance a en fait duré un siècle – de 1860 à 1968. À partir de cette date, les découvertes effectuées par les compagnies seront chaque année moins importantes. Depuis 1995, le monde a consommé en moyenne 24 à 30 milliards de barils chaque année, mais n'en a découvert que

1. Jeff Gerth, « Saudi Promises of More Oil May Prove a Mirage », *New York Times*, 26 octobre 2005.

9,6 milliards. Selon une étude réalisée par Wood MacKenzie, l'industrie pétrolière couvre désormais moins de 40 % de ses besoins.

Matthew Simmons, qui n'est pas véritablement un personnage fantasque, parle de « réalité terrible, soigneusement cachée : un véritable tsunami énergétique va bientôt submerger l'économie mondiale ».

Une augmentation saoudienne est impossible

Lentement, trop lentement, nous redécouvrons une évidence ignorée, niée : le pétrole est en réalité un phénomène rare, une ancienne matière organique chauffée à des pressions considérables et transformée chimiquement en chaînes et agglomérats d'atomes d'hydrogène et de carbone. « Les matières organiques à l'origine du pétrole sont, selon James Kunstler, des algues plantées dans les hauts-fonds des lacs et des océans pendant les longues périodes de réchauffement planétaire, entre 300 et 30 millions d'années. Cet amoncellement de plantes mortes, appelé *kérogène*, s'empila en sédiments sous-marins qui furent ensuite enfoncés et pliés par les mouvements de la croûte terrestre jusqu'à une profondeur de 2 300 à 4 600 mètres. Les températures (et les fortes pressions) à ces profondeurs sont parfaites pour transformer ces sédiments contenant d'anciens kérogènes en roches sédimentaires saturées d'hydrocarbures [1]. »

Le pétrole est un peu à l'image du monde que nous avons édifié grâce à lui : complexe, et condamné à décliner, puis à disparaître.

1. James Kunstler, *op. cit.*

Nous vivons probablement l'acte final de la saga du pétrole et les clous enfoncés dans le cercueil pétrolier saoudien le furent, involontairement, par Fatih Birol, le chef économiste de l'Agence internationale de l'énergie. L'organisation pratique avec une égale constance l'optimisme et la langue de bois. Prenant la parole au début de juin 2004 à un congrès sur le pétrole, Birol réfute la vision pessimiste selon laquelle il n'y aurait plus assez de pétrole pour répondre à l'augmentation de la demande mondiale. Mais une fois descendu de la tribune, à l'abri des micros, la teneur de ses propos est radicalement différente : « Pour la première fois, confie-t-il, il n'existe plus de capacité excédentaire, alors que nous attendons pour le dernier quart de l'année 2004 une augmentation de 3 millions de barils par jour. Si les Saoudiens ne peuvent pas augmenter leur production de 3 millions de barils/jour à la fin de l'année, nous ferons face... comment pourrais-je dire ?... ce sera très difficile. Nous traverserons des temps difficiles. » Un journaliste de la BBC qui se trouve à proximité lui demande si une telle croissance de la production saoudienne constitue une hypothèse réaliste. Fatih Birol répond : « Vous êtes de la presse ? Ce n'est pas pour les journalistes[1]. » Le journaliste pose alors la même question à d'autres délégués. Les réponses sont sans ambiguïté : une augmentation saoudienne de 3 millions de barils est absolument impossible, plusieurs délégués précisent même qu'il est irréaliste d'envisager un accroissement des approvisionnements saoudiens, fût-ce de 300 000 barils/jour.

Un an plus tard, changement de ton. À l'occasion

1. Adam Porter, *Is the World's Oil Running out Fast ? Peak Oil Conference in Berlin*, *BBC News*, 7 juin 2004.

de la publication du rapport annuel de l'Agence internationale de l'énergie, *World Energy Outlook 2005*, le 7 novembre 2005, Birol annonce que la production pétrolière non OPEP décroîtra « juste après 2010 ». Il ajoute : « Le pétrole, c'est comme une petite amie, vous savez depuis le début de votre relation qu'elle vous quittera un jour. Pour ne pas vous briser le cœur, mieux vaut la quitter avant qu'elle ne vous quitte [1]. »

Au-delà de l'aveu tardif sur la détérioration rapide des capacités productives de nombreux pays, le conseil de Birol, « quittez le pétrole », est dérisoire au moment où son emprise n'a jamais été aussi forte. Autre surprise, Exxon, qui fut le premier groupe à clouer au pilori les Cassandre, admet désormais que le monde atteindra son « pic pétrolier » dans cinq ans [2].

1. Agence internationale de l'énergie, *World Energy Outlook 2005*, *Le Monde*, 20 septembre 2005.

2. Exxon Mobil, *The Outlook for Energy : A 2030 View*, Édimbourg, 15 septembre 2004.

12

Chine, le siècle de la domination

La mondialisation a ouvert de nouveaux espaces et la cause semble entendue. En 2010, la production industrielle chinoise aura dépassé celle de tous ses concurrents, à l'exception des États-Unis, avec 1 000 milliards de dollars de production industrielle contre 500 milliards de dollars aujourd'hui, ce qui la place, à égalité avec l'Allemagne, au troisième rang mondial. « Dès maintenant, rappelle Jacques Gravereau, la Chine produit 60 % des jouets du monde, 50 % des appareils photo, 50 % des climatiseurs, 45 % des DVD, 42 % des motos, 40 % des téléviseurs. Une des clés de ce succès : les salaires. Le coût moyen horaire d'un ouvrier y est de 0,7 dollar, contre 2 dollars en Thaïlande, 4 dollars en Pologne, 18 dollars en France et 21 dollars aux États-Unis[1]. »

Erik Izraelewicz rapporte dans son livre un propos

1. Jacques Gravereau, HEC Eurasia Institute, 2005.

entendu à Pékin : « Si le XIXe siècle a été pour la Chine celui de l'humiliation, le XXe celui de la restauration, le XXIe sera celui de la domination[1]. » Peut-être, mais je ne peux m'empêcher d'être sceptique devant des formules si catégoriques. Schopenhauer se plaisait à affirmer : « Des choses sûres, la plus sûre est le doute », et l'essor économique est un peu à l'image du progrès scientifique : un parcours de somnambules. C'est d'ailleurs le titre qu'Arthur Koestler, l'esprit le plus brillant que j'aie jamais rencontré, avait donné à un de ses livres. *Les Somnambules* brossait le tableau fascinant des processus de découverte scientifique. « Il n'y a pas de croissance exponentielle, m'avait-il expliqué, dans son appartement londonien de Montpellier Square, quelques mois avant de se donner la mort. La science comme l'économie progressent à la manière des somnambules, en tâtonnant et zigzaguant. La part du hasard, de l'imprévu est immense, et les avancées obtenues sont souvent suivies de régressions tout aussi spectaculaires[2]. »

Koestler aurait adoré observer l'ampleur du phénomène chinois. Je pense à lui dans ma chambre de l'hôtel He-Jing Fu à Pékin, un lieu qui résume toute l'évolution de la Chine. L'hôtel, installé au fond d'une cour paisible en plein centre-ville, fut le palais de la troisième princesse de l'empereur Qing Long de la dynastie Qing, avant de devenir, à l'époque de la guerre, le quartier général de l'armée de terre dépendant du préfet de Pékin.

Une gestion capitaliste, une clientèle de cadres et

1. Erik Izraelewicz, *Quand la Chine change le monde*, Grasset, 2005.

2. Entretien avec l'auteur, Londres, 1983.

d'hommes d'affaires chinois, et un propriétaire... la commission disciplinaire du parti communiste.

Les sacrifiés de la croissance chinoise

Un parti à la fois discret et omniprésent. La télévision chinoise, CCTV, offre à ses téléspectateurs une cinquantaine de chaînes, l'uniformité dans l'abondance, où programmes édifiants alternent avec variétés abêtissantes. Un pied dans le socialisme, l'autre dans le capitalisme le plus débridé. Une des chaînes diffuse en boucle les activités du président Hu Jintao. On le voit serrer des mains, visiter des usines, parcourir des centrales, véritable stakhanoviste du pouvoir. Attentif, visage sérieux, hochant la tête, à l'écoute des explications, un casque sur la tête, jaune dans une séquence, bleu dans celle qui suit. Un kaléidoscope censé refléter la volonté de pragmatisme et de sérieux de la direction chinoise.

Sur une autre chaîne, des chœurs imposants alternent du Puccini et des chants patriotiques. Des hommes en uniforme, un casque sur la tête, sont présents sur la scène. Le programme est une grande soirée d'hommage aux mineurs et aux travailleurs du pétrole. Ces tableaux si kitsch masquent une réalité dramatique et le véritable défi auquel la Chine est confrontée. Les mineurs fêtés dans ce programme comme des héros sont les sacrifiés de la croissance chinoise. Plusieurs milliers succombent chaque année dans des mines vétustes où les normes de sécurité sont inexistantes. Le charbon couvre encore 68 % des besoins énergétiques du pays, même si la demande en pétrole a littéralement explosé.

Tous les responsables chinois que je rencontre insistent sur une nuance, capitale à leurs yeux : « La Chine n'est pas le deuxième importateur mondial de pétrole, mais le deuxième pays consommateur. » Derrière les États-Unis. Partiellement vrai : la Chine est devenue le deuxième pays importateur mondial de brut, après avoir été, jusqu'en 1993, exportateur net.

Le principal expert en énergie du pays, Fang Fei, conseiller du gouvernement, me rejoint au bar de l'hôtel, situé juste en face du bureau qu'il occupe dans l'ancien ministère des Affaires étrangères du plus pur style stalinien. Visage d'étudiant chaussé de grosses lunettes, il me dit par le truchement de l'interprète : « Les raisons de la forte croissance de la consommation pétrolière tiennent en partie à la pénurie d'électricité. Les régions côtières (où sont concentrés 60 % de la production chinoise et 75 % des investissements étrangers privés en Chine), devant les difficultés d'approvisionnement électrique, ont mis en place de petits groupes électrogènes qui consomment beaucoup de fuel. (Il ajoute :) Nous avons dépassé le Japon comme consommateur de pétrole et nous nous rapprochons des États-Unis ; pour l'instant, le pays représente 7 % de la consommation mondiale. »

J'évoque la croissance annuelle chinoise qui, selon les chiffres officiels, tourne depuis plus de dix ans autour de 9,5 à 10 % par an. Je lui explique qu'aucun expert occidental ne croit à la validité de ces chiffres et que la croissance du pays doit être en réalité plus forte (ce qui sera officiellement confirmé en novembre 2005), mais que les dirigeants en cachent l'ampleur exacte pour ne pas affoler le reste du monde. Il a un sourire gêné, allume une cigarette avant de fournir une réponse qui esquive en partie ma question : « Notre croissance rapide a dû certainement influer sur les prix du pétrole et un relèvement de la croissance permettrait certainement une meilleure stabilisation du prix du baril. (Il ajoute :) À son niveau le plus haut, la production pétrolière chinoise est de 200 millions de tonnes, ce qui veut dire que nous devrons importer de l'étranger 60 % de notre pétrole. Ce niveau de dépendance extrême est l'équivalent de celui des États-Unis. Mais nous sommes confrontés à un autre problème qui accentue notre vulnérabilité : nous ne possédons pas de stocks stratégiques comme les pays de l'Agence internationale de l'énergie, qui exige de ses membres la constitution d'au moins 70 jours de stocks. La Chine n'appartient pas à cette organisation et la mise en place d'une telle mesure sera longue. »

Fang Fei exprime, dans un registre nuancé, toutes les inquiétudes chinoises : « Nous devons également diversifier nos sources d'importation. Pour le moment, nous dépendons trop des pays du Moyen-Orient. La reprise des relations avec la Russie pourrait fournir une alternative. Tout comme le pétrole de la mer Caspienne. Il nous faut aussi diversifier les formes de coopération, en investissant directement dans les champs pétroliers. (Il s'interrompt avant de conclure dans un éclat de rire :) La Chine va devoir affronter beaucoup de défis [1]. »

Une pluie violente s'abat brusquement sur la ville, vidant les trottoirs de leurs passants. Soudain, j'aperçois par la baie vitrée du bar un homme marchant lentement, son pantalon remonté jusqu'aux genoux, un

1. Entretien avec l'auteur, Pékin, juillet 2005.

parapluie à la main et son chien posé sur son épaule gauche. Fang Fei et moi échangeons un sourire. C'est l'image d'un Pékin révolu. Je lui demande combien de voitures nouvelles sont achetées chaque année en Chine. Il me répond : « Oh, seulement cinq millions. » La capitale chinoise est à l'image des besoins énergétiques du pays : vorace, insatiable, en pleine explosion.

L'énergie, la priorité absolue

J'ai connu au début des années 80 un Pékin où les sonnettes des vélos couvraient encore le bruit des moteurs de voiture, une ville qui disposait seulement de deux « périphériques », ce terme désignant les quartiers nouveaux construits à la limite de la ville. J'ai retrouvé quelques années plus tard, au milieu des années 90, Pékin avec quatre périphériques et des voitures impatientes qui se frayaient un chemin à coups de klaxon au milieu des cyclistes. Aujourd'hui, avec ses 15 millions d'habitants et ses six périphériques, c'est une mégalopole totalement vouée à la voiture, où plus de cinq heures sont nécessaires pour la traverser de bout en bout.

Une ville qui se veut aussi une vitrine destinée à afficher toutes les ambitions du pays et à en dissimuler tous les maux à l'approche des jeux Olympiques de 2008. Les gratte-ciel sortent de terre et les quartiers traditionnels, comme celui où je suis logé, entrelacs de hutong[1], disparaissent, effaçant toute trace du passé. Tous les matins, quand je quitte mon hôtel pour prendre un taxi, je croise un homme en short, torse nu,

1. Petites ruelles traditionnelles.

qui sort de sa maison et dépose côte à côte sur le trottoir, juste devant chez lui, deux cages contenant des mainates. Le soir, comme beaucoup d'habitants du quartier, je le vois assis avec sa femme et ses voisins, disputant des parties de mah-jong. Ces gens sont en sursis. Dans peu de temps, leurs habitations seront rasées et ils échoueront dans une cité HLM à 30 kilomètres du centre-ville.

Transformer les paysans en main-d'œuvre meilleur marché

Le quartier Henderson ressemble, lui, à Manhattan, avec ses buildings de verre qui abritent la plupart des sièges de grandes sociétés occidentales. De vastes centres commerciaux ont été créés à proximité. Leurs rayons proposent toutes les grandes marques de luxe, une infinie variété de parfums et de vêtements ; seule manque la clientèle pour les acheter.

Dans « le plus grand atelier du monde », le salaire moyen d'un ouvrier est de 150 à 200 euros par mois. À Pékin, comme dans toutes les villes du pays, 50 % des citadins n'ont pas accès aux soins médicaux. En quittant l'avenue Jianguomennei et ses gratte-ciel aux lignes futuristes, il suffit de marcher quelques centaines de mètres pour découvrir un autre visage de la Chine. Devant la gare centrale, des dizaines de milliers de banlieusards et de voyageurs croisent sans les regarder des groupes d'hommes assis à même le sol, un pauvre paquetage posé devant eux. À Canton, la situation est identique. Même lieu, la gare, mais une foule encore beaucoup plus importante qu'à Pékin.

Le pouvoir chinois n'aime pas ses paysans, qu'il

expulse et déracine avec violence pour construire, sur l'emplacement de leurs terres, de nouvelles usines. Un nombre de plus en plus important d'entre eux souffrent d'asthme, provoqué par la pollution des entreprises environnantes.

Les observateurs étrangers semblent même oublier que la Chine est encore un pays rural où, sur 1,3 milliard d'habitants, 900 millions sont des paysans vivant sur de minuscules parcelles. Les priver de terre, c'est les priver d'emploi, de ressources, et les transformer en une main-d'œuvre docile et encore meilleur marché pour les entreprises. Ils sont ainsi plus de 300 millions de Chinois, les « min gang », véritable « population flottante », errant à travers le pays à la recherche d'un emploi, pour quelques heures, une journée, offrant l'incomparable avantage de tirer les salaires vers le bas.

Je contemple ces visages : ils reflètent l'épuisement et le désespoir. Devant les violences extrêmes qui leur sont infligées, les paysans se révoltent de plus en plus fréquemment : 74 000 jacqueries recensées en 2005 par le pouvoir, chiffre bien entendu faux, puisque minoré.

Au fond, la philosophie des dirigeants chinois est restée profondément maoïste : le grand bond en avant, quel qu'en soit le coût humain. Paradoxe de la politique et de l'économie : le pays qui affiche la croissance mondiale la plus forte et qui applique les règles les plus antisociales du capitalisme est un régime communiste. Aujourd'hui gagné par l'inquiétude.

L'est de Pékin est le quartier des affaires, le sud, la zone la plus pauvre, l'ouest, le siège du pouvoir politique : ambassades, siège du Parti, résidences des dirigeants. Un univers feutré, mais qui semble de plus en plus préoccupé. Les tensions internes s'exacerbent, tandis que sur le plan international le pays prend de plus en plus conscience de sa dépendance et de sa fragilité. Juste avant mon arrivée, le président Hu Jintao a pour la première fois déclaré publiquement que l'énergie était la priorité absolue de la Chine en matière de sécurité nationale.

Deuxième pays consommateur de pétrole, elle contribue à l'aggravation rapide de la situation mondiale. De moins en moins de pétrole disponible et une demande de plus en plus forte. Une équation insoluble. Au terme de mon enquête, une question me revient à l'esprit : l'essor chinois n'arrive-t-il pas trop tard ? La route est encore extrêmement longue et accidentée pour accéder au rang de grande puissance. Et le temps est compté. Je crains même qu'un véritable compte à rebours ne soit amorcé, et que le manque d'énergie ne devienne l'« arme fatale » qui disloquera les économies.

À moins que notre monde ne s'engage dans de violents affrontements, une véritable « guerre des ressources », selon la formule de Michael Klare, motivée par la rareté des approvisionnements. L'occupation de l'Irak par les États-Unis en 2003 n'en est-elle pas le prélude ? Si ce scénario est réaliste, alors l'affrontement entre les États-Unis et la Chine revêt un caractère inéluctable. Les propos du professeur Ma offrent à cet égard un éclairage intéressant. Les journalistes et diplomates en poste à Pékin rencontrent très rarement des officiels ou des experts chinois, ce qui raréfie l'accès à l'information. À leur décharge, les Chinois occupant un poste officiel ou des fonctions importantes maintiennent une distance hautaine envers eux.

L'école du Parti à côté du Palais d'été

Le professeur Xiaojun Ma est un des quelques personnages clés qui pensent et élaborent pour les dirigeants la doctrine de sécurité nationale et d'approvisionnement énergétique du pays. Expert, homme de l'ombre, il est en charge des dossiers diplomatiques et géostratégiques les plus sensibles pour le régime chinois : la question de Taïwan, les relations avec l'Europe et les États-Unis, la sécurité énergétique du pays, devenue désormais pour Pékin la priorité numéro un.

Juste avant notre rencontre, j'ai pris connaissance d'un article qui vient d'être publié par *Fortune* : 40 % de l'augmentation de la demande mondiale en pétrole provient de la Chine. Cette hausse n'est pas due seulement à l'augmentation du nombre de véhicules, mais surtout à l'alternative que constitue le pétrole face aux ruptures d'approvisionnement en charbon pour la production d'énergie électrique. L'article conclut : « La Chine est choquée et stupéfaite d'être devenue si vite si dépendante du marché pétrolier mondial. »

Cette réalité est exacte mais exige d'être nuancée. La consommation annuelle de chaque Chinois est de 1,8 baril, contre 17 barils pour un Européen de l'Ouest et 28 barils pour un Américain. Dans quelques années, les États-Unis devraient consommer 7,5 millions de barils/jour supplémentaires, l'équivalent de la consommation actuelle de la Chine et de l'Inde réunies.

Cette voracité chinoise tient au fait que le pays consomme 1,5 baril de pétrole, le double de la moyenne mondiale, pour produire 1 000 dollars US de PNB [1].

1. Albert Bressand, *Futuribles*, n° 315, janvier 2006.

La rencontre avec Xiaojun Ma est organisée par une amie chinoise qui le connaît depuis de longues années. Le professeur nous invite à dîner à l'École centrale du Parti dont il est un des membres importants. Cette ENA communiste est la véritable pépinière du régime, qui forme et recrute là ses meilleurs cerveaux. Le président de la République l'a dirigée pendant plusieurs années.

Je demande :

— Quelle est l'adresse de l'école ?

— Oh, c'est très simple. Elle est juste à côté du Palais d'été. Il suffit de longer le lac de l'Empereur et, tout au bout de l'allée, l'entrée est indiquée.

Étrange permanence : le pouvoir communiste à proximité d'un symbole du pouvoir impérial.

Construit à une dizaine de kilomètres de Pékin, le palais est un immense Versailles chinois à la décoration souvent kitsch, à l'entrée duquel un panneau rappelle qu'en 1860 ce lieu de villégiature impérial fut saccagé par les troupes françaises et anglaises. Des groupes de badauds flânent sur les chemins boisés et le long de l'immense lac artificiel. Le navire de l'empereur, toujours amarré, est une étrangeté, construit en marbre blanc, comme le pont aux dix-sept arches qui plus loin enjambe le lac.

L'École des cadres du Comité central du Parti communiste chinois, sa dénomination exacte, se présente d'abord comme une succession d'allées ombragées et une vaste pelouse verte au milieu de laquelle est posé un énorme bloc de marbre où est gravée en caractères d'or une maxime de Mao Zedong : « Rechercher la vérité par l'examen des faits. » Savoureux dans un régime où la vérité est si souvent sacrilège et hérétique.

Le lieu respire le calme et le luxe discret.

Des jeunes filles gracieuses, vêtues de robes traditionnelles rouges, nous précèdent à travers les couloirs du bâtiment, un ancien palais reconstitué. Dans le petit salon où nous sommes introduits, une table ronde est dressée pour six personnes. Le professeur Ma n'est pas encore arrivé mais un couple de chercheurs a été convié au dîner. Ils s'expriment dans un français excellent et reviennent de Paris où ils ont effectué un stage à l'ENA.

Ils m'expliquent que leur école n'est pas seulement un centre de recherche et de formation, mais aussi un hôtel et un restaurant accueillant les cadres du Parti et les visiteurs étrangers. « ... La prochaine fois que vous reviendrez. »

Nous échangeons des sourires et des cartes de visite, puis une jeune femme aux cheveux courts, vêtue d'une chemise à carreaux et d'un pantalon gris, nous rejoint. L'épouse de Ma travaille dans la municipalité d'un arrondissement de Pékin, celle dont dépend mon hôtel. Elle évoque la destruction des vieux quartiers et la nécessité désormais de préserver ce qu'il reste de ce patrimoine. Elle est intelligente, pleine de charme, mais j'ai l'impression de me retrouver dans un dîner parisien en plein cœur de Saint-Germain-des-Prés.

« La position et les inquiétudes chinoises »

Ma arrive avec un peu de retard. Il n'est que 18 h 30, l'heure rituelle du dîner en Chine. La cinquantaine, taille moyenne, visage souriant, allure décontractée, polo et pantalon de toile. Autour de la table, les serveuses s'affairent, la garnissant chaque fois de nouveaux plats. Ma plonge ses baguettes et me raconte son récent séjour à Washington, dans l'antre des néo-conservateurs. Il a été invité à participer à une conférence sur l'énergie organisée par l'American Enterprise Institute, dont un certain nombre de chercheurs travaillent aujourd'hui au sein de l'administration Bush. Les piliers de l'AEI sont toujours Lynn Cheney, la femme du vice-président américain, et Richard Perle, un des chefs de file des néo-conservateurs.

— Parmi les participants, me dit-il, il y avait Spencer Abraham, l'ancien secrétaire d'État à l'Énergie de George W. Bush, et Newt Gingricht, l'ancien leader de la majorité républicaine à la Chambre des représentants. Un personnage incroyable, ce Gingricht, ajoute-t-il en commençant à rire, totalement hostile à la Chine. Nous lui avons proposé plusieurs fois de venir, il a répondu qu'il ne mettrait jamais les pieds dans notre pays tant qu'il y aurait un régime communiste.

Je connais Gingricht, un intellectuel conservateur égaré en politique, dont les vues restent proche de l'administration Bush. Je demande à Ma :

— Comment se sont passés les échanges entre vous ?

— Mal. Il a violemment réagi à mon intervention.

— Que disiez-vous ?

Les baguettes de Ma virevoltent entre les plats posés sur le plateau tournant.

— J'exprimais la position et les inquiétudes chinoises en matière d'énergie. Vous savez, à l'exception de Brunei, du Vietnam et de l'Indonésie, les pays d'Asie sont tous importateurs. La croissance rapide dans la région a provoqué une énorme demande de la consommation ; en fait la consommation parmi les pays du nord-est de l'Asie a même dépassé celle des quinze pays européens [Ma semble avoir oublié que l'Europe s'est élargie à vingt-cinq, ce qui conduit à relativiser encore plus l'influence européenne sur la scène mondiale] et approche du niveau américain. Or l'Asie de l'Est, qui consomme 27 % de la production pétrolière mondiale, ne produit que 9 % des besoins mondiaux. Le pétrole est une matière première stratégique importante. Historiquement, la fonction et le prix du pétrole sont non seulement régis et contrôlés par des règles économiques, mais tout autant par des facteurs politiques. Les pays producteurs peuvent utiliser le pétrole comme une arme, dans les relations internationales ; ce fut le cas de l'OPEP durant la guerre israélo-arabe. Aujourd'hui, la mondialisation rend plus difficile de prédire la manière dont les choix politiques affecteront les approvisionnements pétroliers. Depuis la guerre en Irak, les États-Unis ont renforcé leur contrôle sur le Moyen-Orient et exercent désormais des pressions sur l'Iran, un des principaux pays producteurs, ce qui crée une incertitude accrue pour les approvisionnements pétroliers de l'Asie. Le terrorisme et la piraterie, notamment dans le détroit de Malacca, peuvent également perturber nos fournitures, car une grande partie du pétrole destiné aux nations asiatiques est acheminée par mer.

Il marque une pause, allume une cigarette et se cale contre le dossier de sa chaise :

— Voilà ce que j'ai déclaré à Washington, en ajoutant que les nations d'Asie de l'Est n'avaient pas adopté une attitude ferme sur les questions énergétiques. L'existence de l'Agence internationale de l'énergie permet aux pays industrialisés de négocier avec l'OPEP et d'éviter une rivalité perverse entre pays importateurs. En Asie, au contraire, le manque de coopération entre États affaiblit la capacité de la région à exercer une influence sur les prix du pétrole.

Brusquement, son ton se durcit, la voix devient plus tendue, le débit saccadé :

— Le Japon porte une lourde responsabilité dans cette situation. Ce pays, à l'opposé de l'Allemagne, n'a jamais exprimé de regrets pour la Seconde Guerre mondiale, et a souvent déclenché la colère et des manifestations dans d'autres pays asiatiques en cachant, ou au contraire en glorifiant ses crimes de guerre dans les livres d'histoire. Les relations sino-japonaises sont actuellement froides politiquement et chaudes économiquement. Les différends territoriaux sont un facteur aggravant et le manque de confiance rend plus difficiles les choix sur les questions énergétiques. J'ajoute que l'arrogance du Japon est encore plus évidente dans ses réactions face au développement de la Chine. Depuis les années 80, l'économie japonaise stagne mais celle de la Chine se maintient à un haut niveau de croissance. Le Japon a adopté des positions dures à l'encontre de la Corée du Sud et de la Chine, spécialement sur les questions énergétiques. Tokyo a payé un prix élevé pour persuader la Russie d'abandonner la construction d'un pipeline à destination de la Chine. Si la Chine est contrainte de s'approvisionner encore davantage au Moyen-Orient, cela peut gravement entraver son développement économique.

Les yeux mi-clos, Ma poursuit son analyse, se tournant parfois vers moi, assis juste à sa gauche. L'exposé comme la pensée sont limpides.

— Les États-Unis sont aussi un acteur essentiel. Renforcer son contrôle sur toutes les sources d'approvisionnement énergétiques de la planète est un moyen pour l'Amérique de contenir, d'endiguer la concurrence d'autres pays. Pour renforcer son contrôle sur la production pétrolière, Washington a déclenché la guerre en Irak et affronté Moscou à propos des gisements en mer Caspienne. Si une coopération énergétique entre pays de l'Asie de l'Est était instaurée, le Japon et la Corée du Sud devraient s'attendre à une violente réaction de leur allié américain. Mais un tel accord est une hypothèse peu probable dans la mesure où la coopération énergétique n'est pas une priorité pour les Japonais. Bien que le pays dépende des importations, il a mis en place un système qui lui assure la sécurité de ses approvisionnements. Ce pays a maintenu de bonnes relations avec les pays producteurs du Moyen-Orient ; son approvisionnement pétrolier par mer est supérieur au nôtre. De plus, Tokyo, à la différence de Pékin, est membre de l'Agence internationale de l'énergie, ce qui lui garantit des approvisionnements supplémentaires. Voilà la teneur de mes propos à Washington, conclut Ma avec un sourire. C'est le constat et la position des dirigeants chinois. Mais j'ai été très surpris de la réplique de Newt Gingricht, qui a placé le débat sur le terrain de la menace militaire chinoise.

— En quels termes ?

— Violents et surprenants. Il a d'abord déclaré que si les prix du pétrole augmentent et se maintiennent à des niveaux élevés, c'est parce qu'il existe un consensus partout à travers le monde pour estimer qu'il vaut ce prix. Pour le pétrole, il n'existe pas, comme pour le café, de prix naturel ; son niveau reflète sa valeur telle qu'elle est définie par les consommateurs.

Puis il ajoute que j'ai raison de considérer que le pétrole n'est pas seulement un produit économique et poursuit en dressant un parallèle choquant pour moi. Je me souviens encore de ses propos : « Il est impossible de lire la traduction des comptes rendus du pouvoir impérial japonais en 1941 sans comprendre que le Japon sentait que sa survie était en jeu quand les États-Unis ont décidé un embargo sur les ventes de pétrole. Ils réagirent en déclenchant la guerre du Pacifique. Je ne défends pas les Japonais, mais je comprends qu'ils considéraient le pétrole comme une énergie dont dépendait leur vie ou leur mort. »

« Une Chine qu'il vaut mieux stopper maintenant »

Immédiatement, les réactions fusent. À table, tous mes voisins, stupéfaits, réagissent et engagent une discussion avec Ma. Brusquement, celui-ci cesse de parler le mandarin pour revenir à l'anglais.

— Les derniers propos de l'Américain sont révélateurs de l'état d'esprit actuel des responsables de ce pays. Il a évoqué le danger que pourrait représenter le renforcement d'une marine miliaire chinoise qui serait en mesure de protéger les approvisionnements venant du Golfe. Une marine de cette taille serait perçue, selon lui, « comme une menace pour les États-Unis, parce que, a-t-il dit, nous analysons les capacités et non les intentions ». Il a conclu en déclarant : « Je ne voudrais pas suggérer que nous nous immisçons dans les affaires intérieures de la Chine, mais j'ai une chose à dire à propos de Taïwan : une initiative chinoise pour contraindre militairement 24 millions de citoyens libres serait presque certainement interprétée comme l'équivalent de la remilitarisation de la Rhénanie par Hitler en 1936, ou l'occupation de la Belgique en 1914. Le constat que nous pourrions en tirer serait qu'une Chine agressive au point de vouloir conquérir par la force 24 millions de personnes est une Chine qu'il vaut mieux stopper maintenant que plus tard[1]. »

En moins d'une heure, à travers ce compte rendu, mon hôte a brossé un tableau précis et saisissant de l'ampleur des divergences et des affrontements à venir entre les deux pays. La Chine, si longtemps humiliée, demeure une nation en convalescence. En observant les visages tendus autour de la table, je comprends à quel point les propos et les menaces de l'Américain sont ressentis comme une gifle, un camouflet, une marque d'arrogance occidentale. Étrange relation entre les deux pays. En 1949, la prise du pouvoir par Mao suscita une énorme émotion aux États-Unis : « Qui a fait perdre la Chine ? » titraient les journaux en accusant l'administration d'Harry Truman. « Les Américains, m'a déclaré un jour un ancien diplomate du Département d'État, voyaient les Chinois comme leur réplique asiatique : fiers, puritains, travailleurs. Il leur a fallu quelques années pour réviser leur jugement. »

1. Entretien avec l'auteur, juillet 2005.

Près de quarante plats se sont déjà succédé, accompagnés d'un vin délicieux produit dans la région de Pékin avec des cépages bordelais. Ma me répète que « cette volonté américaine de contrôler la situation mondiale de l'énergie est considérée comme un problème majeur par la Chine ». Le choix des mots masque mal l'ampleur de l'inquiétude. Il ne croit pas non plus un instant à une alliance énergétique avec la Russie, même si Poutine a décrit la Chine comme « un facteur de poids dans la politique mondiale ». Là encore, l'énergie est au cœur des relations entre les deux pays. Pour l'instant, le pétrole que les Russes vendent à la Chine est acheminé par voie ferrée, un mode de transport cher, lent, aux capacités réduites. Les Chinois proposèrent la construction d'un oléoduc qui aboutirait en Mandchourie, là même où se trouvent les champs pétroliers de Daqing, auxquels le Japon aurait accès. Refus de Tokyo qui voulait que l'oléoduc, sans jamais pénétrer en territoire chinois, longe le fleuve Amour jusqu'à Vladivostok, sur la côte pacifique ; le pétrole serait alors embarqué sur des navires à destination de l'archipel nippon. Malgré le rapprochement intervenu entre Moscou et Pékin, Tokyo a eu gain de cause. L'oléoduc débouchera non pas à Daqing, mais sur le Pacifique, à Nakoudka, la porte du Japon.

Ce projet est l'aboutissement d'un rêve beaucoup plus ambitieux, qui fut ébauché et développé par Armand Hammer. Le milliardaire qui me disait : « Les affaires sont les affaires, mais la Russie, c'est ma romance » avait été à l'origine, le 10 juin 1973, d'un protocole d'accord portant sur 8 milliards de dollars. Ses partenaires : la Bank of America, première banque mondiale, Bechtel, le géant des travaux publics, El

Paso, la compagnie pétrolière et gazière texane, et un groupe de firmes japonaises soutenues par le gouvernement de Tokyo. Maître d'œuvre de cette opération : Occidental. Selon le président d'El Paso : « Hammer est le seul type à pouvoir nous frayer un chemin vers les Soviets. » L'objectif : acheminer du gaz de Vladivostok à Tokyo, puis à Los Angeles, avec l'aide des Japonais, en exploitant le gigantesque champ de gaz naturel de Yakoutsk, en Sibérie occidentale. Le projet prévoyait à terme, en 1980, l'importation de plus de 10 milliards de dollars de gaz soviétique, alimentant la côte Ouest des États-Unis et l'ensemble du Japon.

Un « tigre de papier »

Le projet n'a pas abouti à cause de considérations politiques. En 1973, la Chine semblait émerger d'un long coma et réapparaissait timidement sur la scène mondiale. Kissinger et Nixon négociaient avec Mao le rétablissement des relations diplomatiques, mais l'absurdité économique du système, les dérives de la révolution culturelle faisaient du pays une immense zone de pauvreté et de sous-développement. À cette époque, la guerre du Vietnam battait son plein, le leader chinois, Mao, le « grand timonier », dont on retrouve la présence sur tous les billets de banque, qualifiait les États-Unis de « tigre de papier ». C'est exactement la formule que l'on pourrait appliquer aujourd'hui à la Chine.

Le professeur Xiaojun Ma, expert en sécurité nationale, fait comme tous les dirigeants chinois un cauchemar obsédant : son pays consomme désormais 7 millions de barils/jour, dix fois plus qu'il y a dix ans, et importera bientôt 60 % de ses besoins. Les tankers qui transportent le pétrole accomplissent un périple, du détroit d'Ormuz jusqu'à Shanghai, qui représente 12 000 kilomètres. Des lignes d'approvisionnement étirées que la marine américaine, omniprésente tout au long du trajet, peut à tout moment couper en cas de crise à propos de Taïwan. Dès lors, tel un château de cartes, toute la croissance du pays s'effondrerait.

La Chine cherche des points d'appui et des relais, négocie avec le Pakistan l'aménagement d'un port en eau profonde, avec la Birmanie l'installation de pipelines et l'octroi de facilités navales.

Signe de la tension qui s'exacerbe entre les deux pays, un général chinois a tenu, peu avant mon arrivée, des propos remarqués, affirmant que si les États-Unis envoyaient des missiles nucléaires sur la Chine en cas d'affrontement à propos de Taïwan, Pékin répliquerait immédiatement en frappant avec des armes atomiques la côte Ouest des États-Unis. Je demande à mes interlocuteurs quelle est l'identité exacte de ce militaire. Regards et propos embarrassés. Personne ne sait exactement.

— En tout cas, rétorque Ma, c'est un imbécile, qui de plus n'avait aucune compétence pour intervenir sur ce sujet.

Il a lu, tout comme moi, l'article publié le 27 juillet précédent dans le *Washington Post* par Amy Myers Jaffe, expert pétrolier réputé travaillant sur la Chine, qui écrit : « Dans les années 1930, la tension mutuelle entre les États-Unis et le Japon autour de l'approvisionnement pétrolier a nourri une escalade de la paranoïa qui a contribué à l'éclatement de la Seconde Guerre mondiale. »

Il considère le parallèle inexact :

— Le Japon était belliciste et expansionniste ; nous sommes les premiers à en avoir fait les frais avec l'invasion de la Mandchourie. La Chine, elle, veut seulement pouvoir se développer et trouver toute l'énergie dont elle a besoin.

Devant cette obsession réaffirmée, martelée, je lui demande si les dirigeants chinois ont fait de l'énergie une priorité depuis longtemps. Sa réponse, immédiate, est d'une extrême netteté :

— Ils n'ont peut-être pas anticipé le problème, en raison de la formation de la plupart d'entre eux, qui sont des ingénieurs [1].

La nuit est tombée depuis longtemps et on peut apercevoir par la fenêtre les contours des pavillons du Palais d'été bordant le lac. Dans un pays où les lieux ont valeur de symbole, Mao devenu empereur, féru d'Histoire, a voulu illustrer la permanence du pouvoir et sa continuité en installant l'École centrale du Parti sur le lieu même où vivaient et régnaient ses prédécesseurs, incarnation d'un régime féodal.

La soirée s'achève, nous quittons le salon et Ma me raccompagne jusqu'à l'entrée. Face à nous, la pelouse, le bloc de marbre pris dans les faisceaux des projecteurs et la citation de Mao. Je lui parle de mon enquête et de mes doutes croissants sur la capacité pétrolière des pays du Golfe, et en premier lieu l'Arabie Saoudite, à répondre aux besoins mondiaux. Son visage esquisse un sourire embarrassé, puis il répond :

— Heureusement que vous n'avez pas abordé ce sujet pendant le dîner ; le climat, déjà sérieux, aurait été encore plus grave.

1. Entretien avec l'auteur, juillet 2005.

La « pétrodiplomatie » chinoise

Dans un bar moderne du quartier moderne de Wangfuju, dans une large rue piétonne bordée de commerces, un journaliste chinois me décrit ses difficultés croissantes en insistant pour ne pas être nommé. « Le pouvoir, dit-il, resserre son contrôle sur l'information et toutes les voix critiques sont muselées. Hu Jintao et son équipe incarnent une forme de "dictature technocratique sur le prolétariat". Les nouvelles qui nous parviennent des provinces sont mauvaises. Le mécontentement augmente, la croissance et la répartition sont trop déséquilibrées entre les provinces côtières et le reste du pays. Vous savez, ajoute-t-il, la société chinoise est l'une des plus inégalitaires du monde. 5 % des plus riches s'approprient plus de la moitié des richesses. Et puis il y a ce problème de l'énergie, avec des coupures d'électricité constantes, dans les villes, dans les campagnes[1]. »

Avec ses équipements vétustes, la Chine gaspille quatre fois plus d'énergie que l'Europe.

Le pays est présent sur tous les lieux où se livre une bataille énergétique : il négocie au Venezuela l'achat de 300 000 barils/jour, noue des contacts en Angola et au Soudan.

À la veille de Noël 2004, les manœuvres ont pris une autre ampleur. Fu Chengyu, P-DG de la CNOOC (Chinese National Offshore Oil Corporation), la troisième compagnie pétrolière chinoise, contrôlée par l'État, s'est rendu à Los Angeles pour annoncer à son

1. Entretien avec l'auteur, août 2005.

homologue d'Unocal la volonté de racheter sa société. Pour 13 milliards de dollars, la Chine voulait prendre le contrôle du neuvième groupe pétrolier américain qui, à la fin des années 1990, négociait avec le régime des talibans la construction et le passage d'un oléoduc sur le territoire afghan. Le Congrès s'indigne et s'inquiète du rachat d'une entreprise jugée « stratégique » par un pays potentiellement hostile. L'administration Bush, comme le Congrès, critique la « pétrodiplomatie » chinoise, où les ventes d'armes serviraient souvent à payer les achats pétroliers.

Chevron, le deuxième groupe pétrolier américain, poussé par l'administration, contre-attaque. CNOOC surenchérira jusqu'à 18,5 milliards de dollars, payables cash, ce qui est sans précédent dans l'histoire des OPA. En vain. Bien qu'Unocal ne représente que 1 % de la consommation américaine, la classe politique a eu gain de cause, estimant qu'une telle acquisition « menaçait la sécurité des États-Unis [1] ».

Au cours du dîner, Ma a reconnu : « Le vrai problème pour nous n'est pas la hausse des prix du pétrole mais la sécurité des approvisionnements. » Comme pour les États-Unis, aurais-je pu lui répondre.

Une quête désespérée, et peut-être tardive, qui conduit la Chine à s'intéresser de plus en plus à la région qui constitue à l'ouest sa profondeur stratégique, son prolongement naturel : l'Asie centrale. Le vol d'Ouzbekistan Airlines est le seul lien, deux fois par semaine, entre Pékin et Tachkent, entre l'empire du Milieu et le « Milieu des empires », selon le titre du remarquable livre de

1. « Beijing Joins the Club », *Asian Wall Street Journal*, 29-31 juillet 2005.

Michel Jan et René Cagnat[1]. Le ciel est totalement dégagé et le paysage dix mille mètres plus bas offre une succession de vues saisissantes.

Cinq ans plus tôt, en 2000, j'ai effectué le même trajet en train, mais la géographie s'impose moins à l'esprit et aux regards. Une heure après le décollage, plus d'agglomérations ; l'avion commence à survoler le désert de Gobi, immensité de sables et de fractures rocheuses, où brusquement les limites du désert côtoient les montagnes gelées, couvertes de neige, des contreforts de l'Himalaya. Les glaciers se reflètent au soleil tandis que des dunes de sable viennent mourir sur leurs flancs. Pas une trace de vie, tandis qu'au désert de Gobi succède celui de Takla-makan. Entre les deux, enserrées, les zones habitées et cultivées du Sin-kiang, qui vues d'avion apparaissent comme une immense oasis. Cette impressionnante barrière naturelle entre la Chine et l'Asie centrale conduit à un autre constat : la Chine n'est pas trop peuplée mais mal peuplée. Plus de 80 % du 1,3 milliard d'habitants sont concentrés sur le tiers du territoire. Un géant handicapé, aux membres inférieurs trop allongés et atrophiés, mais à la volonté stupéfiante.

Quatre mois après ce voyage, je lis que la croissance chinoise sera réévaluée à la hausse. Le nouveau chiffre pour 2005 ferait passer la Chine de la septième à la quatrième place dans le classement économique mondial, derrière les États-Unis, le Japon et l'Allemagne, devant la Grande-Bretagne et la France, accentuant encore les tensions énergétiques et politiques.

1. René Cagnat et Michel Jan, *Le Milieu des empires*, Robert Laffont, 1990.

13

Le Milieu des empires

Première sensation : une chaleur écrasante en débarquant de l'avion en ce mois d'août 2005 ; première impression : une torpeur générale, un rythme lent, à l'opposé de l'effervescence pékinoise. Enfin, premier constat : Tachkent ressemble à un grand village Potemkine. L'Ouzbékistan est indépendant depuis 1991 mais, quittant l'aéroport et traversant la ville, on a le sentiment que le temps s'est figé. Le décor planté est toujours celui d'une république soviétique lointaine et négligée. Les avenues larges et vides, bordées d'arbres épanouis et d'immeubles HLM hideux à la peinture rose écaillée, sont empruntées par quelques Lada fatiguées, des camions brinquebalants enveloppés dans l'épaisse fumée noire de leurs pots d'échappement et des autobus bosselés aux vitres cassées.

Pendant des décennies, dans la division du travail conçue par les Soviétiques, le pays a produit du coton et aussi une mafia étroitement liée aux plus hautes sphères du pouvoir communiste. Le régime communiste a aussi abouti à un des plus grands désastres écologiques avec l'assèchement de la mer d'Aral, grande comme le Portugal. L'eau est désormais à plusieurs kilomètres des villages de pêcheurs. La route qui mène de Khivat, magnifique ville relais sur la route de la Soie, à Boukhara longe la mer d'Aral, interdite d'accès aux journalistes. On ne distingue qu'une étendue de terre et de sable qui prolonge cette route au milieu du désert. Seule présence humaine : des policiers qui arrêtent les rares automobilistes pour les racketter. Ce pays hors du temps est devenu au milieu des années 1990 un véritable mirage pétrolier pour les Occidentaux, l'illustration de leur aveuglement. Le sous-sol, croyait-on, recelait d'importantes nappes de pétrole et de gaz. Les Soviétiques avaient exploité plusieurs gisements, mais la mauvaise qualité de leurs équipements et des forages ratés provoquèrent des pertes colossales. Depuis, les compagnies occidentales sont venues, puis se sont retirées. L'Ouzbékistan ne sera jamais un nouvel eldorado pétrolier.

Le pays de la peur

Dans les salons du Tachkent Palace, un hôtel au décor suranné, où un pianiste et une violoniste interprètent la *Chanson de Lara*, mon interlocuteur me parle à voix basse : « C'est un État policier, comme au temps de l'Union soviétique. Les communications sont interceptées, les conversations écoutées. » En poste dans le pays depuis deux ans, cet Européen travaillant pour une société occidentale est un très fin connaisseur de l'Asie centrale. « Le pétrole est une désillusion pour les compagnies occidentales, mais aussi pour le régime, qui rêvait d'une manne pétrolière. » Les seules concessions accordées l'ont été à deux compagnies russes, Ioukos (dont le fondateur a été arrêté, jugé puis expédié en Sibérie par Vladimir Poutine) et Gazprom. Il m'explique qu'un général de l'ex-KGB, devenu responsable des services de sécurité, dirige la compagnie pétrolière ouzbek.

Il juge plus prudent de poursuivre cette conversation dans sa voiture, en effectuant un tour de la ville. Nous parlons d'Islam Karimov, le président du pays, ancien chef du parti communiste du temps de l'Union soviétique. Depuis l'indépendance, il s'est rebaptisé le « Tamerlan des temps modernes », en référence à son illustre prédécesseur dont le tombeau est à Samarkand. Karimov, lui, n'est qu'un satrape, comme ses collègues à la tête du Turkménistan et du Kazakhstan. Curieuse malédiction qui pèse sur l'Asie centrale. Dans la ville d'Andijan, à la frontière du Kirghizistan, il a réprimé dans le sang au printemps 2005 – entre 700 et 1 000 victimes – un soi-disant soulèvement armé d'islamistes. Furieux des condamnations internationales, il a ordonné aux États-Unis de quitter la base militaire qu'ils occupaient depuis les attentats de septembre 2001.

Karimov, maussade et inquiet, s'est rapproché de Moscou... et de Pékin. « Ce pays, me confie mon interlocuteur, est celui de la peur : peur du pouvoir à l'encontre de la population, peur de la population envers le régime. Les habitants n'ont jamais été aussi pauvres, démunis. Le fonctionnement du pouvoir ici est simple : tout est entre les mains du président, de sa famille et des membres de son clan. » Il évoque le cas de la fille de Karimov, richissime, contrôlant de nombreuses affaires et la télévision nationale. « Elle avait épousé un Afghan d'origine ouzbek, exilé aux États-Unis, qui représentait Coca-Cola. Immédiatement après leur mariage, une usine importante a été ouverte dans le pays. Ils ont divorcé rapidement ; du jour au lendemain la production de l'usine a été stoppée. »

Dîner à la périphérie de Tachkent dans un restaurant kirghize. Dans la cour d'un ancien entrepôt à l'abandon, deux grandes yourtes blanches, ces tentes mongoles, abritent une dizaine de tables. L'homme qui me fait face, un Ouzbek de trente-huit ans, occupe un poste important au ministère du Pétrole. Il a longtemps hésité avant d'accepter ce rendez-vous, négocié par un ami commun :

— La police secrète est omniprésente au sein du ministère. Nous connaissons l'ampleur des commissions versées par les compagnies pétrolières non seulement à notre ministre, mais aussi à la famille du président et à ses proches. Les Occidentaux sont déçus par notre potentiel pétrolier mais la Russie et la Chine ont fait une entrée en force. Ioukos et Gazprom, les deux groupes russes, sont concurrencés par China National Petroleum Company [la CNPC], première compagnie pétrolière chinoise. Pékin a d'ailleurs envoyé un signe fort à Karimov en le recevant en visite officielle, quelques jours après le massacre d'Andijan.

Il parle quasiment en chuchotant, mais je le fixe, étonné de l'entendre prononcer le mot *massacre*.

— Pour vous, il n'y a aucun doute ?

— Aucun. Ce qui exaspère Karimov et son clan, c'est que l'étranger l'ait appris. Ici, les choses se règlent d'habitude en silence. Parle-t-on dans votre presse des paysans qui bloquent nos routes pour protester contre leurs épouvantables conditions de vie, des jacqueries [il parle un excellent français appris à Moscou, et a mis un point d'honneur à utiliser le terme exact] de plus en plus nombreuses à travers le pays et qui sont réprimées avec une extrême violence par la police et l'armée ?

Il me regarde, interrogatif.

— Jamais.

Il hoche la tête, satisfait de ma réponse.

— Où partez-vous ensuite ?

— Au Kazakhstan, puis en Azerbaïdjan et en Géorgie.

— La nouvelle route du pétrole, après avoir été la route de la Soie.

Il esquisse un sourire désabusé.

— Vous avez constaté qu'il n'existait que deux vols par semaine entre Pékin et ici. C'est exactement la même fréquence entre Tachkent et Bakou sur la mer Caspienne. Comme si mon pays était dédaigné et négligé par ses voisins. J'ai parfois l'impression que nous ne sommes qu'une brève parenthèse pétrolière dans l'histoire du monde.

Un pouvoir dictatorial et familial

Quitter l'Ouzbékistan, pays totalement enclavé, et franchir la frontière voisine du Kazakhstan, c'est retrouver le même type de pouvoir mais cette fois décomplexé. Karimov n'est qu'une pâle copie introvertie de son homologue kazakh, Noursultan Nazerbraïev. Cet ancien secrétaire général du PC, lui aussi, est devenu président de ce territoire grand comme cinq fois la France à son indépendance en 1991. Nazerbraïev truque ses élections, sans le moindre état d'âme. En novembre 2005, il a été réélu avec plus de 90 % des voix à la tête d'un pays qui est une pure création de l'époque soviétique, où 50 % des Kazakhs coexistent avec le même pourcentage de Russes. Son pouvoir est dictatorial et familial. Sa fille aînée contrôle les trois chaînes de télévision et verrouille l'information, avec l'aide de son époux, vice-ministre des Affaires étrangères et ancien responsable du KGB. La plus jeune a mis la main sur les secteurs de l'immobilier et du luxe, tandis que la cadette, Ariana, est l'épouse de l'homme fort du secteur pétrolier.

À la différence de son voisin ouzbek, le Kazakhstan est courtisé par les pétroliers occidentaux. Deux gisements, Tengiz et Kashagan, ont fait leur bonheur et accru la richesse de la famille Nazerbraïev. Mais pas le niveau de vie de la population. Le chômage reste à des niveaux élevés et la dette extérieure du pays a franchi les 8 milliards de dollars. Un cinquième de tout l'argent du pays dort désormais dans les banques suisses.

Alma-Ata, malgré les pétrodollars, a toujours sa physionomie sombre et négligée de l'époque communiste, et la même population morose. Seul signe du nouveau cours : plusieurs hôtels de luxe ont été construits, dont deux à proximité du palais présidentiel, pour faciliter les séjours des cadres du secteur pétrolier. Cette ville correspondant si peu à l'image qu'il veut donner de son pays, Nazerbraïev a fait édifier une nouvelle capitale.

Washington porte un regard très positif sur le pouvoir kazakh. Dans une interview au *Monde*, le néo-conservateur Bruce Jackson, proche des faucons actuellement au pouvoir, autoproclamé spécialiste en transitions démocratiques, déclare en parlant de Nazerbraïev : « Pourquoi un président populaire a-t-il recours à des méthodes autocratiques pour se faire réélire ? [En effet !] La démocratie y est-elle ressentie comme une menace ? [la question mérite amplement d'être posée][1]. »

Les propos de Jackson reflètent de manière hypocrite la pensée de Dick Cheney. Le futur vice-président manifestait déjà en 1996 – il dirigeait alors Halliburton – son agacement devant les sanctions prises contre certains régimes.

En réalité, Cheney était fort injuste avec l'ancien locataire de la Maison-Blanche. Un des anciens conseillers de Bill Clinton, qui souhaite garder l'anonymat, m'a déclaré : « Les propos de Cheney m'ont indigné. C'est nous qui avons "fait" de la mer Caspienne une alternative pétrolière au Moyen-Orient. Clinton téléphonait fréquemment aux dirigeants de la région, les recevait à la Maison-Blanche. Il leur répétait : "Diversifier nos fournitures d'énergie, c'est renforcer l'Amérique." C'était pour nous une zone à la fois sensible et attirante. Les États-Unis et l'Occident avaient besoin de ce pétrole mais il ne fallait à aucun prix qu'il transite par la Russie. Et puis se posait le cas de l'Iran, pays riverain de la Caspienne, mais que nous avions frappé d'embargo. Le résultat fut la création d'un oléoduc partant de Bakou, en Azerbaïdjan, pour rejoindre les côtes turques, en passant par la Géorgie. En 2000, Clinton se rendit en Turquie pour présider, entouré des chefs d'État concernés, la signature de

1. Bruce Jackson, entretien, *Le Monde*, 13 décembre 2005.

l'accord favorisant la construction de ce gigantesque pipeline, le fameux BTC (Bakou-Tbilissi-Ceyhan). Pétrole et stratégie étaient ainsi étroitement liés[1]. »

Une seule année de consommation

À l'orée de l'an 2000, le ministère américain de l'Énergie estime dans un rapport que les réserves « prouvées » de la mer Caspienne sont évaluées entre 18 et 33 milliards de barils (une fourchette large). Rappelons que la consommation annuelle, en constante augmentation, est aujourd'hui de 30 milliards de barils. L'estimation haute de ces ressources ne représente donc au mieux qu'une seule année de consommation.

Au début de l'année 2001, les compagnies pétrolières occidentales cachent mal une vive déception. Elles ont foré vingt-cinq puits. Vingt se sont révélés « secs ». Seul le site de Kashagan, présenté comme le plus important gisement de la décennie, permet de sauver la mise. Mais il marque un tournant.

Depuis 2000, le montant des réserves découvertes à travers le monde par les dix plus grandes compagnies pétrolières n'a cessé de décliner.

Plus étrange encore, BP et Statoil, la compagnie pétrolière norvégienne, revendent en 2002 pour 800 millions de dollars les 14 % qu'elles détiennent sur le site de Kashagan. De nouvelles vérifications effectuées par le groupe pétrolier anglais auraient révélé que le site est moins prometteur qu'espéré. Qu'importe, il se trouve dans les eaux territoriales kazakhes et va favoriser, avec le gisement de Tengiz, l'enrichissement illicite et scan-

1. Entretien avec l'auteur, Londres, 2005.

daleux du président et de sa famille. Une situation exemplaire en raison du cynisme déployé et de l'ampleur de la corruption. Une histoire à plusieurs voix dont les témoins rencontrés ont fourni des fragments. Tous appartiennent au secteur pétrolier et ont exigé l'anonymat.

Comme cinquante années auparavant, dans la région du golfe Persique, tous les grands du pétrole se retrouvent en mer Caspienne, unis par les mêmes espoirs, divisés par les mêmes rivalités.

Depuis le milieu des années 1980, les Soviétiques s'efforçaient d'exploiter le gisement terrestre de Tengiz, considéré comme un des plus prometteurs depuis la découverte en 1968 de Prudhoe Bay en Alaska. Une erreur de forage provoqua une gigantesque explosion qui ravagea le site. Pendant plus d'un an, Tengiz ne fut qu'un gigantesque brasier dont les flammes s'élevaient à plus de 1 kilomètre de hauteur.

En 1995, Mobil, qui fusionnera peu après avec Exxon pour former le premier groupe pétrolier mondial, négocie l'achat d'une part importante de Tengiz. Les rencontres, en 1996, entre les dirigeants de Mobil et le président kazakh amènent ce dernier à formuler une liste impressionnante d'exigences : que Mobil lui achète un nouvel avion, un jet Gulfstream, finance le réaménagement des courts de tennis sur sa propriété, achète quatre camions techniques avec parabole satellite destinés aux chaînes de télévision de sa fille. Mobil prétend avoir refusé ces exigences, mais Nazerbaïev dispose depuis cette époque d'un nouvel avion.

L'accord final sur Tengiz est signé le 3 mai 1996. Il porte sur le versement de plus de 1 milliard de dollars et l'achat par Mobil de 25 % des actions de Tengiz-

Chevroil, le consortium qui administre le gisement. Mobil et son rival Chevron commercialiseront le pétrole extrait. J'ai découvert avec intérêt que la négociatrice de Chevron en mer Caspienne durant toute cette période était Condoleezza Rice, la future secrétaire d'État, alors dirigeante du groupe pétrolier.

Les dirigeants kazakhs exigent que les versements soient effectués sur des comptes numérotés en Suisse ; un simple « transit », prétendent-ils, avant leur retour sur les comptes gouvernementaux. Seymour Hersh a recueilli les confidences de l'ancien Premier ministre, Akezan Kazhegeldin, désormais en exil et passé dans l'opposition. Quand il quitte ses fonctions en 1997, 600 millions de dollars ont déjà été versés par Mobil, mais seulement 350 millions apparaissent sur le budget kazakh. « Je sais, ajoute l'ancien dirigeant, que l'argent restant n'est jamais arrivé [1]. »

En juillet 1997, le *Financial Times* publie les confidences d'officiels kazakhs affirmant qu'il est impossible d'identifier la destination finale de 500 millions de dollars versés pour le paiement du gisement de Tengiz. Cet argent, représentant 3 % du produit national brut du Kazakhstan, n'est jamais arrivé « dans le budget du pays » [2].

1. Seymour Hersh, « The Price of Oil », *The New Yorker*, 9 juillet 2001.

2. *Financial Times*, juillet 1997.

Accroître encore ses profits

Pour accroître encore ses profits, Nazerbraïev décide de signer un accord « Swap [1] » avec l'Iran. Le pétrole extrait de Tengiz sera acheminé par rail puis par bateau jusqu'au port iranien d'Aktau, où il sera raffiné. En échange, les Iraniens mettent à disposition du Kazakhstan des quantités équivalentes de pétrole, chargées sur des navires iraniens dans le golfe Persique. Pour le dirigeant kazakh, c'est une manière de briser l'enclavement de son pays, dont le seul espace maritime, la Caspienne, est une mer totalement fermée. Mobil n'apparaît pas dans l'accord, et pour cause. Elle viole l'embargo contre l'Iran que Washington a décrété depuis 1979 et que Bill Clinton a encore renforcé. Depuis 1994, les compagnies américaines ont interdiction de commercer avec Téhéran, et même de s'engager dans des accords Swap. Pourtant, l'enquête révèle que c'est exactement ce que fait Mobil. Il est vrai que les perspectives financières sont alléchantes : un accord de dix ans portant sur plusieurs milliards de dollars.

Dès le début des négociations, le vice-président de Mobil, Bryan Williams, désigne un représentant qui assiste à toutes les discussions. L'accord remonte, selon Seymour Hersh, jusqu'au président iranien Hashemi Rafsandjani et il est décidé que la compagnie maritime qui se chargera des affrètements sera API. Cette société italienne entretient des liens étroits avec Mobil et son responsable, Biagio Cinelli, a travaillé pour la compagnie pétrolière américaine en Europe et

1. Accord d'échange.

en Afrique. Cet édifice habilement construit ne dure que le temps d'une livraison en 1997 [1]. Les Iraniens rencontrent des difficultés pour raffiner le pétrole en provenance de Tengiz, en raison de sa teneur en soufre.

La Caspienne demeure à cette époque un eldorado convoité. En 1998, BP a fusionné avec l'American Amoco, puis le groupe s'est renforcé par le rachat, pour 26,5 milliards de dollars, du pétrolier Arco, qui exploite le gisement de Prudhoe Bay en Alaska. Le groupe anglais considère depuis de longues années la Caspienne comme sa chasse gardée.

Pourtant, une enquête du ministère américain de la Justice, au terme d'une étroite collaboration avec les autorités judiciaires suisses, révèle que le 19 mars 1997 Amoco Kazakhstan Petroleum, la filiale de BP Amoco engagée dans l'exploitation du gisement off shore de Kashagan, a transféré 61 millions de dollars d'une banque new-yorkaise, la Banker's Trust, au compte 1215320 du Crédit agricole Indosuez situé à Genève. Il y a eu deux transferts et trois jours plus tard l'argent était réparti sur plusieurs comptes contrôlés par le président kazakh et ses proches, notamment son ministre du Pétrole.

L'arrivée au pouvoir, en janvier 2001, de l'administration Bush, qualifiée de « protecteur naturel des pétroliers », va renforcer l'intérêt des États-Unis pour la zone. Cheney consacrait un temps important à la Caspienne ; il insistait pour que les agences gouvernementales « renforcent leur dialogue commercial [2] »

1. Seymour Hersh, art. cit.

2. *Washington Times*, 20 juillet 2001. American Department of Energy, Caspian Sea Region, Country Analysis, février 2002.

avec le Kazakhstan. Nazerbraïev était traité à Washington non seulement comme un allié, mais aussi comme un leader charismatique.

Un tête-à-tête avec Cheney

Le 8 février 2001, un mois après l'entrée en fonctions de cette administration, le responsable d'Exxon-Mobil est reçu en tête à tête pendant plus de trente minutes par le vice-président Cheney. Six jours plus tard, les dirigeants du premier groupe pétrolier mondial sont auditionnés par les membres de la Commission sur l'énergie que Cheney vient juste de créer. Exxon-Mobil, deuxième contributeur en importance du parti républicain, est un partenaire qui mérite d'être choyé, même si les orages s'amoncellent sur la tête de ses dirigeants. Deux Grands Jurys américains s'intéressent aux commissions payées à Nazerbraïev, ainsi qu'à la violation de l'embargo avec l'Iran. Des poursuites qui inquiètent le président kazakh, qui a fait voter par le Parlement, à ses ordres, une loi lui assurant l'immunité à vie[1].

John Ashcroft, leader de l'extrême droite religieuse et à l'époque secrétaire à la Justice, s'efforce de freiner l'enquête. Le lien entre Ashcroft et le monde pétrolier n'apparaît pas évident jusqu'à ce que je découvre qu'Exxon-Mobil a largement financé ses campagnes électorales. Un interlocuteur, ancien membre du Conseil national de sécurité de la Maison-

1. International Eurasian Institute for Economic and Political Research, *The Kazakhstan*, 21st Century Foundation, Washington, 3 mai 2001.

Blanche, me livre la deuxième clé qui fait de la Caspienne un enjeu essentiel pour Washington : « Au moment où la production mondiale de pétrole décline rapidement, c'est la seule zone dont la croissance soit en hausse. Même si les projections ont été revues à la baisse, une production quotidienne de 2 millions de barils n'est pas négligeable. »

14

« Tout ce qui se déroule dans cette région nous préoccupe »

Bakou est un lieu fascinant, le premier où de mémoire d'homme le pétrole[1] a jailli. Marco Polo, dans ses récits de voyages, mentionne la traversée de cette région où l'huile suinte des roches et dont le sol est imprégné d'un liquide noir que les autochtones utilisent pour se chauffer ou comme lubrifiant. À la fin du XVIIIe siècle, des voyageurs rapportent qu'un morceau de corde enflammé, jeté dans la mer Caspienne à plus de 10 kilomètres des côtes, ne s'éteint pas, en raison des bulles de gaz montant vers la surface.

Bakou, par sa population et sa géographie, appartient au Moyen-Orient. Les habitants, les Azéris, ont eux appartenu à la Perse jusqu'à leur annexion par la Russie en 1813. De l'autre côté de la frontière, en

1. Pétrole provient du bas latin *petroleum* qui signifie littéralement « huile de pierre ».

Iran, les Azéris représentent aujourd'hui 30 millions d'habitants, soit la moitié de la population. En 1946, Staline envoya des troupes occuper l'Azerbaïdjan iranien. « Tout ce qui se déroule dans cette région nous préoccupe, avait-il déclaré, y compris quelqu'un qui craque une allumette. » La paranoïa de Staline se nourrissait d'une longue habitude de cette région. Il était né dans la Géorgie voisine.

La Seconde Guerre mondiale, les tentatives de Hitler pour prendre le contrôle de Bakou et de la mer Caspienne – cette zone était déjà un des objectifs de l'armée allemande en 1914 –, la victoire alliée lui avaient fait prendre conscience de sa vulnérabilité. « Les champs pétrolifères de Bakou sont notre principale source d'approvisionnement pétrolier », disait-il à ses proches collaborateurs.

L'occupation du nord de l'Iran, première crise Est-Ouest, marquait les débuts de la guerre froide et aussi l'obsession du dictateur communiste. « Bakou est vulnérable, nous sommes trop près de la frontière iranienne[1]. »

En occupant cette portion du territoire voisin, il pensait créer un véritable glacis. Washington et Londres, dont les compagnies BP, Gulf, Exxon étaient solidement implantées en Iran, engagèrent une véritable épreuve de force qui obligea Moscou à céder. L'initiative de Staline avait aussi une autre raison : en 1946, les gisements de Bakou produisaient 30 % de moins qu'au début du déclenchement de la Seconde Guerre mondiale, et l'URSS avait besoin du maximum de pétrole pour reconstruire une économie dévastée[2].

1. *FRUS 1946*, volume 6.

2. Bruce R. Kunilhom, *The Origins of the Cold War in the Near East : Great Power, Conflict and Diplomacy in Iran, Tur-*

Un eldorado et un enfer

À la fin du XIXe siècle, le régime tsariste alloua les concessions pétrolières aux plus offrants. « Les enchères, précise l'historien Leonard Mosley, atteignaient l'équivalent de 1 million d'euros, pour des terres qui, quelques mois auparavant, n'auraient pas coûté un centième de cette somme. Une fois l'affaire conclue, les heureux propriétaires entreprirent aussitôt d'ériger des derricks et se mirent à forer sans plus attendre. Ils n'avaient nul besoin de se poser la question : "Où creuser ?", dans la mesure où les territoires vendus aux enchères n'étaient autres que ceux où les autochtones creusaient des puits à la main depuis des temps immémoriaux. »

Bakou devint un eldorado et un enfer. Des fortunes considérables s'édifiaient ainsi que d'extravagants palais. La façade de l'un d'eux était recouverte de feuilles d'or fin, tandis que l'intérieur était décoré de marbre rose d'Italie aux bordures d'or massif. Les plus grands bijoutiers de Paris ouvraient des succursales à Bakou, qui devenait un lieu réputé pour sa richesse et sa vulgarité, où affluaient les demi-mondaines.

L'homme le plus riche de la communauté pétrolière, un Arménien du nom d'Alexandre Mantachoff, affirmait : « Seuls les faibles sont bons, parce qu'ils ne sont pas assez forts pour être méchants[1]. »

Les ouvriers employés sur les gisements connais-

key and Greece, Princeton University Press, 1980 ; *Soviet Natural Ressources in the World Economy*, University of Chicago Press, 1983.

1. Leonard Mosley, *op. cit.*

saient des conditions de vie et de travail qui relevaient d'une exploitation inhumaine, proche de l'enfer. Ils vivaient dans une petite ville, artificiellement créée, surnommée « la ville noire », à 20 kilomètres de Bakou, dans de minuscules huttes en bois, à proximité des puits. Les ruelles, comme les habitations, étaient imbibées de pétrole et les accidents fréquents, incendies, explosions, causaient de nombreuses victimes. Les salaires, ridiculement bas pour ces conditions de travail éprouvantes, s'accompagnaient d'une répression féroce en cas de protestation ou de soulèvement.

Ce Far West oriental allait faire la fortune d'une famille suédoise : les frères Nobel devinrent rapidement les plus gros producteurs de la région, contrôlant non seulement la production, mais aussi le transport, qui se faisait par chemin de fer, dans des tonneaux. Leur réussite impressionnante menaça même l'hégémonie de John D. Rockefeller.

« Le pétrole va seulement changer la vie de nos dirigeants »

Cent ans plus tard, Bakou n'a pas vraiment changé. C'est une ville vulgaire et grouillante, affairiste et affairée, où le pétrole est au cœur de tous les enjeux, comme durant l'époque lointaine où elle attirait une humanité dont la vie valait moins cher que la plus petite goutte d'or noir extraite.

Lorsque vous marchez dans les jardins publics qui longent la jetée, où les habitants aiment déambuler le soir, la brise venant du large contient une odeur forte et âcre de pétrole brut, tandis que d'épaisses nappes, surmontées de gouttelettes, flottent à proximité, échappées des derricks construits sur la mer à quelques centaines de mètres.

Bakou respire un pétrole dont la population n'a jamais bénéficié, quels que soient l'époque ou le régime. Le tsarisme, le communisme et le capitalisme n'ont rien changé. Ce pays de 8 millions d'habitants, dont 2 millions vivent dans la capitale, compte 70 % de chômeurs et le salaire moyen est inférieur à 150 dollars. Un chauffeur de taxi, auquel je fais remarquer : « Les nouvelles ressources pétrolières vont peut-être changer votre vie », me répond avec un sourire désabusé : « Non, monsieur, elles vont seulement changer la vie de nos dirigeants. »

La mer Caspienne, la plus grande mer fermée au monde, avec 400 000 kilomètres carrés mais au statut juridique ambigu – est-ce une mer ou un lac ? –, et Bakou sont désormais au cœur d'un « grand jeu » pétrolier et géostratégique. La première visite de Vladimir Poutine, élu président, fut pour Bakou. La première visite de Margaret Thatcher, si proche de BP et de l'industrie pétrolière, lorsqu'elle quitta le 10 Downing Street et son poste de Premier ministre, fut également pour Bakou, en 1992. Deux séjours qui ne doivent rien au hasard, mais exigent un bref retour en arrière.

En 1945, à Yalta, Staline négocie une clause secrète avec Churchill. BP sera autorisée à fournir son expertise pour la recherche de gisements en mer Caspienne. Cette coopération, soigneusement encadrée, ne commence à prendre effet qu'en 1951, avec le retour au pouvoir de Winston Churchill, et sera payée par des ventes de pétrole russe. L'objectif de Staline : l'appui de la Grande-Bretagne, puissance déclinante mais acteur pétrolier de premier plan, de l'autre côté de la frontière, en Iran.

Le dirigeant soviétique joue un double jeu : en 1948, à sa demande, l'état-major soviétique expose au Politburo, la direction du Parti et du pays, un vaste plan d'opérations comportant une offensive éclair sur le golfe Persique, menée par une armée blindée de cinquante divisions. Deux ans plus tard, en novembre 1950, Moscou réunit une conférence consacrée au Moyen-Orient où, en présence de nombreux délégués de pays arabes, sont envisagés « les moyens de protéger la zone pétrolifère de l'URSS en même temps que l'annexion des sources de carburant situées dans les pays limitrophes[1] ».

Le problème que doit affronter Staline est celui que rencontreront ses successeurs : le retard catastrophique de la technologie pétrolière soviétique, un fossé qui ne cessera de s'accroître. À cette époque, les experts pétroliers occidentaux estiment à plus de trente ans le retard de Moscou dans les domaines de la prospection et du forage. En 1980, les compagnies occidentales peuvent sonder jusqu'à 20 kilomètres de profondeur ; les Soviétiques n'ont jamais dépassé 5 kilomètres. Alors qu'il faut six mois aux compagnies occidentales pour forer à 5 000 mètres, les Soviétiques mettent trois ans. Ce handicap interdit toute prospection profonde. Le pétrole de la mer Caspienne est facile d'accès, tout comme celui des pays voisins, l'Iran et les monarchies du Golfe. Si Moscou a toujours jalousement veillé sur ces gisements, c'est moins pour des raisons de géostratégie que de survie économique.

En 1991, l'effondrement de l'empire communiste

1. Jacques Benoist-Méchin, *Ibn Séoud*, Albin Michel, 1962.

prive Moscou d'une de ses principales sources d'approvisionnement. L'Azerbaïdjan, province reculée et méprisée par le pouvoir central, devient indépendant. Et l'objet de toutes les convoitises.

Renverser le président élu

Bakou, 16 heures, place des Fontaines, au centre-ville. Au troisième étage d'un immeuble du début du siècle, des bureaux plongés dans la pénombre. Les volets sont fermés en raison de la chaleur écrasante qui règne durant cet été 2005 et j'aperçois quelques promeneurs qui traversent l'esplanade bordée de palmiers. L'homme qui me fait face, petit, râblé, souriant, la quarantaine, est depuis plus de quinze ans un des acteurs importants du secteur pétrolier. Il en connaît les arcanes, les secrets, les hommes et a longuement hésité avant de me rencontrer – ses conditions : « Pas de photo, aucune mention de mon identité. »

Nous nous installons dans la salle de réunion, une vaste pièce au plafond à moulures. Une secrétaire apporte des cafés, referme la porte. Je parle des informations que j'ai rassemblées depuis plusieurs mois et qui complètent les révélations du *Sunday Times* sur l'implication de BP dans le coup d'État de 1993 qui a renversé le président élu.

— C'est un fait avéré. BP a acheté les hommes et les armes nécessaires au renversement d'Elchibey. Le premier président démocratiquement élu du pays était un indépendantiste, pas vraiment l'interlocuteur le plus rassurant ni le plus docile pour le groupe pétrolier.

Le *Sunday Times* s'est appuyé sur un rapport obtenu des services secrets turcs qui détaille les préparatifs du coup d'État et les rencontres avec des responsables de BP pour discuter d'un accord « armes-pétrole ». L'ancien officier du renseignement militaire turc, présent à ces réunions, mentionne que le groupe pétrolier entretient des contacts avec des intermédiaires pour l'achat d'armes, et il évoque une autre rencontre à laquelle il assistait « où étaient présents des représentants et, à ce que j'ai compris, des responsables importants de BP, Exxon, Amoco, Mobil et Turkish Petroleum Company. L'objectif : l'obtention des droits pétroliers ». Plus loin, le rapport, qui n'a jamais été contesté ni par BP ni par le gouvernement britannique, mentionne sans ambiguïté que BP et Amoco, qui forment l'Azerbaidjan International Oil Company (AIOC), sont « derrière le coup d'État (*behind the Coup*) qui va renverser le président Elchibey et faire quarante morts [1] ».

Mon hôte m'écoute, un léger sourire aux lèvres, les mains croisées posées sur la table.

— Tout est exact. BP entretient depuis toujours des liens étroits avec les services secrets britanniques. Des agents du MI-6, présents à Bakou, ont noué des contacts avec les chefs des mafias locales pour recruter les hommes nécessaires. D'un point de vue technique, ce renversement du chef de l'État fut une opération très professionnelle soigneusement orchestrée de bout en bout.

1. « BP Accused of Backing Arms for Oil Coup », *Sunday Times*, 26 mars 2000.

En effet, les pétroliers détiennent un joker de poids dans leur manche : Heydar Aliyev, l'ancien maître du pays au temps de l'Union soviétique. Cet ex-chef du KGB a été le premier musulman à siéger au Bureau politique, l'organe du pouvoir suprême de l'ancienne URSS.

Aliyev-BP, un attelage improbable qui va se révéler une réussite fructueuse pour les deux partenaires. En 1994, peu après son arrivée à la présidence, l'ancien communiste converti aux « délices du capitalisme » signe un accord avec BP et plusieurs autres compagnies occidentales d'un montant de 5 milliards de livres et portant sur l'exploitation de la Caspienne.

Aliyev est le casting parfait pour la fonction : il est à la fois cupide et vaniteux. Dans Bakou, son portrait est omniprésent sous forme de sculptures, peintures ou photos géantes. Toutes à l'identique : un homme aux cheveux blancs lissés en arrière, la main levée et le sourire bienveillant pour son peuple, vêtu d'un costume souvent bleu clair toujours impeccablement coupé. Ses vêtements étaient taillés sur mesure en Angleterre, et ses chaussures provenaient des meilleurs bottiers italiens.

— C'était un homme, confirme mon interlocuteur, qui attachait une grande importance à son élégance... et à ses comptes en banque.

— Comme Bongo.

— Vous ne croyez pas si bien dire. Les relations entre la famille Aliyev et BP sont en tout point semblables à celles que le président du Gabon entretenait avec Elf. Il gouvernait de manière paternaliste et populiste. Au lieu d'interdire les partis d'opposition, il jouait habilement à les diviser. Résultat : 51 partis et un émiettement dramatique, marqué par des rivalités de personnes. Chaque mois, il apparaissait à la télévision entouré de son gouvernement et ses interventions duraient parfois près de quatre heures. À un moment, il se tournait théâtralement vers un ministre : « On me dit qu'il y a des problèmes d'approvisionnement en gaz dans telle province. Tu es renvoyé. » Et il signait devant les caméras son ordre de révocation. Voilà comment il gouvernait. Paradoxalement, sur le plan régional, cet ancien vice-ministre de la Sécurité (KGB), autrefois laquais de Moscou, a su tenir la Russie à distance. Mais son enrichissement personnel s'accompagne d'un bilan économique désastreux. Deux millions d'Azerbaïdjanais vivent à l'intérieur de la Fédération russe, expatriés pour raison économique. Les transferts financiers effectués par cette population émigrée équivalent pratiquement au budget annuel du pays.

Je l'interroge aussi sur l'ancien homme de confiance d'Aliyev, Marat Manafov, qui aurait négocié auprès de BP, en 1994 et 1995, 360 millions de dollars de commissions en faveur de son patron.

— Il a fait des déclarations imprudentes, évoquant des « accords secrets entre la famille Aliyev et les compagnies pétrolières », je le cite. Six mois plus tard, il disparaissait mystérieusement sans laisser de traces.

Personne en tout cas n'a intérêt à ternir cette entente entre Aliyev et BP. En 1998, le président azéri effectue une visite officielle à Londres. Le Premier ministre Tony Blair le reçoit avec tous les égards. À ses côtés, son ministre du Commerce, Lord Simon of Highbury, qui était à la tête de BP lors de la préparation et du déclenchement du coup d'État de 1993 qui a porté Aliyev au pouvoir.

Le scénario parfaitement huilé semble se gripper en 2003. Aliyev meurt, mais sa longue maladie permet d'organiser sa succession : ce sera son fils, Ilham, jusqu'ici président de la Socar, la société pétrolière nationale. Un joueur invétéré qui a contraint son père à fermer les casinos du pays et à racheter sa dette de jeu, d'un montant considérable, à un mafieux turc.

Une des rares personnes que Heydar Aliyev reçut, en présence de son fils, durant son agonie, fut Lord Browne, le président de BP. « Une visite de sympathie motivée par un intérêt mutuel », lâche, ironique, le « correspondant » d'un service secret européen. Il est jeune, la trentaine ; chemise ouverte, sac en bandoulière, il ressemble plutôt à un étudiant en voyage. Nous déjeunons à la terrasse d'un restaurant de poissons qui appartient au ministre de l'Intérieur. À proximité des portes et du mur d'enceinte de la vieille ville où de nombreuses compagnies pétrolières ont leur siège. Des 4 × 4 noirs rutilants stationnent à proximité de maisons rénovées qui jouxtent le bâtiment de la Cour constitutionnelle.

— BP, dit-il, est un facteur de stabilité. Si le pouvoir était renversé, tous les investisseurs se retireraient du pays.

Plusieurs informations concordantes m'ont appris que les États-Unis et Israël, qui entretiennent des ambassades importantes, utilisent le territoire azéri comme base arrière pour infiltrer des forces spéciales de la CIA et du Mossad en territoire iranien, où elles sont chargées de repérer les sites militaires et nucléaires dans l'hypothèse d'une future intervention.

— C'est probable, mais il est bien sûr impossible d'en avoir confirmation. Au grand dam de l'ex-KGB et de l'armée russe, qui ont conservé des relais importants dans les coulisses du pouvoir azéri.

« Ici, tout s'achète et tout se vend »

— Le président Aliyev est un homme qui représente des milliards de dollars et qui pèse lui-même des millions de dollars ; il est normal que les compagnies pétrolières et les pays occidentaux, ainsi que leurs alliés israéliens, se préoccupent de sa longévité.

Moustache épaisse, ton ironique, l'homme est cadre supérieur au ministère du Pétrole. Il enseigne également à l'université de Bakou, qui a formé des générations de géologues et d'experts pétroliers.

— L'actuel président de l'Angola, Dos Santos, a étudié à Bakou. Mon salaire mensuel est de 200 dollars, exactement ce que gagne un ingénieur travaillant pour la compagnie pétrolière nationale. Les ingénieurs employés par BP sont payés entre 700 et 1 000 dollars. Ma femme travaille pour la société qui assure les fournitures en gaz de Bakou. Elle touche 75 dollars, payés en général avec du retard. Nous sommes des privilégiés pauvres, conclut-il.

La phrase qui revient le plus souvent dans la bouche

de cet interlocuteur azéri : « Ici, tout s'achète et tout se vend. » Les postes, les diplômes, que l'on veuille devenir policier, ambassadeur ou médecin. Les tarifs sont connus de tous. Le prix d'un meurtre : 100 dollars pour un tueur à gages sans grande qualification ; 300 dollars pour un professionnel confirmé, moins cher que l'exemption du service militaire : 400 dollars.

Bakou est une ville qui vit depuis toujours dans la démesure et la privation : démesure des enjeux pétroliers et des sommes colossales qu'ils génèrent ; privation constante de la population. C'est aussi une cité sans mémoire mais dont l'histoire est concentrée en quelques lieux. Il y a d'abord cet édifice sévère construit face à la mer : pierre sombre, tour crénelée, il fut le bâtiment du gouvernement durant une partie de l'ère soviétique. À l'autre extrémité de la jetée, à proximité de l'immeuble où le général de Gaulle passa la nuit, en 1943, en route pour la conférence de Téhéran, le siège imposant de la Socar, la compagnie pétrolière nationale, installée dans l'ancienne résidence d'un millionnaire du pétrole, sur une place rebaptisée « Place du pétrole azerbaïdjanais ». Juste à proximité, veillant sur cette manne, les bâtiments en marbre blanc de la présidence de la République. Et, à 150 mètres environ, un énorme cube blanc insolite, masse laide qui ressemble à un Lego oublié, obstrue le paysage : Aliyev, alors premier secrétaire du Parti, le fit construire au début des années 1970 uniquement pour accueillir le banquet de 500 personnes donné à l'occasion de la visite de vingt-quatre heures effectuée par Brejnev en Azerbaïdjan.

Je visite le cimetière où Aliyev est enterré depuis 2003. Étrangement, il est situé juste en face du ministère de la Sécurité, ex-KGB ; un bâtiment de ciment gris aux minuscules fenêtres, ressemblant à des lucarnes, pour lequel Aliyev avait une grande tendresse. Toute l'histoire, dramatique, du pays est résumée ici : des allées de bustes en marbre ou de sculptures en pierre, qui restituent avec précision les traits des médaillés du Travail socialiste, des membres de l'Académie des sciences ou encore des marionnettes aux mains de Moscou. Comme Pichveri, le président qui réclamait « spontanément » en 1945, sur l'ordre de Staline, l'annexion de l'Azerbaïdjan iranien et de son pétrole.

Le traitement réservé à Aliyev est exceptionnel : des tombes ont été déplacées pour offrir suffisamment d'espace à la sienne. Costume de pierre toujours aussi parfaitement coupé, bras levé et sourire aux lèvres, il a les pieds dans le gazon et son épouse à proximité, assise sur un banc, sculptée avec le même réalisme, un livre à la main. Ce n'est pas un ancien apparatchik du KGB que l'on représente ici mais deux personnages qui paraissent sortis de l'univers de Tchekhov.

Le plus gros enjeu pétrolier

Non loin de cette quiétude, à quelques centaines de mètres, se trouve un autre cimetière... marin, cette fois. Des carcasses rouillées de navires à moitié immergés côtoient d'énormes hangars à l'abandon. À proximité, une forêt de derricks construits sur la mer, ou plutôt sur d'immenses nappes de pétrole mêlées à l'eau : entre cinq cents et six cents, en métal rouillé, installés pour certains depuis plus de soixante ans. La production est faible, mais les Chinois, à l'affût de la moindre goutte d'or noir, se sont portés acquéreurs tout comme au Kazakhstan.

Le chantier naval, survivance de l'ère communiste, porte le nom de « Commune de Paris ». Contraste et paradoxe. Je suis à Bibi-Eibat, la zone où en 1875 fut exploité le premier gisement de pétrole. Une terre sombre, gorgée d'or noir, où d'immenses flaques stagnent. Forée pendant plus d'un siècle sans la moindre précaution, la Caspienne est devenue une catastrophe écologique, tandis que Bakou est un désastre environnemental. Les Soviétiques la considéraient si peu comme une ville qu'ils ont installé en pleine agglomération deux immenses raffineries toujours en activité.

À la sortie de la capitale, la route s'élargit et s'améliore jusqu'à passer à 4 voies. Sur la plage en contrebas, des baigneurs nagent à cinq cents mètres d'énormes plates-formes pétrolières. Deux d'entre elles sont d'anciennes plates-formes soviétiques réaménagées pour 200 millions de dollars chacune ; les quatre autres constituent le dernier cri de la prospective pétrolière : forage jusqu'à une profondeur d'eau de 3 000 mètres et 11 000 mètres de profondeur de puits.

Nous sommes à quelques kilomètres du plus gros enjeu pétrolier des trente dernières années : le BTC, pour Bakou-Tbilissi-Ceyhan, un pipeline qui part de Bakou, à côté de Sangachal, et traverse la Géorgie puis la Turquie jusqu'au terminal de Ceyhan – 1 750 kilomètres de la Caspienne à la Méditerranée qui permettent à BP Amoco, maître d'œuvre du projet, et à ses associés d'éviter le passage par la Russie. Douze mille personnes ont travaillé pendant plus de deux ans sur ce chantier dont le coût total est de

3,6 milliards de dollars. Le consortium, composé de BP, actionnaire à 30,1 %, Socar à 25 %, Unocal à 8,90 %, Statoil à 8,71 %, la compagnie turque TPAO à 6,53 %, ENI à 5 %, Total à 5 %, Itochu à 3,40 %, Impex à 2,50 %, Conoco Philipps à 2,50 % et Amerada Hess à 2,36 %, a avancé 1 milliard de dollars sur ses fonds propres. Le reste a été apporté par des banques privées et des organismes internationaux telles la Banque mondiale ou la BERD, Banque européenne pour la reconstruction et le développement.

Une présence que je trouve extrêmement surprenante. La Banque mondiale est censée financer des projets de développement dans et pour des pays du tiers-monde, tout comme la BERD en Europe de l'Est, et non pas voler au secours des compagnies pétrolières en investissant des centaines de millions d'euros de fonds publics. Aux États-Unis, ce sont l'OPIC [1] et l'Ex-Immbank [2] (Export-Import Bank), les deux organismes publics garantissant les crédits à l'exportation et assurant les projets, qui ont été mis à contribution. En cas de pertes, les contribuables américains éponngeront.

Pour les compagnies pétrolières engagées dans ce projet, le risque de financement est nul et les calculs de profitabilité reposent sur un pétrole à 25 dollars le baril, largement dépassé aujourd'hui. Autre exemple de cette « connivence » : le représentant de la BERD

1. Overseas Private Insurance Corporation. Créée en 1971, cette agence fédérale a garanti, depuis cette date, plus de 150 milliards de dollars d'investissements américains à travers le monde.

2. Export Import Bank of United States, *Ex-ImBank Approves 160 Million Guarantee's to Support Bakou-Tbilissi-Ceyhan Pipeline*, Washington, 30 décembre 2003.

en Azerbaïdjan, Thomas Moser, est devenu membre du directoire d'AZ Petrol. Cette compagnie azérie est spécialisée dans le transit du pétrole vers la Géorgie et l'homme à sa tête, Rafik Aliyev, est le frère du ministre du Développement économique.

Surveillé en permanence par les satellites espions

Des hélicoptères de combat de fabrication américaine patrouillent en formation serrée au-dessus de la zone, rappelant à quel point l'enjeu est sensible et complexe pour Washington : miser sur les ressources pétrolières d'une région politiquement instable, tout en isolant l'Iran et en contournant la Russie, les voisins les plus puissants.

Brusquement, le 4 × 4 ralentit et se gare sur le bas-côté. À gauche, sur le rivage, on distingue le point de jonction du pipeline acheminé sous la mer Caspienne depuis environ 172 kilomètres. Une partie du pétrole kazakh pourrait ainsi être raccordée. À droite, de l'autre côté de la route, je distingue derrière de hauts grillages d'énormes cuves de stockage et des torchères dont les flammes jaillissent dans le ciel, au pied de collines pelées. Les tubes du BTC sont enterrés à cet endroit, à proximité du site archéologique de Gobustan, décoré de peintures rupestres.

Tout au long des 1 750 kilomètres de trajet, l'oléoduc est surveillé en permanence par des patrouilles armées, mais surtout par les satellites espions de la NSA. Pour la Maison-Blanche, la protection du BTC est une priorité. Pourtant, malgré les déclarations triomphalistes de BP-Amoco et des autorités azéries, rien ne se déroule comme prévu. Les quantités de pétrole acheminées seront moins importantes qu'espéré – 300 000 barils/jour au lieu de 1 million – en raison des gisements revus à la baisse... et le projet n'est pas encore totalement achevé, alors qu'il était prévu que les premiers tankers chargeraient le pétrole dans le port de Ceyhan à la fin de 2005.

Principale zone d'affrontement : la Géorgie. « Ce pays n'a pas de pétrole, mais de l'amertume, alors tout lui est bon pour faire payer au prix fort son transit. BP a d'abord essayé de passer en force. Sans succès. Ils se sont conduits ensuite comme des partenaires respectueux, prenant en compte les exigences formulées, qu'il s'agisse de sécurité ou d'environnement. Les Géorgiens ont interprété cette attitude comme de la faiblesse et, en 2004, ont interrompu les travaux. » L'homme qui me parle a travaillé pendant sept mois sur le BTC, comme expert pour BP. « Si je vous disais mon nom, je ne trouverais plus de travail. » Il me fournit plusieurs contacts dans la capitale géorgienne.

Gare centrale de Bakou, 18 h 40. J'ai réservé un compartiment dans l'express qui assure la liaison trois fois par semaine entre Bakou et Tbilissi. Sur le quai principal un train de dix-huit wagons est pris d'assaut. Le contrôleur secoue la tête : « Non, l'express est sur le quai à côté. » L'express se compose de trois wagons fatigués. Le contrôleur m'accueille avec effusion au pied du wagon de première, séparé de la classe économique par un wagon-restaurant :

— Ah, monsieur Laurent, nous vous attendions avec impatience.

— Mais je ne suis pas en retard. Les autres passagers sont déjà arrivés ?

— Mais vous êtes le seul voyageur...

Il me montre la liste qu'il tient à la main, où seul figure mon nom, marque une légère pause avant d'ajouter, sur le ton de l'évidence :

— ... Vous devez travailler pour BP.

Un violent réquisitoire contre BP

Sandro est venu m'attendre en gare de Tbilissi. Géologue réputé, éphémère ministre du Pétrole dans le dernier gouvernement de l'ex-président Chevarnadze, c'est un homme extrêmement bien informé. En traversant la ville, triste, pauvre, morose, je repense au tragique destin de la patrie de Staline.

Cette petite république, moins peuplée que la seule agglomération de Moscou, a connu la guerre civile, un pouvoir autoritaire avant l'éclosion de la « révolution des roses » en 2003 qui a porté à la présidence, grâce à un coup de pouce des États-Unis, le jeune Alexandre Saakachvili. Cette avancée de la démocratie coïncide, étrangement, avec la volonté de George W. Bush et de son équipe d'accélérer la construction du BTC. Son passage par la Géorgie constitue la route la plus sûre pour acheminer le pétrole d'Asie en Europe. Mais ce pays, dont près d'un cinquième du territoire est aux mains de mouvements sécessionnistes appuyés par Moscou, connaît un réveil douloureux. Les illusions de la « révolution » se dissipent et une plaisanterie résume très bien l'état d'esprit de la population : « Les millionnaires néo-capitalistes ont chassé les millionnaires ex-communistes. »

Sandro, dans son vaste appartement du centre-ville, un lieu hors du temps, empli de livres et de tableaux, m'explique la stratégie d'Alexandre Chevarnadze, ancien ministre des Affaires étrangères de Gorbatchev devenu l'homme fort de la Géorgie :

— Il a signé l'accord pour la construction du BTC en pensant d'abord aux retombées politiques ; ancrage aux côtés des États-Unis, moyen supplémentaire de desserrer l'étreinte de Moscou. De ce point de vue, il a réussi, et même trop bien, c'est ce qui a provoqué sa perte. Les Occidentaux ont préféré avoir au pouvoir un homme façonné selon leurs vues plutôt qu'un ex-communiste gagné à leurs vues. Sur le plan économique, en revanche, il n'a perçu ni l'enjeu ni les retombées que représentait un tel projet.

Le lendemain, 11 heures, rencontre avec le président de la compagnie pétrolière géorgienne, la GIOC (Georgian International Oil Corporation), un nom ronflant pour une compagnie sans pétrole, chargée seulement de négocier les droits de passage du pipeline. Le siège est installé dans un bâtiment à la façade blanche de trois étages qui abritait auparavant le consulat de Russie. Si la plupart des bureaux sont vides, les parquets, eux, sont impeccablement cirés. Des boiseries sombres demeurent le seul héritage de l'époque soviétique. Un lieu sans activité, une coquille vide qui révèle cruellement la vulnérabilité de la Géorgie dans cette partie aux enjeux financiers énormes : ni gaz ni pétrole ; son seul atout : 340 kilomètres de territoire par lesquels transite l'oléoduc. Un contrat déjà signé et approuvé par le gouvernement précédent, que les hommes aujourd'hui au pouvoir s'efforcent en vain de renégocier, avec comme seule arme parfois un mélange de colère et de mauvaise foi.

Le président Nikoloz Vashakidze, jeune, grand, massif comme le chef de l'État géorgien dont il est l'ami, me reçoit vêtu d'un jean et d'une chemise ouverte. L'entretien à peine commencé, il se lance dans un violent réquisitoire contre BP.

— Notre fonction, déclare-t-il, consiste à vérifier que tous les points de l'accord sont respectés par les participants. Il est prévu que le passage du BTC rapportera à la Géorgie 12 cents par baril, c'est-à-dire 50 millions de dollars par an. C'est une somme modeste. Même s'il s'agit d'un projet avant tout politique, aux retombées importantes, c'est également un projet commercial qui a suscité de gros problèmes et des oppositions extrêmement sérieuses. La Géorgie a pris certains risques. Il me semble que face à des partenaires, les compagnies pétrolières, rompus à des négociations difficiles, les anciens responsables géorgiens ne se sont pas révélés bien préparés ni très qualifiés. Le pétrole commence à circuler et pourtant plusieurs problèmes importants restent à résoudre.

Il est enfoncé dans un fauteuil de cuir noir, les mains posées sur les accoudoirs.

— ... Les premiers sont d'ordre technique et écologique. L'oléoduc exige des mesures de sécurité accrues, notamment dans la région de Borjoumi où il traverse un parc naturel. Or BP n'a pas résolu tous les problèmes liés à cette question et, après des discussions assez tendues, les responsables de la compagnie ont reconnu que le problème restait assez aigu. Un autre problème a surgi l'an dernier quand on a découvert que le revêtement, l'enduit utilisé pour peindre les 50 000 joints du pipeline, ne protégeait pas des risques de corrosion, ce qui pourrait provoquer une véritable catastrophe écologique. Ce scandale a même fait l'objet d'un débat au Parlement britannique et aujourd'hui, malgré la gravité de la situation, BP n'a toujours pas répondu officiellement ni pris les mesures indispensables... Le troisième problème est d'ordre social : des sociétés géorgiennes employées à la construction se retrouvent aujourd'hui dans une situation lamentable. [Il répète à trois reprises ce dernier terme.] Petrofac, une société employée par BP pour assurer la construction, a réclamé 180 millions de dollars de financement supplémentaire, plus 100 millions pour le travail accompli par les sociétés géorgiennes, en raison de l'augmentation du coût des travaux. Nos sociétés ont demandé à pouvoir répercuter ces hausses. Or quarante d'entre elles sont sur le point d'être ruinées et quelques milliers de travailleurs sont restés sans salaire pendant des mois.

Je lui demande à combien il chiffre les sommes dues à ces sociétés.

— On peut avancer 12 millions de dollars. J'en ai parlé au représentant de BP en lui disant : « Pourquoi ne voulez-vous pas payer ces 12 millions de dollars qui ne représentent rien par rapport aux bénéfices colossaux que vous réalisez ? » Il m'a répondu qu'il était d'accord et qu'il allait voir. Depuis, aucune réponse.

Le ton devient amer.

— Nous ne pouvons pas renégocier les prix et nous ne bénéficions pas de la hausse du baril du pétrole, alors on peut au moins demander à BP d'avoir la décence de résoudre tous les autres litiges. C'est un partenaire avec lequel il faut toujours être vigilant ; il détient de nombreuses clés pour mener et manipuler une négociation.

Je regarde le vaste bureau meublé de manière fonctionnelle, ce colosse qui me prend à témoin de son impuissance et dont les derniers mots résument toute la frustration ressentie :

— C'est vraiment honteux de constater que, dans ce projet énorme, tout le monde, l'Azerbaïdjan comme la Turquie, obtient des revenus satisfaisants, sauf la Géorgie[1]...

Des implications financières catastrophiques

Je me souviens des termes du rapport rendu en novembre 2002 par Derek Mortimer, un consultant de renommée mondiale collaborant depuis trente ans avec BP. Ses propos révélaient à quel point il avait été profondément choqué par ce qu'il avait découvert : « Nous sommes totalement sur la corde raide. L'usage de cette peinture [destinée à protéger les joints entre les tubes] va nous poser un sérieux problème [au cas où des fissures apparaîtraient]. Le coût des réparations serait astronomique et les risques de plaintes contre BP sans fin. J'ai été témoin de problèmes, d'échecs dans les spécifications, mais ce que j'ai vu sur ce pipeline est pour moi sans précédent en quarante et une années d'expérience. Dans mon esprit et dans celui de beaucoup d'autres personnes, il ne fait aucun doute que c'est le mauvais système qui a été choisi à travers un processus de sélection défectueux. »

Ces avertissements, BP les a soigneusement ignorés et cachés, jusqu'à la divulgation d'extraits du rapport par le *Sunday Times*, le 15 février 2004. L'article révèle également que les pires craintes de Mortimer se sont vérifiées en novembre 2003, quand la construction dut être stoppée après la découverte de fissures sur des joints, juste avant que les tubes ne soient

1. Entretien avec l'auteur, août 2005.

enterrés – 15 000 joints sur un total de 60 000 avaient déjà été soudés et placés sous terre, en Azerbaïdjan et en Géorgie. Cette découverte pourrait avoir, pour BP, des implications financières catastrophiques : plus de 500 millions de dollars pour déterrer le pipeline et recouvrir les joints d'une autre substance, plus efficace.

BP, qui a renvoyé l'expert Derek Mortimer, choisit de ne rien faire, sinon diversion. Avec succès. Le plus étonnant n'est pas le silence du gouvernement britannique, puisque, on l'a vu, l'ancien P-DG de BP siégeait dans le cabinet de Tony Blair, mais la passivité des banques d'affaires impliquées dans le projet. Elles ont investi plus de 1 milliard de dollars avec une clause qui oblige le consortium dirigé par BP à révéler tout événement pouvant avoir « un effet matériel défavorable » sur le pipeline. Aucun établissement n'a réagi, malgré la gravité des révélations, pourtant portées à leur connaissance moins de quinze jours après la signature finale des documents bouclant le financement du projet [1].

Une menace écologique majeure

Une cérémonie qui s'est déroulée, le 3 février 2004, au palais présidentiel de Gulistan, à Bakou. L'accord, paraphé par les représentants des trois pays impliqués, Azerbaïdjan, Géorgie, Turquie, et les représentants du BTC, comportait 208 documents financiers, portant 17 000 signatures venant de 78 partenaires concernés.

1. « BP Accused of Cover up in Pipeline Deal », *The Sunday Times*, 15 février 2004.

Notamment les banques privées et les institutions comme la Banque mondiale ou la BERD, qui contribuent à la construction d'un projet strictement commercial qui se révèle également constituer une menace écologique majeure.

Depuis le début des travaux, des organisations de protection de l'environnement critiquent violemment les dérives survenues : des villages ont vu leurs routes d'accès détruites, leurs récoltes perturbées, et les compensations obtenues se révèlent extrêmement faibles ; en Turquie, la police a agressé des paysans qui protestaient.

Le choix d'un mauvais enduit, tout le long du tracé, et le risque grave de corrosion et de fuites qu'il laisse planer confèrent à cette affaire une autre dimension. Des tests auraient révélé que le produit utilisé est chimiquement incapable d'adhérer aux joints des tuyaux enterrés ou raccordés sous l'eau. Les conséquences peuvent aller d'une corrosion étendue, provoquant des fuites de pétrole, à la rupture des canalisations, conduisant à l'explosion du pipeline à haute température.

En novembre 2004, des officiels britanniques reconnaissent devant une commission d'enquête du Parlement que l'enduit utilisé n'a jamais été testé auparavant, contredisant les assurances fournies quelques mois plus tôt par l'ancien ministre du Commerce, Mike O'Brien.

BP s'emploie à discréditer ces groupes écologistes, les accusant, ou plutôt laissant ses relais dans les médias les accuser, de partialité, d'intransigeance et même d'être manipulés ou achetés par des adversaires du projet. Dans quelques très rares cas, des organisations locales ont servi de fer de lance à des groupes de pression pour faire monter les enchères.

Ces exemples restent cependant isolés. La grande majorité des groupes écologistes met le doigt sur les nombreux manquements du BTC et les conséquences dramatiques qui peuvent en découler. Ce projet géant ne constitue pas seulement un grave danger écologique ; il révèle aussi de douteuses connivences. Tous les spécialistes m'ont confirmé que le choix de l'enduit placé sur les joints pour éviter la corrosion joue un rôle vital dans la sécurité d'un tel projet. Or BP, contre toute attente, a arrêté son choix sur un produit fabriqué par une société canadienne, la SPC, qui n'avait encore jamais été employé. Le *Sunday Times* a révélé que l'appel d'offres avait été supervisé par Trevor Osborne, un consultant de BP dont la propre firme, Deepwater Corrosion Services (DCS), est le représentant pour la Grande-Bretagne du fabriquant canadien SPC [1].

Aujourd'hui, au début de l'année 2006, rien n'a changé. BP nie tout danger et les défenseurs de l'environnement continuent, dans un total désert médiatique, d'énumérer l'ampleur des risques. La grande chance des compagnies pétrolières est que l'opinion internationale se désintéresse du Caucase, dont elle ignore tout. Véritable angle mort de la politique, région malchanceuse, à la fois trop éloignée de l'Europe et trop proche du pétrole.

Seul rebondissement mais de taille, deux contractants de BP, CCIC et le géant britannique de la construction AMEC, ont décidé de poursuivre en justice la compagnie pétrolière. Ils affirment que BP les a forcés à utiliser l'enduit qui n'avait pas été testé au préalable, malgré l'avertissement de leurs propres

1. *The Sunday Times*, art. cit.

experts sur les risques de corrosion rapide du pipeline. Le président de BP, Lord Browne, a dû reconnaître qu'il avait été averti des défaillances survenues quand Derek Mortimer, l'expert écarté, l'avait alerté sur les risques financiers encourus : « BP, a déclaré Mortimer, a enterré des milliers de bombes à retardement environnementales[1]. »

40 kilomètres, quatre-vingts ans en arrière

En revenant à Bakou, j'ai la preuve que les traces du passé ne s'effacent jamais totalement. Il suffit de quitter la ville et de parcourir 40 kilomètres au nord pour se retrouver plongé près de quatre-vingts ans en arrière. La presqu'île d'Artyoum fut à l'époque russe, puis soviétique, une véritable ville totalement vouée au pétrole.

À la sortie de Bakou, des stations-service russes Loukoi, flambant neuves, cèdent vite la place à une route étroite. Des troupeaux de moutons et des chèvres broutent sur une lande de terre pelée, à proximité de carcasses de bateaux à l'abandon. Au bout de ce no man's land, une cité-dortoir, des immeubles HLM sales, vétustes, aux façades rongées par les ans et l'air marin, entourés de prés mornes, de vestiges de camions, rouillés, dépecés, et de flaques de pétrole où flottent des détritus.

Quelques kilomètres plus loin, des centaines de derricks posés sur la mer forment un horizon qui a la couleur sombre du pétrole. Là, je découvre un village sur

1. « BP Covered Up Pipeline Flaw », *The Sunday Times*, 17 avril 2005.

l'eau, des cabanes aux planches disjointes, collées les unes aux autres, flottant sur des nappes noires. Un bidonville lacustre. Je marche sur le ponton et soudain des hommes surgissent. Je repense immédiatement aux récits du début du siècle, à cette « ville noire » où les ouvriers s'entassaient dans des conditions sordides. Ils sont là, sous mes yeux. Des visages fermés et hostiles sortent de ces habitations, les vêtements et les traits littéralement imprégnés de pétrole : « Partez, vous n'avez rien à faire ici. » L'homme qui m'apostrophe est à deux mètres de moi, vêtu d'un maillot de corps sale et d'un bleu de travail, tenant à la main une barre de fer. « Vous vivez ici depuis longtemps ? » Il échange un bref regard avec ses compagnons, leur traduit ma question qui visiblement leur paraît une provocation. « Si tu ne pars pas immédiatement, on détruit ta voiture, puis on s'occupe de toi et de ton chauffeur. » Je rebrousse chemin, le chauffeur est déjà au volant et démarre en trombe. Je me retourne, ils sont immobiles sur le ponton. J'ai vu des fantômes surgis du passé, des hommes oubliés sur ce territoire lugubre, désormais à l'abandon.

De retour à Bakou, je dîne avec un diplomate : « Vous êtes allé à Artyoum ? Quelle idée ! Il n'y a plus rien à voir. » Je lui réponds : « C'est un point de vue. »

15

Yoda et les Jedis

« Les dérèglements climatiques deviennent un danger, une véritable menace géopolitique ; essayons d'anticiper. » C'est ainsi, conclut mon interlocuteur avec un sourire, que Yoda a parlé à ses Jedis. Je lui confesse que je n'ai jamais vu un seul opus de la *Guerre des Étoiles* et que j'ignore tout de la mythologie qui entoure Yoda, sage et guide suprême. Il me répond que « c'est le seul personnage de la série dont on pourrait penser qu'il est inspiré d'un humain, toujours vivant, du nom d'Andrew Marshall. C'est lui qui a prononcé cet avertissement sur la menace climatique ».

Je connais depuis plus de vingt ans l'homme assis en face de moi. Je l'ai rencontré alors qu'il était un jeune informaticien travaillant pour une société de la Silicon Valley, à proximité de San Francisco, puis chercheur à la Rand Corporation, un organisme lié au Pentagone, qu'il a fini par rejoindre huit ans auparavant.

Au sein de cette gigantesque bureaucratie qu'est le ministère de la Défense américain, il travaille pour une minuscule cellule au nom énigmatique, dont l'influence est hors de proportion avec sa taille : le Bureau de l'évaluation informatique (Office of the Net Assessment)[1]. À sa tête, un homme de quatre-vingt-trois ans qui a survécu à toutes les présidences depuis celle de Harry Truman : le fameux Andrew Marshall.

Sa carrière a commencé en 1949 à la Rand Corporation où, aux côtés de Hermann Kahn, un géant qui servit de modèle pour le film *Docteur Folamour*, et de James Schlesinger, il a « pensé l'impensable », envisageant tous les scénarios, y compris les plus horribles, de guerres et de répliques nucléaires. À la tête d'une équipe de chercheurs, dans les années 1960, il pousse au développement de nouveaux systèmes d'armes qui rendraient obsolètes des pans entiers de l'arsenal militaire soviétique et imposeraient aux budgets militaires de Moscou des coûts disproportionnés.

Son condisciple de la Rand, James Schlesinger, devenu secrétaire d'État à la Défense de Richard Nixon, crée en 1973 le Bureau de l'évaluation informatique et l'installe à sa tête. Ce groupe de réflexion et de propositions, au fonctionnement totalement secret, est notamment chargé d'identifier les futures menaces pour la sécurité nationale américaine[2].

1. Stephen Peter Rosen, « A Net Assessment As an Analytical Concept », *in* Andrew W. Marshall, J.J. Martin, Henry S. Rowen, *On Not Confusing Ourselves*, Westview Press, Boulder, 1991.

2. David Stipp, *Fortune Magazine*, 26 janvier 2004. Nicolas Lehman, « Dreaming About War », *The New Yorker*, 16 juillet 2001.

Il a traversé toutes les époques

Marshall ne quittera jamais ce poste. Sa longévité professionnelle exceptionnelle lui a permis de traverser toutes les époques, de la guerre froide à l'occupation de l'Irak en passant par la détente et l'effondrement de l'empire communiste. Des périodes essentielles de l'histoire politique et stratégique contemporaine dont il est parfois, en coulisse, un acteur clé. Homme d'influence, fuyant les médias et toute publicité, il inspire au fil des années l'admiration et la loyauté, au point de susciter un groupe de disciples qui se sont baptisés les Jedis et lui ont choisi le nom de Yoda[1]. Certains, comme Donald Rumsfeld ou Paul Wolfowitz, le chef de file des néo-conservateurs, sont des personnalités des plus influentes au sein de l'administration Bush.

J'ai rencontré, ou plutôt croisé, Marshall il y a six ans, au cours d'un symposium à Washington sur les « conflits asymétriques ». Il était assis deux rangs devant moi. Durant une pause, grâce à un ami commun, je serrai la main d'un petit homme chauve, au visage littéralement dévoré par d'énormes lunettes aux montures métalliques. Vêtu d'un costume mal coupé qui semblait remonter aux années 1950, Marshall murmura d'un ton rauque quelques mots de politesse totalement indistincts. J'ai été surpris de découvrir que cet homme sans charisme, à l'apparence anodine, exerçait une véritable fascination sur ceux qui l'approchaient.

1. Michael Cantazaro, *The Revolution in Military Affairs Has An Enemy : Politics*, American Enterprise Institute, Washington, octobre 2001.

Durant les années Reagan, il fut l'un des architectes de la guerre des étoiles et l'homme qui a convaincu le président américain et son entourage d'équiper les résistants afghans de missiles Stinger. Ses réflexions, à cette époque, ont joué un rôle majeur dans la définition de la stratégie américaine. Il rédigea en 1981 une courte analyse, lue par Reagan et ses conseillers, qui démontrait de façon convaincante que l'URSS était beaucoup plus faible qu'on ne l'imaginait. Le travail de sape pour provoquer la chute de l'empire communiste s'en inspira.

Chaque été, au collège de guerre naval de Newport, à Rhode Island, il anime un séminaire où des experts sont invités à réfléchir aux questions qu'il se pose. Assis dans l'assistance, il écoute et intervient rarement. Ses écrits sont tout aussi rares et peu de gens peuvent se vanter de l'avoir lu. Les notes, rapports, études qu'il rédige sont tous classés top secret par le Pentagone et « lus, selon un témoin, avec la même ferveur que des fragments de la Bible ».

Quand Donald Rumsfeld prend ses fonctions, en janvier 2001, il attribue immédiatement à son mentor le titre de « conseiller spécial ». Le secrétaire d'État ainsi que les stratèges militaires et civils qui l'entourent sont affublés au Pentagone d'une appellation ironique : « l'église de Saint-Andrew ». Tous adhèrent au nouveau concept développé par Andrew Marshall : RMA, acronyme de *Revolution In Military Affairs*. Il estime que les avancées technologiques ont totalement modifié la conception de la guerre conventionnelle. Au lieu de troupes disposées sur le terrain, cette nouvelle guerre sera conduite comme un conflit nucléaire, où l'informatique jouera un rôle essentiel. Le champ de bataille traditionnel cesse d'exister et l'affrontement est mené par des satellites espions et des missiles à longue portée ainsi que par la propagation de virus informatiques qui perturbent les systèmes offensifs et défensifs adverses [1].

L'homme qui travaille dans son équipe et m'a évoqué pour la première fois son surnom, Yoda, raconte que Marshall aime à leur répéter : « Quand vous devez réfléchir à l'avenir, il vaut mieux que vous erriez sur le terrain de l'imagination. » Il considère que la Chine est le grand danger à venir pour les États-Unis.

Ce personnage au physique banal et désuet anticipe l'avenir avec virtuosité et parfois de façon inquiétante. Dans l'une de ses rares interventions publiques, à l'école de diplomatie Patterson de l'Université du Kentucky, il a évoqué, en juillet 2001, d'une voix sourde qui ressemblait à celle de l'acteur Gene Hackman et obligeait à tendre l'oreille, l'usage de nouveaux médicaments qui peuvent modifier les comportements des militaires. « Ces substances, précisait-il, affectent des récepteurs spécifiques et agissent juste comme la chimie interne du cerveau. Nous pourrions ainsi créer des soldats sans peur, des soldats qui resteraient éveillés plus longtemps ou agiraient plus rapidement. Ces nouveaux types de substances, ou d'agents biochimiques, peuvent créer un nouveau modèle d'homme et de soldat [2]. »

Devant l'émoi provoqué par ses propos, il publia un

1. Bruce Berkowitz, *War in the Information Age*, Hoover Institute, printemps 2002. Bill Keller, « The Fighting Next Time », why-war.com.

2. Symposium on the Futur of Military, Patterson School of Diplomacy, Université du Kentucky, 11 juillet 2002.

bref communiqué démentant que de « tels projets aient été présentés au Pentagone », puis replongea dans le silence et la discrétion qui lui conviennent si bien.

Une réalité fascine Marshall, parce qu'elle échappe à tout contrôle humain : les dérèglements climatiques, leur ampleur et leurs conséquences géopolitiques.

« L'effondrement du climat »

Il éprouve de la sympathie pour Rumsfeld et Wolfowitz mais aucune pour Bush et Cheney, qu'il considère comme une « équipe de pétroliers », insensibles aux dangers de l'environnement et du réchauffement climatique. Le refus américain de ratifier les accords de Kyoto sur les gaz à effet de serre est, pour lui, l'illustration de l'arrogance du secteur pétrolier « à l'origine d'un problème majeur qu'il refuse de résoudre ».

Alors, en 2003, il jette un véritable pavé dans la mare en commandant à deux experts, Peter Schwartz et Doug Randall, une étude sur les conséquences politiques du changement climatique, payée 100 000 dollars. Ce « rapport secret du Pentagone » fait l'objet, en février 2004, de fuites soigneusement orchestrées. Les titres des journaux choisis pour le divulguer sont à la hauteur des attentes : « Maintenant, le Pentagone avertit Bush : le changement climatique nous détruira », commente l'hebdomadaire britannique *The Observer*, le premier à le publier ; « L'effondrement du climat », titre *Fortune*, tandis que le *San Francisco Chronicle* imprime : « Un rapport commandé par le Pentagone provoque un tohu-bohu en Europe[1]. »

1. Kay Davidson, *San Francisco Chronicle*, 25 février 2004.

Marshall est un iconoclaste, un électron libre qui a choisi deux généralistes pour décrire l'apocalypse. Schwartz, cinquante-sept ans, ancien consultant à la CIA, a créé Global Business Network, un « laboratoire d'idées » où il collabore avec Randall. Leurs études reposent sur les travaux de scientifiques spécialisés dans l'atmosphère.

La divulgation fonctionne magistralement, comme un effet de boomerang. En Grande-Bretagne, d'où part « la fuite », l'*Observer* sous-titre : « Un rapport secret annonce des émeutes et une guerre nucléaire », et aussi : « L'Angleterre sera "sibérienne" en moins de vingt ans. » Le site de Greenpeace reprend immédiatement l'information, écrivant : « Alerte rouge concernant un réchauffement mondial ; le temps de la destruction massive due au climat est plus menaçant que celui du terrorisme. » Puis la nouvelle se propage aux États-Unis où des quotidiens titrent : « Le Pentagone avertit d'une nouvelle ère glaciaire ».

L'article de l'*Observer* qui a allumé la mèche, écrit par Mark Townsend et Paul Harris, commence ainsi : « Dans les vingt prochaines années, le changement climatique pourrait provoquer une grande catastrophe, entraînant la perte de millions de vies au cours de désastres naturels et de guerres.

« Un rapport secret, tenu sous silence par les chefs de la défense américaine, que l'*Observer* a réussi à se procurer, avertit que les grandes villes européennes seront englouties par la montée du niveau des mers et que la Grande-Bretagne sera plongée dans un froid sibérien d'ici 2020. Conflit nucléaire, sécheresses monstres, famines et vastes émeutes éclateront de par le monde.

« Ce document prédit qu'un brusque changement climatique pourrait mener la planète au bord de l'anarchie générale, dès le moment où des pays déploieraient leurs arsenaux nucléaires pour se défendre ou se procurer les ressources en nourriture, en eau et en énergie en voie de diminution. La mise en péril de la stabilité mondiale éclipsera largement la menace terroriste, disent les quelques experts dans le secret.

« La vie se caractérisera par des conflits et des perturbations continuels, conclut l'analyse du Pentagone, encore une fois la guerre dominera la vie des hommes.

« Les conclusions s'avèrent plutôt humiliantes pour l'administration Bush, qui a constamment nié jusqu'à l'existence du changement climatique. Certains experts ont dit qu'elles seront d'une lecture alarmante pour un Président qui a toujours fait de la défense nationale une priorité [1]. »

« Le lobby pétrolier et le Pentagone »

L'*Observer* élargit le débat en évoquant la récente visite à la Maison-Blanche d'un groupe d'éminents savants britanniques venus exprimer leurs craintes sur le réchauffement planétaire et demandant à l'administration Bush de prendre enfin cette question au sérieux. Parmi les scientifiques présents, John Schellenhuter, ancien conseiller en chef pour l'environnement du gouvernement allemand, devenu un des plus remarquables spécialistes du climat au centre anglais

1. Mark Townsend et Paul Harris, « Now the Pentagon Tells Bush : Climate Change Will Destroy Us », *The Observer*, 22 février 2004.

de Tyndall. Le journal reproduit ses propos : « Les craintes ressenties au sein même du Pentagone pourraient bien faire pencher la balance et persuader Bush d'admettre le changement climatique. » L'hebdomadaire cite également Sir John Houghton, ancien directeur général de l'Office météorologique, premier haut responsable à avoir comparé la menace de changement climatique à celle du terrorisme : « Si le Pentagone envoie ce genre de message, alors c'est un document véritablement important. » Troisième personnalité à témoigner, Bob Watson, directeur scientifique de la Banque mondiale et ancien président du comité intergouvernemental britannique sur le changement climatique : « Bush peut-il ignorer le Pentagone ? Il est très difficile de passer sous silence ce genre de document. C'est extrêmement embarrassant. Après tout, l'unique et la plus grande priorité de Bush, c'est la défense nationale. Loin d'être un groupe de libéraux farfelus, le Pentagone, d'une manière générale, est conservateur. Si le changement du climat représente une menace pour la sécurité et l'économie nationales, alors il se doit d'agir. Il y a deux groupes que l'administration Bush a tendance à écouter : le lobby pétrolier et le Pentagone[1]. »

Le constat final est exact mais un responsable de Greenpeace, Rob Gueterbrock, résume la contradiction intenable devant laquelle George W. Bush est désormais placé : « Vous avez un Président qui dit que le réchauffement climatique est un canular et, sur l'autre rive du Potomac, vous avez un Pentagone qui se prépare à des guerres climatiques. Il est assez effrayant de

1. Mark Townsend et Paul Harris, art. cit.

voir Bush se mettre à ignorer son propre Secrétariat à la Défense sur la question[1]. »

La Maison-Blanche falsifie les rapports

À quatre-vingt-trois ans, Andrew Marshall, qualifié de « légende vivante du Pentagone », a échappé à tout contrôle et tiré un missile dévastateur. En enquêtant sur la genèse de ce rapport, j'ai peu à peu renoué tous les fils d'une bien étrange histoire.

Première découverte : une grande partie de la hiérarchie militaire, au Pentagone, est profondément hostile à Andrew Marshall et à ses vues qui menacent leurs habitudes et leurs méthodes. Ce rapport alarmiste est une initiative isolée de Yoda, et porte d'ailleurs sa marque. Le préambule des deux auteurs, Schwartz et Randall, s'intitule « Imaginons l'impensable », formule pratiquement similaire au « Pensons l'impensable » créé par Andrew Marshall et Hermann Kahn dans les années 1960 pour décliner leurs divers scénarios d'un conflit nucléaire.

Seconde découverte : le vieil homme se montre de plus en plus exaspéré par les atermoiements du Président et de la Maison-Blanche sur les échéances climatiques, un sujet qui, selon lui, constitue un défi majeur pour la sécurité nationale des États-Unis.

Pour Marshall, l'aveuglement présidentiel découle avant tout de sa dépendance envers le lobby pétrolier. Pendant que les climatologues et les experts de l'environnement considèrent le réchauffement du climat comme une catastrophe, les responsables pétroliers se

1. Mark Townsend et Paul Harris, art. cit.

réjouissent de la fonte des glaces qui facilitera les recherches et les exploitations off shore.

Il est d'ailleurs intéressant de constater que le rapport controversé, que j'ai entre les mains, ne mentionne que brièvement les enjeux pétroliers et les futures crises d'approvisionnement. Marshall savait que depuis 2001 la Maison-Blanche falsifie tous les rapports évoquant les changements climatiques.

Le 8 juin 2005, le *New York Times* révèle que le chef du Conseil de la Maison-Blanche pour la qualité de l'environnement, Philip Cooney, modifiait sensiblement les études réalisées par des scientifiques appointés par le gouvernement. Cooney, avant son arrivée à la Maison-Blanche, travaillait pour l'American Petroleum Institute.

Cet organisme représente les groupes pétroliers et déploya de gros efforts pour faire échouer les négociations qui ont abouti au protocole de Kyoto sur les gaz à effet de serre. Son objectif : minimiser l'impact et la responsabilité des émissions de CO_2 dues aux combustibles fossiles, notamment le pétrole – 90 % des émissions de CO_2 proviennent de la consommation de pétrole, et les États-Unis sont responsables à eux seuls de près de 30 % de toutes les émissions de gaz à effet de serre. Ce groupe de pression affirme également que la science du climat, encore trop peu développée, justifie que l'on repousse les mesures de restriction concernant les émissions de dioxyde de carbone.

Cooney, dépourvu de formation scientifique, édulcorait, retouchait tout document sensible. Dans la version originale du rapport gouvernemental intitulé *Notre Planète changeante*, on pouvait lire en 2002 : « De nombreuses observations scientifiques indiquent que la Terre connaît une période de changement rapide. » Après le passage de Cooney, le texte est devenu : « De nombreuses observations scientifiques conduisent à la conclusion que la Terre pourrait être en train de connaître une période de changement relativement rapide [1]. »

L'aveuglement de la Maison-Blanche

Les exemples semblables abondent ; tout un mécanisme d'édulcoration, de falsification et de désinformation que Marshall ne tolère plus. « Ce n'est pas un homme vraiment épris de transparence, me déclare l'ancien informaticien de la Silicon Valley qui travaille désormais avec lui. Mais il estime que le comportement de la Maison-Blanche à propos des menaces climatiques reflète un grave aveuglement. Pour lui, il est impossible de stabiliser notre climat sans changements radicaux dans notre consommation d'énergie. Alors, il a décidé de frapper les esprits en commandant cette étude alarmiste. Il a agi exactement comme trente ans auparavant lorsqu'il avait tiré les ficelles du Team B. »

Je me souviens parfaitement de cet épisode dont les détails m'avaient été racontés par Paul Wolfowitz il y a plus de dix ans. En 1976, George Bush, alors directeur de la CIA, avait rassemblé au sein d'un groupe baptisé « Team B » les partisans d'une ligne dure envers Moscou pour qui Henry Kissinger, l'initiateur

1. Andrew C. Revkin, « Bush Aide Softened Greenhouse Gas Links to Global Warning », *New York Times*, 8 juin 2005.

avec Nixon de la politique de détente, faisait figure d'Antéchrist. L'objectif : évaluer l'ampleur de la menace soviétique. Paul Wolfowitz, figure clé jusqu'en 2004 de l'administration de George W. Bush, appartenait à cette équipe qui accoucha d'un texte proprement apocalyptique. Il dépeignait une Union soviétique avant tout expansionniste, développant des programmes d'armes nouvelles dont en réalité elle ne se dota jamais. En revanche, l'analyse passait totalement sous silence les difficultés et les échecs croissants de l'économie soviétique. Les conclusions du Team B étaient sans appel : Moscou pouvait déclencher et gagner une guerre nucléaire. Les auteurs de ce texte le concevaient d'abord comme une arme politique pour contrer les partisans, à Washington, d'un contrôle des armements et d'une baisse des dépenses militaires.

Paul Wolfowitz me l'avait exprimé très clairement : « Ce rapport était conçu comme une "attaque de guérilla" contre la pensée conventionnelle et, dans ce cas précis, la tendance marquée des agences de renseignements à penser que leurs adversaires raisonnent de la même manière qu'eux[1]. » J'ignorais alors que Marshall, en coulisse, tirait les ficelles, fournissant au Team B des informations exagérées sur l'ampleur de la menace communiste.

En écoutant les rares personnes qui l'ont vraiment approché me parler de lui, j'en retire une impression : Yoda a toujours considéré que la fin justifie les moyens, que le maintien du *statu quo* est souvent le pire des périls et qu'enfin une réalité inquiétante peut au besoin être exagérée si on veut attirer l'attention

1. Entretien avec l'auteur, 1992.

sur elle. Maîtriser les imprévus, les aléas est son obsession. Il aime à rappeler que, durant la Seconde Guerre mondiale, la Grande-Bretagne ne pensait pas que l'Union soviétique pût devenir un second front dans la lutte contre Hitler, tandis que l'État-Major français, rassuré par la quasi-parité franco-allemande en nombre d'hommes, n'envisageait pas le principe d'une offensive éclair ni le rôle déterminant joué par l'aviation.

Le titre du rapport commandé à Peter Schwartz et Doug Randall résume parfaitement ses préoccupations : *Le Scénario d'un brusque changement de climat et ses implications pour la sécurité nationale des États-Unis*[1].

Ce texte – et ce fut pour moi une autre découverte – n'a jamais été un rapport secret, comme la rumeur, probablement propagée par Marshall, le laissait croire. Il était destiné au contraire à créer un choc et une polémique. Schwartz et Randall tenaient d'ailleurs des propos qui amplifiaient encore leurs écrits : « D'ici 2020, les manques catastrophiques d'approvisionnement en eau et en énergie deviendront de plus en plus difficiles à surmonter, plongeant la planète dans la guerre. » Randall ajoutait : « Nous ne savons pas exactement où nous en sommes dans le processus : cela pourrait commencer demain et nous n'en saurions pas plus pour les cinq années à venir. Les conséquences du changement climatique pour certains pays sont incroyables. Il paraît évident que la réduction de l'utilisation des combustibles fossilisés vaudrait la peine. »

1. « An Abrupt Climate Change Scenario and Its Implications for United States National Security », Rapport du Pentagone, octobre 2003.

Cette dernière phrase liant les dérèglements climatiques et la surconsommation actuelle d'énergie constitue une des clés du rapport et de la pensée de Marshall. Ce texte, malgré ses excès, mérite d'être lu parce qu'il est un véritable avertissement et la preuve supplémentaire que notre mode de croissance et de développement est aujourd'hui condamné. En voici des extraits :

Imaginons l'impensable

Le but de ce rapport est d'imaginer l'impensable – de repousser les frontières de la recherche actuelle sur les changements climatologiques pour mieux comprendre les implications possibles pour la sécurité nationale des États-Unis.

Nous avons interrogé les meilleurs scientifiques dans le domaine de la climatologie, conduit des recherches complémentaires et revu plusieurs fois le scénario avec ces experts. Les scientifiques appuient ce projet, mais avertissent que le scénario dépeint une situation extrême sur deux points importants. Premièrement, ils suggèrent que les événements que nous décrivons arriveraient plus vraisemblablement localement, plutôt que globalement. Deuxièmement, ils disent que l'ampleur des événements pourrait être beaucoup moins importante.

Nous avons créé un scénario de changement climatique qui, bien que n'étant pas le scénario le plus probable, est plausible, et pourrait mettre au défi la sécurité nationale des États-Unis de telle façon qu'il devrait être pris en compte dès maintenant.

Il y a des preuves substantielles qui indiquent qu'un réchauffement global significatif aura lieu au cours du XXIe siècle. Parce que les changements ont été jusqu'à présent progressifs et qu'ils sont supposés l'être dans le futur, les conséquences d'un réchauffement planétaire devraient être contrôlables pour la majorité des nations. Cependant, de récentes recherches suggèrent qu'il est possible que ce réchauffement progressif entraîne un ralentissement abrupt de la circulation thermohaline océanique, ce qui pourrait entraîner des hivers beaucoup plus rudes, une réduction drastique de l'humidité au sol et l'apparition de vents plus violents dans certaines des régions qui fournissent actuellement une partie importante de la production mondiale de nourriture. Avec une préparation inadéquate, le résultat pourrait être une baisse significative de la capacité de l'écosystème de la Terre à supporter la population humaine. [...]

Dans ce rapport, qui propose un scénario différent de ceux si habituels d'un changement climatique progressif, nous décrivons un changement brusque, calqué sur l'événement qui s'est produit il y a 8 200 ans et qui a duré 100 ans. Ce scénario de brusque changement est caractérisé par les conditions suivantes :

— Une baisse annuelle de la température moyenne de 2,75 °C au-dessus de l'Asie et de l'Amérique du Nord et de 3,3 °C en Europe.

— Une hausse annuelle de la température moyenne de 2,2 °C dans toute l'Australie, l'Amérique du Sud et le sud de l'Afrique.

— Des sécheresses persistantes tout au long de la décennie dans des régions agricoles vitales et dans les régions réservoirs d'eau pour les principaux bassins de population en Europe et dans la partie est de l'Amérique du Nord.

— Les tempêtes de neige et les vents allant en s'intensifiant, amplifiant les impacts des changements. L'Europe de l'Ouest et le Pacifique Nord connaissent des vents renforcés. [...]

Au fur et à mesure que la capacité de subvenir aux besoins se réduit au niveau local et global, les tensions pourraient augmenter partout à travers le monde, conduisant à deux stratégies fondamentales : la défensive et l'offensive. Les nations ayant les moyens nécessaires de le faire pourraient de fait construire des forteresses autour de leur pays, conservant ainsi leurs ressources pour elles-mêmes. Les nations moins fortunées, surtout celles ayant connu d'anciennes querelles avec leurs voisins, pourraient déclencher des conflits pour l'accès à la nourriture, à l'eau potable et à l'énergie. D'improbables alliances pourraient se former, les priorités de défense n'étant plus les mêmes et le but étant les ressources pour la survie plutôt que la religion, l'idéologie ou l'honneur de la nation. [...]

Les événements liés au climat ont un impact énorme sur la société, car ils influent sur les réserves alimentaires, les conditions de vie dans les villes et les agglomérations, de même que sur l'accès à l'eau potable et à l'énergie. Par exemple, un récent rapport, émanant du Climate Action Network of Australia [Réseau d'action pour le climat d'Australie], prévoit que le changement climatique risque de réduire les précipitations dans les régions d'herbage, ce qui pourrait engendrer une baisse de 15 % de la production de fourrage. En retour, cela pourrait entraîner une réduction de 12 % du poids moyen du bétail, réduisant de façon significative l'approvisionnement en bœuf. Dans de telles conditions, on prédit que les vaches laitières produiront 30 % de lait en moins et que de nouveaux parasites vont probablement se propager dans les zones de production fruitière. De plus, on prévoit que de telles conditions entraîneront une diminution de 10 % de l'eau potable. Fondées sur des modélisations des changements climatiques à venir, de telles situations pourraient arriver simultanément dans plusieurs des régions vivrières tout autour du monde d'ici les prochains 15-30 ans, bousculant l'opinion selon laquelle la capacité d'adaptation de la société pourra maîtriser le changement de climat.

De nos jours, avec plus de 400 millions de personnes vivant dans des régions arides, subtropicales, souvent surpeuplées et économiquement pauvres, le changement de climat et les effets qui en découlent représentent un risque sérieux pour la stabilité politique, économique et sociale. Dans les parties moins prospères du monde, où les pays manquent de ressources et des capacités requises pour s'adapter rapidement à des conditions de vie plus sévères, le problème, très probablement, s'en trouvera exacerbé. Pour certains pays, le changement de climat pourrait se transformer en une gageure telle que le résultat en serait une émigration massive de gens désespérés à la recherche d'une vie meilleure, dans des endroits qui ont les moyens de s'adapter, tels que les États-Unis. [...]

Le réchauffement jusqu'en 2010

À la suite du réchauffement le plus rapide qu'ait connu la civilisation moderne en un siècle, on observe pendant les dix premières années du XXIe siècle une accélération du réchauffement atmosphérique, les températures planétaires moyennes augmentant de 2,75 °C par décennie et même davantage dans les régions les plus durement touchées. De tels changements de température varieront à la fois selon les régions et les saisons à travers le globe, ces variations d'échelle plus fines étant plus ou moins fortes que la moyenne du changement global. Ce qui sera très clair, c'est que la planète poursuivra sa tendance au réchauffement engagée à la fin du XXe siècle.

Une grande partie de l'Amérique du Nord, de l'Europe et des parties de l'Amérique du Sud connaîtront une augmentation de 30 % des jours avec des pics de températures supérieures à 32,2 °C par rapport au siècle dernier, avec beaucoup moins de jours de gel. S'ajoutant à ce réchauffement, les conditions météorologiques deviennent aléatoires : plus d'inondations, en particulier dans les régions montagneuses, des sécheresses prolongées dans les zones céréalières ainsi que dans des régions littorales et agricoles. En général, le changement climatique apparaît comme un fléau économique, s'abattant sur des zones localisées dont l'agriculture et autres activités dépendantes du climat sont touchées par les effets des tempêtes, sécheresses et périodes de chaleur (par exemple, les médecins français doivent rester de garde en plus grand nombre au mois d'août). Néanmoins, ces conditions météorologiques ne sont pas encore assez rudes ou assez répandues pour menacer la société globale et ses interconnexions ou la sécurité nationale des États-Unis.

Les effets de feed-back qui accentuent le réchauffement

Alors que la température augmente à travers le XXe siècle et au début du XXIe, de puissants effets de feed-back positif (autorenforçant) entrent en action, accélérant le réchauffement de 0,11 °C à 0,22 °C, puis à 0,275 °C par année dans certaines localités. Pendant que la surface se réchauffe, le cycle hydrologique (évaporation, précipitations, écoulement) s'accélère, augmentant encore les températures. La vapeur d'eau, le gaz à effet de serre naturel le plus puissant, accumule de la chaleur supplémentaire et renforce la température moyenne de l'air en surface. Tandis que l'évaporation augmente, les températures de l'air plus chaudes en surface assèchent les forêts et les prairies, là où paissent les animaux et où les paysans cultivent leurs céréales. Comme les arbres meurent et brûlent, la forêt absorbe moins de gaz carbonique, augmentant encore la température de l'air et provoquant des feux de forêt ravageurs et incontrôlables. Par ailleurs, des températures plus chaudes font fondre la couverture neigeuse dans les montagnes, dans les champs ouverts, les zones de toundra sous de hautes latitudes et le permafrost dans les forêts des zones froides. Du fait que les sols absorbent davantage et réfléchissent moins de rayons solaires, les températures augmentent encore.

Autour de 2005, l'impact climatique de ce changement est ressenti plus fortement dans certaines régions du monde. Des tempêtes et ouragans plus sévères amènent des vagues destructrices et des inondations dans les îles de très faible altitude telles que Tarawa et Tuvalu (près de la Nouvelle-Zélande). En 2007, une tempête particulièrement sévère rompt les digues aux

Pays-Bas, rendant inhabitables quelques villes côtières telles que La Haye. Des brèches dans les digues de l'île du delta de la région du fleuve Sacramento, dans la vallée centrale de Californie, ouvrent un lac intérieur et perturbent le système d'aqueduc qui transporte l'eau du nord au sud de la Californie, l'eau salée ne pouvant plus être retenue hors de cette région durant la période sèche. La fonte des glaciers le long de l'Himalaya s'accélère, obligeant certains Tibétains à émigrer. Vers 2010, la glace flottante de la mer polaire du Nord, qui a déjà perdu 40 % de sa masse entre 1970 et 2003, a presque disparu en été. À cause de la fonte des glaciers, le niveau de la mer augmente et, comme l'amplitude hivernale de la mer décroît, les vagues de l'océan prennent de l'ampleur, endommageant les villes côtières. Des millions de personnes supplémentaires à travers le monde encourent le risque d'être inondées (ce risque est environ multiplié par quatre par rapport à 2003), et les industries de la pêche sont perturbées, les changements de température de l'eau poussant les poissons à migrer vers d'autres fonds et habitats, renforçant les tensions sur les droits de pêche.

Chacun de ces désastres locaux, provoqués par de rudes conditions météorologiques, influe sur les régions alentour, dont les ressources naturelles, humaines et économiques sont mobilisées pour aider à la reconstruction. Les effets de feed-back positif et l'accélération du réchauffement commencent à déclencher des réactions qui n'étaient pas prévues auparavant, les catastrophes naturelles et les tempêtes touchant indifféremment les pays en voie de développement et les pays développés. C'est dans les pays en voie de développement moins résistants, et dont le système social, économique et agricole n'a pas la capacité d'absorber le changement, que l'impact est le plus important.

Comme la fonte de la calotte glaciaire du Groenland dépasse l'enneigement annuel et que les précipitations provenant des hautes latitudes renforcent l'écoulement de l'eau, le refroidissement des eaux de l'Atlantique Nord et des mers entre le Groenland et l'Europe augmente. La moindre densité de ces eaux refroidies prépare à son tour le terrain pour un ralentissement aigu du système de circulation thermohaline [...].

Europe. Durement frappée par le changement climatique, avec une moyenne annuelle des températures qui chute de 3,3 °C en moins d'une décennie et des écarts plus importants encore le long de la côte nord-ouest. Le climat en Europe du Nord-Ouest est plus froid, plus sec et plus venté, la faisant davantage ressembler à la Sibérie. L'Europe du Sud connaît de moindres changements mais souffre néanmoins par moments de brusques refroidissements et de rapides changements de température. La réduction des précipitations fait de l'appauvrissement des sols un problème dans toute l'Europe, contribuant à la pénurie alimentaire. L'Europe lutte pour contenir l'émigration des nations scandinaves et de l'Europe du Nord à la recherche de chaleur, ainsi que pour refouler l'immigration issue des pays gravement touchés en Afrique et ailleurs.

États-Unis. Un temps plus froid, plus venté et plus sec rend les saisons de culture et de récolte plus courtes et moins productives dans tous les États-Unis du Nord-Est, plus longues et plus sèches dans le Sud-Ouest. Les zones désertiques sont exposées à une recrudescence des tempêtes, alors que les zones agricoles souffrent de l'appauvrissement des sols du fait de l'élévation de la vitesse des vents et de la réduction de l'humidité au sol. L'évolution vers un climat plus sec est particulièrement prononcée dans les États du Sud. Comme l'élévation du niveau de l'océan continue le long des côtes, les zones littorales qui étaient en péril pendant la période de réchauffement le demeurent. Les États-Unis se replient sur eux-mêmes, investissant leurs ressources pour nourrir leur propre population, renforcer leurs frontières et gérer la tension mondiale croissante.

Chine. Avec ses besoins alimentaires élevés étant donné son importante population, la Chine est durement frappée à cause de ses pluies de mousson devenues aléatoires. Celles-ci, occasionnellement pendant la saison d'été, sont bien accueillies pour l'eau qu'elles apportent, mais elles ont des effets dévastateurs car elles inondent des sols généralement à nu. Des hivers plus longs, plus froids et des étés plus chauds, provoqués par une diminution du refroidissement par évaporation en raison de la réduction des précipitations, diminuent les ressources en énergie et en eau, déjà faibles. Une vaste famine entraîne le chaos et des luttes internes, alors que la Chine, froide et affamée, lorgne jalousement sur les ressources énergétiques du côté de ses frontières avec la Russie et les pays situés à l'ouest.

Bangladesh. Les ouragans persistants et un niveau de la mer plus élevé provoquent d'énormes vagues qui entraînent une importante érosion côtière rendant presque inhabitable une grande part du Bangladesh. De plus, l'élévation du niveau de la mer provoque la contamination des approvisionnements d'eau douce à l'intérieur des terres, créant une pénurie d'eau potable et une crise humanitaire. Une émigration massive se produit, entraînant des tensions en Chine et en Inde, déjà en lutte pour contrôler la crise à l'intérieur de leurs propres frontières.

Afrique de l'Est. Le Kenya, la Tanzanie et le Mozambique font face au léger réchauffement du climat, mais sont confrontés à une sécheresse persistante. Accoutumés à des conditions climatiques sèches, ces pays ont été les moins influencés par le changement des conditions atmosphériques mais, comme les principales régions de production céréalière sont en difficulté, leur approvisionnement alimentaire est mis à mal.

Australie. Principale exportatrice alimentaire, l'Australie lutte pour fournir de la nourriture à toute la planète, car les changements moins importants de son climat n'affectent pas sévèrement son agriculture. Mais les grandes incertitudes au sujet du changement de climat dans l'hémisphère Sud rendent suspect ce scénario moins préoccupant.

Impact sur les ressources naturelles

Les modalités de changement du temps et des températures des océans affectent l'agriculture, les poissons, la faune sauvage, l'eau et l'énergie. Comme les principales régions passent d'une tendance au réchauffement à une tendance au refroidissement, les rendements agricoles sont moins prévisibles car ils sont touchés par des perturbations de la température et de la pluviométrie ainsi que par la chute de 10 à 20 % de la durée des saisons de culture et de récolte. Alors que quelques parasites agricoles meurent en raison des changements de température, d'autres espèces résistent plus aisément à la sécheresse et aux vents, requérant de nouveaux pesticides ou toute une panoplie de traitements. Les pêcheurs industriels, qui disposent de droits de pêche spécifiques dans des zones précises, seront mal équipés face à une migration massive de leurs proies.

Ne comptant que cinq ou six régions essentielles pour la culture céréalière dans le monde (les États-Unis, l'Australie, l'Argentine, la Russie, la Chine et l'Inde), l'excédent de l'approvisionnement alimentaire mondial est insuffisant pour répondre à de graves conditions climatiques dans plusieurs régions en même temps, sans parler de quatre ou cinq à la fois. L'interdépendance économique mondiale rend les États-Unis de plus en plus vulnérables à des bouleversements économiques créés par des variations climatiques locales dans des zones agricoles clés et à forte densité de population tout autour du monde. Des carences catastrophiques dans l'approvisionnement en eau et en énergie, ressources déjà sous pression aujourd'hui dans le monde, ne peuvent être rapidement surmontées.

Impact sur la sécurité nationale

La civilisation humaine s'est établie avec la stabilisation et le réchauffement du climat de la planète. Un climat instable et plus froid aurait signifié que les humains n'auraient pu ni développer l'agriculture ni s'établir de façon permanente. Avec la fin du dryas récent et grâce au réchauffement et à la stabilisation qui ont suivi, les humains ont pu apprendre les rythmes de l'agriculture et s'établir dans des endroits dont le climat permettait une production assurée. La civilisation moderne n'a jamais fait l'expérience de conditions climatiques aussi durablement perturbées que celles décrites dans ce scénario. En conséquence, les implications sur la sécurité nationale décrites dans ce rapport ne sont qu'hypothétiques. Les impacts réels varieraient considérablement selon les nuances des conditions climatiques, de l'adaptabilité de l'humanité et des décisions prises par les politiciens.

Les violences et les perturbations dues aux pressions qu'engendrent de brusques changements climatiques présentent un genre de menace différent pour la sécurité nationale que celui auquel nous sommes accoutumés aujourd'hui. La confrontation militaire peut être déclenchée par un besoin extrême de ressources naturelles, telles que l'énergie, la nourriture et l'eau, plutôt que par des conflits liés à l'idéologie, à la religion ou à l'honneur national. Ces nouveaux motifs de confrontation changent la donne quant à la vulnérabilité des pays et modifieraient les signaux existants qui nous avertissent des menaces pesant sur la sécurité. [...]

Lorsque la famine, les maladies, les catastrophes liées à la météo frapperont, provoquées par le brusque changement climatique, les besoins de beaucoup de pays excéderont leurs capacités de subsistance. Cela créera un sentiment de désespoir, susceptible de mener à de violentes agressions visant à restaurer l'équilibre. Imaginez les pays d'Europe de l'Est, luttant pour nourrir leurs populations et dont l'approvisionnement en nourriture, en eau et en énergie est en chute libre, lorgnant sur la Russie, dont la population est déjà en baisse, pour accéder à ses ressources céréalières, son minerai et son énergie. Ou figurez-vous le Japon, souffrant d'inondations le long de ses villes côtières et de la contamination de ses provisions d'eau douce, convoitant les réserves de pétrole et de gaz de l'île russe de Sakhaline, afin d'alimenter en énergie ses usines de dessalement et ses productions agricoles très consommatrices d'énergie. Envisagez le Pakistan, l'Inde et la Chine – tous équipés d'armes nucléaires – se déchirant à leurs frontières à propos des réfugiés, de l'accès à des rivières communes et des terres arables. Les pêcheurs espagnols et portugais pourraient s'opposer à propos des droits de pêche, ce qui conduirait à des affrontements en mer. Et des pays, États-Unis inclus, vont probablement renforcer la sécurité de leurs frontières. Avec plus de 200 bassins fluviaux communs à de multiples nations, il faut s'attendre à des conflits pour l'accès à l'eau potable, pour l'irrigation et le transport fluvial. Le Danube touche douze nations, le Nil en concerne neuf et l'Amazone sept.

Dans ce scénario, nous pouvons nous attendre à des alliances de circonstance. Les États-Unis et le Canada pourraient devenir un seul et même pays, simplifiant le contrôle des frontières. Ou bien le Canada pourrait garder pour lui sa puissance hydroélectrique et poser des problèmes énergétiques aux États-Unis. Les deux Corées pourraient s'unir pour créer une entité au savoir-faire technologique et disposant de l'arme nucléaire. L'Europe pourrait agir en tant que bloc unifié pour limiter les problèmes d'immigration entre les nations européennes et organiser sa protection contre des agresseurs. La Russie, avec ses abondantes ressources en minerais, pétrole et gaz naturel, pourrait se joindre à l'Europe.

Dans ce monde d'États belligérants, la prolifération d'armes nucléaires est inévitable. Les réserves existantes d'hydrocarbures s'amenuisent alors que le refroidissement du climat fait grimper la demande. Avec la pénurie des sources d'énergie et le besoin croissant d'y accéder, le nucléaire deviendra une source d'énergie essentielle, ce qui accélérera la prolifération nucléaire, les pays développant leur capacité à l'enrichissement et au retraitement [des matières radioactives] pour garantir leur sécurité nationale. La Chine, l'Inde, le Pakistan, le Japon, la Corée du Sud, la Grande-Bretagne, la France et l'Allemagne auront tous l'arme nucléaire, de même qu'Israël, l'Iran, l'Égypte et la Corée du Nord.

Un rapport qui n'est pas si irréaliste

Au fond, ce rapport rédigé en 2003, avant le tsunami, la catastrophe provoquée par Katrina, les cyclones à répétition dans le golfe du Mexique, l'augmentation de la prolifération nucléaire ou encore les vagues d'immigrants tentant désespérément de franchir les frontières des pays prospères, n'est pas si irréaliste.

J'en ai eu la confirmation durant l'été en enquêtant au Népal. Le petit royaume himalayen, enserré entre deux puissants voisins, l'Inde et la Chine – dont la vitalité économique fascine l'Occident –, est un pays dépourvu de ressources et de tout espoir démocratique. Un monarque autoritaire règne sur cette nation dont une large partie du territoire est contrôlée par une guérilla maoïste au projet politique proche de celui des Khmers rouges.

Le jour même de mon arrivée, à quelques mètres de l'hôtel Annapurna où je suis descendu, des centaines d'étudiants manifestent devant le palais royal, affrontant violemment les forces de l'ordre. Ils protestent contre la hausse des prix du pétrole et ses conséquences, l'augmentation des prix des transports en commun et des denrées alimentaires.

Le jour suivant, je me rends à Pathan, où une grande manifestation est prévue. Cette ville historique, berceau de la royauté, est située à 7 kilomètres de Katmandou, séparée de la capitale népalaise par la rivière Gandak qui se jette dans le Gange. Le cours d'eau n'est plus aujourd'hui qu'un mince filet d'eau coulant au milieu d'un lit à sec. Une foule immense a investi les temples de briques rouges aux fenêtres en bois marron délicatement ciselées. Ils sont debout, assis sur les marches, accrochés aux sculptures pour écouter les orateurs du mouvement « Paix et démocratie » qui se succèdent à la tribune. Tous réclament le départ du roi. Un jeune homme me sert de guide. Étudiant, il a grandi dans un village sans eau ni électricité et il me décrit les trajets épuisants effectués chaque jour par sa mère pour aller chercher le bois qu'elle rapporte sur son dos. Il me parle avec passion de ses lectures : Diderot, Rousseau, Montesquieu, dont il cite par cœur des passages entiers, et de son rêve : aller à Paris. Les visages qui m'entourent sont à la fois graves et las.

Des conséquences catastrophiques

Le lendemain matin, je pars pour les contreforts de l'Himalaya, en compagnie d'un jeune météorologue, Naran. Le chauffeur, fine moustache, vêtu du costume traditionnel népalais, s'appelle Krishna. Il conduit avec prudence sur une route trop étroite, encombrée de camions et d'autobus. Nous croisons des groupes d'enfants en uniforme bleu et blanc qui vont à l'école. Mes compagnons me parlent du coût de la vie qui ne cesse d'appauvrir une population déjà misérable, de l'absence d'espoir et de l'angoisse éprouvée devant la hausse des prix du pétrole. La veille, le prix du baril a atteint les 70 dollars.

Nous traversons la ville historique de Sankhu et commençons à gravir une route en lacet bordée de sapins. Des hameaux sont accrochés aux flancs de la montagne. Au bout d'une heure, nous arrivons à Nagarkot.

Un sommet battu par un vent froid où est construit un hôtel, le Club Himalaya. Naran m'entraîne dans la salle à manger où d'immenses baies vitrées offrent une vue d'ensemble saisissante des massifs himalayens. Il me désigne du doigt les sommets enneigés. « C'est une vue trompeuse. Dans quelques années, 70 % des neiges et des glaciers auront totalement fondu sous l'effet du réchauffement climatique en cours. Les conséquences sont déjà sensibles ; dans peu de temps, à l'échelle humaine, elles deviendront catastrophiques. Cela signifie qu'il n'y aura plus d'eau potable non seulement pour la population du Népal, mais aussi pour tous les habitants du nord de la Chine et du sud de l'Inde. De nombreux fleuves prennent leur source dans les glaciers de l'Himalaya : le Gange, mais aussi le fleuve Bleu, le Yang-tsé, ainsi que l'Indus, le Brahmapoutre, le Yamuna... Leur cours a déjà baissé. Des centaines de millions de personnes seront privées non seulement d'eau potable, mais aussi de récoltes, en raison du trop faible niveau d'irrigation. » Il s'interrompt, ému. Naran a trente-quatre ans. Mince, de petite taille, il a effectué ses études en Inde. Il semble comme hypnotisé par le paysage imposant et somptueux qui nous fait face : « Nous avons toujours considéré l'Himalaya comme notre salut. (Le ton de sa voix est triste.) J'ai peur que par la folie et l'égoïsme des hommes nous ne commencions à le maudire. »

Je me rappelle à cet instant la remarque d'Indira Gandhi. Nous sommes en 1980. Elle vient juste d'être réélue et nous dînons, Jean-Jacques Servan-Schreiber et moi, à sa résidence de Wellington Crescent, dans un quartier calme de New Delhi. Jour et nuit, une foule ininterrompue se presse devant les grilles de cette maison basse de cinq pièces où elle vit, travaille et où elle sera assassinée quatre ans plus tard par ses propres gardes du corps sikhs.

Ces femmes et ces hommes d'origine modeste veulent la voir, la toucher, lui transmettre leurs doléances. Le monde subit de plein fouet le second choc pétrolier, avec l'arrivée au pouvoir de Khomeyni et la décision iranienne de stopper ses livraisons de pétrole. Vêtue d'un sari bleu et blanc, les gestes gracieux, cette femme autoritaire s'exprime en français : « La générosité entre les peuples et les nations est aussi peu répandue qu'entre les individus. Après le choc pétrolier de 1973, les États producteurs ont prétendu que leur victoire était celle de tous les pays en développement et que leur objectif prioritaire serait de fournir aux plus défavorisés un pétrole à des prix préférentiels. C'est une promesse qu'ils n'ont jamais tenue et, pourtant, les pays pauvres ont beaucoup plus souffert que l'Occident. »

Des travailleurs népalais pour Dubaï

Cette inégalité, le Népal la subit aujourd'hui de plein fouet. Deux jours plus tard, à minuit, je prends l'avion pour Dubaï. La liaison entre Katmandou et l'émirat vient juste d'être inaugurée. Deux vols par semaine, assurés par Air Nepal International, une compagnie nouvellement créée par deux hommes d'affaires d'origine indienne qui sont du voyage. Un investissement probablement rentable car je découvre que l'avion, un Boeing 757, est plein.

Les passagers ? À l'exception des propriétaires et de moi-même, tous sont des travailleurs immigrés népalais. Des centaines d'hommes attendent, silencieux, d'embarquer pour trois années d'une vie où ils seront exploitables à merci. Ils ont le regard perdu, des gestes humbles et maladroits, et à leurs pieds un pauvre sac en plastique qui contient tous leurs effets. Ils ne reverront pas une seule fois leur famille pendant ces trois années et vivront parqués, dans des dortoirs insalubres, à une heure de route du centre de Dubaï.

J'engage la conversation avec les deux Indiens qui profitent de ce nouveau marché si fructueux. La quarantaine dynamique, mallette de cuir au poignet, ils me précisent que tous leurs prochains vols sont pleins et transportent la même clientèle. La satisfaction que je lis sur leur visage disparaît quand je leur demande s'ils savent combien ces hommes seront payés. Expression peinée : « Oh, très peu, vraiment très peu. Environ 150 dollars par mois pour des travaux très durs. »

À Dubaï, comme à Abu Dhabi, au Qatar ou au Koweït, ces émigrés constituent une réserve de main-d'œuvre inépuisable et sont traités comme des bêtes de somme. L'argent du pétrole a rendu les émirats riches. Dubaï se veut un lieu luxueux et glamour. Moi, je vois cette ville comme une succession de poches de misère. Il fait plus de 50 °C et de mon taxi je distingue des groupes d'hommes s'affairant sur les innombrables chantiers en construction, vingt-quatre heures sur vingt-quatre.

À l'hôtel, malgré la température caniculaire et l'absence de vent, les touristes se pressent sur les transats disposés au bord de la plage. Ils jettent parfois des regards agacés en direction de la cinquantaine de Népalais qui, à quelques mètres d'eux, scient, clouent, soudent. Ils ne voient pas ces hommes au visage transpirant de sueur et aux traits épuisés, ils entendent seulement le bruit qui perturbe leur quiétude.

16

Le pétrole et les spéculateurs

Le 3 janvier 2001 peu avant minuit, à la veille de quitter la Maison-Blanche au terme de huit ans de mandat, Bill Clinton accorde le pardon présidentiel à Marc Rich. Il attend les toutes dernières heures pour apposer sa signature, une mesure qui va ternir durablement la fin de sa présidence. Il s'agit d'une nouvelle victoire pour Rich, le fugitif qui se considère depuis toujours au-dessus des lois et souvent plus puissant que les gouvernements. En prenant cette décision, Bill Clinton bafoue ouvertement la justice américaine et le patient travail accompli par les enquêteurs pour réunir des preuves[1]. « Dans ce cas précis, estime un des proches de Rich, il a été encore une fois, comme dans toutes ses affaires, le meilleur et le plus efficace de ses avocats. »

1. Jessica Reaves, « The Marc Rich Case : a Primer », *Time*, 13 février 2001.

Un des dix hommes les plus recherchés

Jusqu'à son pardon, Rich figure sur la liste des dix hommes « les plus recherchés » par le ministère de la Justice américain, aux côtés de Ben Laden. Il est poursuivi pour plus de cinquante charges, notamment une évasion fiscale se montant à 48 millions de dollars, en plus des accusations de racket et de commerce illégal avec l'Iran durant la prise d'otages à l'ambassade américaine de Téhéran en 1979. Inculpations qui pourraient lui valoir plus de trois cents ans de prison[1].

Lorsque l'étau judiciaire se resserre durant l'été 1983, Marc Rich quitte son appartement new-yorkais de 10 millions de dollars pour se réfugier en Suisse. Il s'installe dans le canton de Zug dans une luxueuse propriété soigneusement gardée et renonce à la citoyenneté américaine au profit de passeports israélien et espagnol. L'homme qui vient de passer entre les mailles du filet est déjà le plus puissant et le plus dénué de scrupules de tous les opérateurs pétroliers de la planète. Il a littéralement créé, en 1969, le marché *spot* permettant toutes les spéculations autour de l'or noir, violé les embargos, commercé avec les pires des régimes, manipulé les cours du brut à la hausse comme à la baisse. Multimilliardaire, reclus, il demeure une légende sulfureuse mais incontournable dans le monde pétrolier.

Selon un de ceux qui l'ont approché, « il a orchestré et manipulé son pardon présidentiel avec la même

1. Josh Gerstein, « Who's Marc Rich », *Business Week*, 18 juillet 2005.

détermination, le même soin qu'il met à préparer ses autres contrats[1] ». Son ex-femme Denise, dont il est resté très proche, a versé au parti démocrate plus de 1 million de dollars et 400 000 dollars pour la construction de la Bibliothèque Bill Clinton à Little Rock, la capitale de l'Arkansas natal du Président. Hillary, quant à elle, avait bénéficié des largesses de Rich durant sa campagne pour l'élection au poste de sénateur de New York.

Parmi ceux, nombreux, qui ont fait le siège de la Maison-Blanche pour arracher ce pardon, on trouve l'ancien Premier ministre israélien Ehud Barak et le roi d'Espagne Juan Carlos, ainsi que le successeur d'Ariel Sharon, Ehud Olmert, l'ancien chef du Mossad Shabtar Shavit et le chanteur d'opéra Placido Domingo, auteur d'une lettre réclamant la grâce de Rich, « mon ami qui a été assez puni ». Au fond, ces personnalités adoptent le même comportement que les politiciens suisses, dénoncés par le parti des Verts pour leur complaisance envers Marc Rich : « Ils ne demandent pas d'où vient l'argent, mais combien il en a », affirme un de leurs responsables, Josef Lanos[2].

« El Matador »

Né en 1934 en Belgique dans une famille juive aisée qui fuira le nazisme en 1940, il grandit à New York et devient trader à dix-neuf ans. Son employeur, Philipp Brothers, est alors la plus importante compagnie mondiale de trading sur les matières premières.

1. Michael Dobbs, *Washington Post*, 14 mars 2001.
2. Michael Dobbs, art. cit.

En 1973, à la suite d'un différend sur le montant des bonus qui devait lui être versé, « un prétexte pour rompre » selon de nombreux témoins, il crée sa propre société, Marc Rich Co., emmenant avec lui les douze meilleurs traders et tous les secrets, jusqu'ici jalousement gardés, de son ex-employeur [1].

Les crises et les embargos seront les leviers de son action et de son enrichissement. Ses collaborateurs, fascinés par son instinct de tueur, le surnomment « El Matador ».

« Quand vous regardez aujourd'hui le monde du trading, me déclare un responsable pétrolier, vous pouvez le baptiser "l'université Marc Rich". Nous copions son style, ses méthodes et nous donnerions cher pour posséder la même efficacité. »

Le premier choc pétrolier en 1973, l'embargo décrété par les pays arabes de l'OPEP lui offrent sa première véritable opportunité. Le marché *spot* de Rotterdam permet de spéculer sur la différence entre prix d'achat et prix de vente. Quand, au milieu des années 1970, les administrations américaines instaurent plusieurs contrôles des prix sur l'énergie, il s'emploie à les contourner [2].

L'administration Carter a ainsi décrété que le pétrole payé avant les accords de production signés en 1972, qualifié de « vieux pétrole », devra être vendu 6 dollars le baril, tandis que le « pétrole nouveau », extrait depuis, pourra être vendu 40 dollars le baril. Les enquêtes révèlent que Rich a utilisé des compa-

1. *Oilgram*, volume 79, n°15, 23 janvier 2001.

2. Abu Khadra, « The Spot Oil Market : Genesis, Qualitative, Configuration and Perspectives », *OPEC Review*, vol. III, 1979.

gnies écrans panaméennes pour requalifier en « pétrole nouveau » du pétrole à 6 dollars. Les profits découlant de cette requalification, placés dans des paradis fiscaux, ont été évalués à plus de 100 millions de dollars. Pour continuer à opérer à partir du territoire américain, Rich accepte de payer une amende se chiffrant à 200 millions de dollars. Chacun de ses actes démontre que le pétrole, avant d'être une matière première vitale pour la bonne marche du monde et le bien-être des populations, est un formidable enjeu spéculatif.

En créant et développant le marché *spot*, Marc Rich a donné le coup d'envoi à un gigantesque rallye financier qui échappe totalement au contrôle des États. Marginal en 1969, ce marché est désormais au centre de l'activité pétrolière.

Uniquement la spéculation

Chaque contrat passé sur les marchés à terme d'IPE, basée à Londres[1], ou au sein du NYMEX[2] représente 1 000 barils de pétrole. En 2003, le total des échanges représentait 100 milliards de barils. Ce chiffre hors de proportion avec la production annuelle de pétrole s'explique uniquement par la spéculation. À 570 barils de pétrole « papier » négociés chaque année ne correspond qu'un seul baril « réel » de pétrole.

Ces opérations n'ont qu'un double objectif : contrô-

1. International Petroleum Exchange, place financière de Londres où sont réalisées les transactions sur le pétrole Brent, en provenance de la mer du Nord, qui sert de référence.

2. New York Mercantile Exchange, où sont effectuées les transactions sur le West Texas Intermediate, autre brut de référence.

ler et manipuler les prix. Les prix affichés au public sont les prix spéculatifs, et non ceux du pétrole vendu quotidiennement, à travers des contrats à long terme.

À Londres, sur le marché IPE, les spéculateurs peuvent opérer avec une mise de fonds représentant seulement 3,8 % du montant de leurs achats. 1 000 barils à 40 dollars représentent une valeur de 40 000 dollars, sur lesquels les acheteurs ne paient que 1 250 dollars, soit 3,8 % du total. Les transactions accomplies sur ce marché correspondent à plus de cinq fois la production mondiale de toutes les variétés de pétrole. Contrôler les prix mondiaux du pétrole implique donc une mise de fonds dérisoire.

Plus surréaliste encore, le Brent, le pétrole de la mer du Nord, ne représente plus que 0,4 % de la production mondiale, pourtant son prix *spot* détermine, lui, le prix de 60 % de la production mondiale [1].

L'IPE est actuellement dirigée par un ancien responsable de la Shell, Sir Robert Reid, entouré de représentants des plus grandes banques mondiales.

Lorsque les Saoudiens décidèrent de produire quotidiennement 2 millions de barils supplémentaires pour casser la hausse des prix, les spéculateurs achetèrent immédiatement sur le NYMEX 77 000 contrats à long terme. Chaque contrat représentant 1 000 barils de pétrole, ils détenaient l'équivalent de 770 millions de barils, poussant les prix à la hausse et neutralisant l'initiative saoudienne.

Les compagnies pétrolières sont souvent les premières à utiliser ces leviers spéculatifs. Pour augmenter leurs profits, elles réduisent également leur

1. Jean Laharrère, art. cit., *Futuribles*, n° 315.

capacité de raffinage, ce goulot d'étranglement provoquant la flambée des cours. Elles prétendent que la diminution du nombre de raffineries aux États-Unis au cours des vingt dernières années découle des pressions exercées par les mouvements écologistes. C'est en grande partie faux, ce choix reflète plutôt le constat des dirigeants de ces firmes : le pétrole devient de plus en plus rare. Elles préfèrent réduire leurs investissements dans la recherche et spéculer sur les prix. Une autre initiative traduit leurs difficultés croissantes : les fusions et acquisitions opérées depuis la fin des années 1990.

En décembre 1998, BP et Amoco fusionnent ; en avril 1999, BP-Amoco rachète Arco ; en décembre 1999, Exxon et Mobil fusionnent ; en octobre 2000, c'est au tour de Chevron et Texaco ; puis, en novembre 2001, de Phillips et Conoco ; en septembre 2002, Shell acquiert Penzoil-Quaker State ; en février 2003, Frontier Oil et Holly fusionnent ; en mars 2004, Marathon achète 40 % du capital d'Ashland ; en avril 2004, Westport rachète Ker-Mac Gee ; en juillet 2004, les analystes financiers suggèrent la fusion de Shell et BP ; en avril 2005, Chevron-Texaco rachète Unocal, la compagnie californienne convoitée par les Chinois.

Ces grandes manœuvres dopent les cours en Bourse, augmentent le montant des réserves détenues par ces nouveaux mastodontes, mais il s'agit surtout de l'ultime artifice d'une industrie en déclin, devenue aussi fragile que les secteurs de l'automobile ou des compagnies aériennes.

Des cargaisons revendues plus de cinquante fois

Rich, lui, prospère un peu plus à chaque crise. Le 4 novembre 1979 à l'aube, le président Jimmy Carter est réveillé : des hommes en armes ont pénétré à l'intérieur de l'ambassade américaine à Téhéran, et pris en otages les soixante-trois membres du personnel. Le moment, soigneusement choisi par le pouvoir islamique iranien, ne peut pas plus mal tomber pour Carter, qui entame alors un chemin de croix politique et électoral qui aboutira à l'élection de Ronald Reagan. En apprenant la nouvelle, le président américain décrète immédiatement un embargo sur l'importation de pétrole iranien aux États-Unis et le gel de tous les avoirs de Téhéran. Les Iraniens répliquent en refusant aux firmes américaines le droit d'exporter leur pétrole.

Ces mesures amplifient encore le chaos qui règne sur le marché pétrolier. Les nationalisations et la prise de contrôle de leurs ressources naturelles par les compagnies nationales des pays producteurs ont modifié la donne : elles ne vendent plus leur pétrole seulement aux principales compagnies, mais à un grand nombre d'indépendants, traders et raffineurs. Ceux-ci transforment l'univers pétrolier en une spéculation permanente. Un tanker quittant le détroit d'Ormuz et qui met quatre-vingt-dix jours pour atteindre son port de destination transporte une cargaison de brut qui peut être vendue et revendue plus de cinquante fois tout au long du parcours. Certains opérateurs, tel Rich, réalisent des gains considérables dans une période pourtant des plus sombres et inquiétantes pour les gouvernements et les populations des États consommateurs.

Rich profite également, avec beaucoup d'habileté,

de l'exaspération des pays producteurs à l'encontre des compagnies pétrolières, qui ont été pendant des décennies des interlocuteurs obligés dictant leur loi.

Durant la période où les otages américains sont toujours détenus dans leur ambassade par les « gardiens de la révolution islamique », il achète, entre juillet et septembre 1980, 5 millions de barils de pétrole iranien d'une valeur estimée à plus de 186 millions de dollars. L'opération se décompose en cinq contrats passés avec une des compagnies suisses contrôlées par Rich.

L'opérateur a toujours agi à travers une nébuleuse de sociétés et, même après sa fuite en Suisse, il a continué de créer et financer des compagnies aux États-Unis, telle Novarco, créée en 1997 et enregistrée dans l'État de New York.

Au-dessus des lois

Les activités de Rich se concentrent souvent sur les régimes les plus abjects de la planète. Une organisation antiapartheid hollandaise, Amsterdam Based Shipping Research Bureau, recense 149 livraisons de pétrole au régime blanc sud-africain entre 1979 et 1993. Cet approvisionnement, qui s'interrompt avec la chute de l'apartheid, est effectué par des compagnies appartenant à Rich.

Parfois, le trader fournit aux Sud-Africains du pétrole qu'il obtient en Union soviétique, pays officiellement à la pointe de la lutte antiapartheid. Les capitaines des tankers affrétés falsifient leur destination finale et, une fois en haute mer, mettent le cap sur les ports sud-africains. Pendant près de quinze ans, Rich va assurer plus de 15 % de la totalité des approvisionnements en pétrole de l'Afrique du Sud.

Le journaliste nigérian Nwangwu[1] a remarquablement décrit l'emprise de Rich sur son pays. Le Nigeria, pays le plus peuplé d'Afrique avec près de 130 millions d'habitants, est le premier producteur africain de pétrole et le sixième producteur mondial. C'est pourtant un des pays les plus pauvres au monde où tout manque, la nourriture, les écoles, les hôpitaux... et le pétrole. À chaque visite dans ce pays, j'ai été frappé par la pénurie chronique d'essence ou de gasoil et le spectacle des files de voitures s'allongeant devant les stations-service.

Nwangwu cite un article de James Rupert, publié le 9 juin 1998 dans le *Washington Post*, consacré à la corruption qui régnait sous le régime du dictateur Abacha, mort mystérieusement. « Une grande partie du pétrole pompé au Nigeria est destinée aux compagnies comme Chevron, Mobil, Shell, qui exploitent les gisements. Mais la part la plus importante va à la compagnie d'État pétrolière nigériane qui, sous la direction d'Abacha, vend ce pétrole à des opérateurs indépendants [...]. Selon la lettre spécialisée, publiée à Londres, *Energy Compass*, les principaux partenaires commerciaux durant l'ère Abacha étaient les firmes Arcadia et Addax, ainsi que la compagnie suisse Glencore, contrôlée par Marc Rich[2]. »

Selon Nwangwu, l'article du journaliste américain omet un épisode important : porté au pouvoir par un coup d'État, Abacha, un des dictateurs les plus corrompus et sanguinaires que le pays ait eu à subir, lança une enquête sur la gestion de ses prédécesseurs. Le rapport révèle

1. Nwangwu, USAfricaonline.com
2. James Rupert, « Corruption Flourished in Abacha's Regime », *Washington Post*, 9 juin 1998.

que, entre 1990 et 1994, 12,2 milliards de dollars de revenus pétroliers se sont évaporés. Certaines pistes remontent jusqu'à Rich, qui payait à ses associés nigérians des commissions versées sur des comptes en Suisse, à Singapour ou aux Bermudes.

« Tout le monde a un prix »

Qualifié par le journaliste nigérian de « chat à neuf vies », incontournable depuis vingt-cinq ans dans l'activité pétrolière du pays, Rich réussit à se tirer de ces mauvais pas et devient aussi étroitement associé avec Abacha qu'il l'a été avec ses prédécesseurs. En réalité, l'opérateur suisse dispose de soutiens importants parmi les responsables de l'armée, dont il a fait ses obligés depuis longtemps. Le *Sunday Nigerian Tribune* évoque cette complicité, les dépôts d'argent dans des comptes suisses. « Corruption et persuasion massive à travers des transferts en devises fortes » constituent la base de la machine de guerre financière mise en place par Rich au Nigeria et ailleurs. Signe de cette permanence : en août 1999, trois mois après son entrée en fonctions, le président Obasanjo, démocratiquement élu après un passé lui aussi de putschiste, annonce la signature de seize nouveaux contrats pétroliers destinés à remplacer les quarante et un contrats passés par son prédécesseur. Marc Rich, grand bénéficiaire de la dictature Abacha, se retrouve tout aussi favorisé par le nouveau pouvoir.

Rich suscite la peur et les rares collaborateurs qui acceptent de parler sont lapidaires et exigent l'anonymat. « Il se considère, selon l'un d'eux, comme un citoyen du monde au-dessus des lois, pour qui les gouvernements sont une réalité dépassée. Il fonctionne avec les êtres humains comme dans ses affaires : tout et tout le monde a un prix et peut être acheté... ou vendu. » Cet amateur de peinture qui possède une superbe collection de Van Gogh, Renoir, Picasso, Miró, accrochés aux murs de sa propriété[1], ne supporte pas de manquer une opportunité. Un rapport confidentiel de l'ONU, à usage interne et daté de juin 1992, transmis anonymement aux membres de la commission des Relations internationales de la Chambre des représentants, révèle que Rich a été un des précurseurs du programme « Pétrole contre nourriture ». La première guerre du Golfe à peine achevée, il élabore en effet un accord triangulaire « armes contre pétrole engageant le Chili, l'Irak et l'Afrique du Sud », et met en place un circuit permettant les exportations illégales de pétrole irakien à travers la Syrie.

9 milliards de dollars de profits frauduleux

Douze ans plus tard, un article de Niles Lathem, publié dans le *New York Post*, qualifie Marc Rich d'« acteur important » dans le scandale « Pétrole contre nourriture ». Le système mis en place par l'ONU avait permis tous les abus. Il autorisait l'Irak à vendre des quotas de pétrole pour financer l'achat de nourriture et de produits de première nécessité destinés à sa population. Bien entendu, les Irakiens ne bénéficièrent guère de cette mesure, qui enrichit encore davantage le dictateur irakien et sa famille. La CIA estime à 9 milliards de dollars

1. Michael Dobbs, art. cit.

les profits dégagés par ces ventes clandestines et frauduleuses de pétrole.

Toujours selon l'article du *New York Post*, qui s'appuie visiblement sur des informations émanant de sources officielles, « le milliardaire Marc Rich a émergé comme une figure centrale dans le scandale du programme des Nations unies "Pétrole contre nourriture" et fait l'objet d'enquêtes pour des contrats dans lesquels un certain nombre de politiciens et d'hommes d'affaires étrangers ont profité de leur position au cœur des accords pétroliers passés avec Saddam Hussein.

« Rich, le trader en fuite, installé en Suisse, qui bénéficia d'un pardon controversé de la part du président Bill Clinton en janvier 2001, est la première cible d'enquêtes criminelles en cours, menées conjointement par le bureau du procureur de New York et par le District Attorney de Manhattan, Robert Morgenthau.

« "Nous pensons qu'il est un acteur majeur dans cette affaire, une figure centrale", confie un responsable.

« Les enquêteurs déclarent qu'ils ont reçu des informations indiquant que Rich et Ben Pollner, un trader pétrolier installé à New York qui dirige Taurus Oil, ont mis en place une série de compagnies au Liechtenstein et dans d'autres pays qu'ils utilisaient pour préparer les accords entre Saddam et ses soutiens internationaux dans les schémas controversés que le dictateur concevait pour gagner un appui international contre les sanctions des États-Unis et des Nations unies.

« Les enquêteurs croient que Rich et Pollner contrôlaient un grand nombre d'accords en trouvant des acheteurs pour le pétrole alloué aux gens corrompus par Saddam. Le pétrole irakien, cédé à prix réduit, était revendu aux grandes compagnies pétrolières à des tarifs plus élevés, et Rich et Pollner empochaient un fort pourcentage sur les profits ainsi réalisés, se chiffrant en centaines de millions de dollars [1] ».

Les bénéficiaires des largesses de Saddam ne possédaient ni tankers ni raffineries pour transporter et transformer le pétrole. Rich et son associé se chargeaient de tout. Selon plusieurs témoignages liés à l'enquête, Rich aurait transféré à des officiers irakiens plus de 4 millions de dollars placés dans des banques jordaniennes et libanaises. En février 2001, Rich aurait acheté 1 million de barils de brut irakien, destinés aux États-Unis mais détournés vers la Croatie. Contre un supplément de 3 millions de dollars transférés sur un compte numéroté.

Un avenir radieux

À notre époque où la production mondiale de pétrole décline dramatiquement tandis que le prix du baril flirte avec les 70 dollars, l'avenir de Rich et de ses émules s'annonce radieux. La course aux approvisionnements conduit inévitablement aux frontières d'États parias mis au ban de la communauté internationale, ou dans des zones extrêmement troublées. Rich a déjà noué des liens étroits avec le dictateur nord-coréen Kim Jong-il.

Les grandes compagnies pétrolières, effrayées, refusent de s'engager et sont ravies d'avoir des partenaires

1. Niles Lathem, « City Fed Probes Eyes Pardongate Billionaire as a "Major Player" in Saddam's Scan », *New York Post*, 13 décembre 2004.

qui, dans le plus grand secret, accompliront le sale travail. Les *majors* ont racheté la plus grande partie du pétrole irakien vendu en fraude. Comme le confie, ironique, un ancien collaborateur de Rich : « Les grandes firmes pétrolières ne veulent pas être en contact avec le pétrole ; elles veulent seulement l'acheter. » Richard Perkins, l'ancien directeur des opérations de trading chez Chevron, résume autrement cette collaboration : « Les grandes compagnies pétrolières sont le pain et le beurre des traders comme Rich. »

Rich est un solitaire qui sait nouer des liens indispensables. Deux de ses relais, dans les opérations en Irak, étaient les frères Esfandiar et Bahman Bakhtiar, membres d'une célèbre tribu iranienne. Après la chute du Shah, ils s'enfuirent en Irak où Saddam les accueillit comme des « fils adoptifs », selon Jules B. Kroll, le fondateur du plus grand cabinet d'enquête mondial, Kroll Inc., embauché après 1991 par le Koweït pour enquêter sur les finances de Saddam.

Les Bakhtiar permirent à Rich de tisser des liens avec le dictateur irakien et utilisèrent deux de leurs sociétés pour les ventes de pétrole, notamment Jaraco, installée depuis 1981 à Genève et considérée, en 2004, par les enquêteurs du Trésor américain « comme un important transit pour le blanchiment des milliards de Saddam ». Rich, avec un égal bonheur, a commercé avec la Chine et la Corée du Nord.

Il a revendu, en 1994, à son équipe dirigeante sa société Glencore International, installée en Suisse, à Zug, à proximité de son domicile. Géant du marché mondial des *commodities* [1], Glencore, avec des opérations annuelles se chiffrant à 72 milliards de dollars,

1. Marché des matières premières.

est une des plus importantes sociétés privées au monde[1].

Rich fascine les oligarques

Malgré cette vente, Rich conserve un éventail de sociétés, toutes évidemment enregistrées dans des paradis fiscaux. L'une d'elles, Zerich, aujourd'hui dissoute, lui a permis de réaliser de multiples opérations dans le pays où il est probablement le mieux implanté : la Russie. Par l'intermédiaire de Zerich, durant les opérations irakiennes « Pétrole contre nourriture », il a racheté et négocié le pétrole que Saddam avait offert en cadeau à plusieurs mouvements extrémistes et antisémites, ukrainiens et russes. Selon la Commission Volcker, créée par le secrétaire général de l'ONU pour enquêter sur les agissements illégaux entourant ces opérations, Zerich a acheté pour 422 millions de dollars de pétrole irakien. La compagnie a également servi d'opérateur pour les partis socialiste et communiste ukrainiens.

Depuis la chute du communisme, en 1991, Rich s'est imposé à Moscou comme le plus puissant et le plus influent des traders. Et aussi comme un modèle qui inspire et fascine tous les futurs oligarques qui se pressent alors aux portes du pouvoir et de la richesse[2]. Pour ces milliardaires en devenir, il est, selon la formule du professeur Vladimir L. Kvint, enseignant à

1. Marcia Vickers, « The Rich Boys. An Ultra-secretive Network Rules Independent Oil Trading. Its Mentor : Marc Rich », *Business Week*, 18 juillet 2005.

2. Marcia Vickers, art. cit.

l'école des affaires de l'Université américaine, « à la fois un professeur et un parrain ».

15 milliards de dollars

Cet épisode est extrêmement important et fournit un éclairage nouveau sur les comportements, méthodes et objectifs réels des oligarques russes, dont l'ascension foudroyante a stupéfié le monde entier. Ces hommes ne sont ni des entrepreneurs ni des bâtisseurs, mais des spéculateurs qui ont eu la chance de se trouver au bon endroit au bon moment. Mikhaïl Khodorkovsky en est l'illustration. Jusqu'à son emprisonnement par Poutine en 2003, il était l'homme le plus riche de Russie, avec une fortune évaluée à près de 4 milliards de dollars.

Quel parcours pour cet ancien responsable de la Ligue de la Jeunesse communiste. En 1995, le régime de Boris Eltsine se décharge de ses participations majoritaires dans les principales compagnies pétrolières et sidérurgiques du pays en les transférant à un groupe de sociétés financières proches du pouvoir. Khodorkovsky et ses partenaires rachètent pour 350 millions de dollars 78 % de Ioukos, la première société pétrolière du pays. Cet achat officialise la valeur de l'entreprise à 450 millions de dollars. À ce prix, ce n'est même plus une braderie, mais un véritable don qui est fait au jeune oligarque, qui avouera : « À cette époque, chacun en Russie était engagé dans un processus primitif d'accumulation du capital. Même quand les lois existaient, elles n'étaient pas très rigoureusement suivies[1]. » Six ans plus tard, Ioukos

1. Paul Klebnikov, « The Oligarch Who Came in from the Cold », *Forbes*, 18 mars 2002.

affiche une capitalisation plus en rapport avec la réalité : 15 milliards de dollars.

Des réserves au bord de l'épuisement

Selon les estimations de la revue spécialisée *Journal du pétrole et du gaz*[1], la Russie possède des « réserves prouvées » évaluées à 60 milliards de barils. Les gisements sont situés entre les montagnes de l'Oural et le plateau de Sibérie centrale.

En 1988, trois ans avant la dissolution de l'URSS, quand Moscou inondait le marché mondial pour tenter de compenser la baisse des prix, le pays produisait jusqu'à 12,5 millions de barils/jour. Après la chute du communisme et la perte de l'Azerbaïdjan, devenu indépendant, la production tournait autour de 6 millions de barils/jour. Elle est remontée à plus de 9 millions de barils, de 2000 à 2004. 70 % de la production sont destinés à l'exportation, tandis que les 30 % restants sont à usage interne et raffinés localement. Les deux tiers des 6,7 millions de barils/jour exportés sont, comme au temps de l'Union soviétique, destinés aux anciennes républiques : Biélorussie, Ukraine, ainsi qu'aux pays d'Europe de l'Est : Pologne, Slovaquie, Hongrie, République tchèque.

Le géologue King Hubbert avait prévu avec succès, en 1956, le pic pétrolier des États-Unis pour 1970. Les mêmes projections appliquées à la Russie diagnostiquèrent le « pic » pétrolier en 1987. Le pronostic suscita à l'époque scepticisme et sourires condescendants. Aujourd'hui, la majorité des experts s'accordent à

1. *Oil and Gas Journal.*

admettre que le montant des réserves russes est grossièrement exagéré.

« Beaucoup de spécialistes, me précise Nicolas Sarkis, estiment qu'il faut diviser par deux les chiffres publiés si on applique les méthodes d'évaluation et la méthodologie officielles[1]. » Ce qui ramènerait le montant des réserves du deuxième pays producteur de pétrole à 30 milliards de barils, soit une seule année de consommation mondiale. Même les experts russes, longtemps adeptes du silence et de la langue de bois, commencent à sonner l'alarme. Un récent rapport, rédigé par la branche sibérienne de l'Académie des sciences de Russie, fut immédiatement classé par Vladimir Poutine. Il révèle que près de 60 % de toutes les réserves prouvées en Sibérie occidentale sont au bord de l'épuisement. Depuis un décret promulgué par Vladimir Poutine, les réserves pétrolières sont considérées comme relevant du secret d'État.

« Je me sens aujourd'hui beaucoup plus à l'aise en Russie »

Le conte de fées des oligarques survient au moment même où la matière première dont ils prennent le contrôle est en déclin. Des décennies de forages déplorables et d'équipements technologiquement dépassés ont gravement endommagé certains puits et exigent un ralentissement de la production et des mesures de prudence pour la poursuite de l'extraction.

Khodorkovsky, comme les autres oligarques, ignore

1. Entretien avec l'auteur, juin 2005. Jean Laherrère, *Futuribles*, n° 315, janvier 2006.

superbement l'ampleur des problèmes et fait le choix d'accroître fortement le niveau de production. En moins de deux ans, il augmente de 35 % le niveau d'extraction, portant la production quotidienne de Ioukos à 1,2 million de barils/jour. Mais les rapports qui émanent des équipes travaillant sur les gisements décrivent tous, depuis la fin de l'année 2004, une baisse régulière des niveaux de production.

J'avais brièvement rencontré Khodorkovsky, de passage à Londres, en mai 2003. Il se déplaçait entouré de gardes du corps, s'exprimait avec une étrange voix haut perchée, paraissait réservé et timide. Il voulait fusionner avec une autre société pétrolière russe, Sibneft, détenue par l'oligarque Roman Abramovitch, devenu propriétaire du club de football de Chelsea. L'objectif pour Khodorkovsky, après cette prise de contrôle, était de faire de ce groupe, dont il devait prendre la présidence, la quatrième compagnie pétrolière mondiale. Il m'avait déclaré : « Je me sens beaucoup plus à l'aise aujourd'hui en Russie, nettement plus détendu. » Cinq mois plus tard, en octobre, il était arrêté et jeté en prison par Vladimir Poutine, officiellement pour avoir divulgué les chiffres des réserves de Ioukos.

Cette mesure portait un coup d'arrêt au pouvoir des oligarques et marquait la volonté du Kremlin de reprendre le contrôle des ressources énergétiques du pays, principale source de revenus et de devises fortes. Poutine ne pouvait ignorer non plus l'état préoccupant du secteur pétrolier, le déclin rapide de ses réserves qui risquait de conduire le pays à une situation de dépendance semblable à celle des États-Unis. Il savait également que cette perte d'autonomie énergétique serait d'autant plus grave que le parc de centrales nucléaires se trouve dans un état de vétusté et de sous-entretien déplorable.

Un banquier en poste à Moscou estime que « Poutine a agi avec beaucoup d'intelligence envers les oligarques. Il les a laissés restructurer ces entreprises, mettre aux normes occidentales des actifs achetés à bas prix, puis, lorsque ces joyaux soustraits à la couronne russe ont recommencé à briller de tous leurs feux, il les a confisqués ».

En Russie, toutes les grandes compagnies occidentales rencontrent énormément de difficultés pour travailler et s'implanter. Le seul qui a traversé sans aucun problème ces périodes troubles est... Marc Rich. Ami de l'oligarque Mikhail Friedman, qui contrôle le groupe pétrolier Alfa, Rich lui a vendu sa société, Zerich, rachetée par une succursale suisse d'Alfa : Zug Based Crown Ressources Corp (rebaptisée désormais ERC Trading), installée à proximité du domicile de Rich.

17

Un aveuglement à la mesure de notre dépendance

En 1979, un expert de l'Institut français du pétrole, Jean-Claude Balaceanu, brossait un tableau inquiétant : « Qu'est-ce que la société de consommation, sinon le pétrole à discrétion ? Imaginons un instant la France privée d'hydrocarbures [...]. Rien ne roule plus sur les routes. D'ailleurs, il n'y a plus de routes, faute de goudron et d'asphalte. Plus de distribution. Les commerçants, de l'épicière du coin au supermarché, les halles et les abattoirs, sont obligés de fermer [...]. Pas de tracteurs dans les champs, pas d'avions dans le ciel. Tous les bateaux condamnés à rester à quai, sauf quelques antiques caboteurs marchant au charbon... et les voiliers de plaisance [...]. Pas de chauffage au fuel, c'est-à-dire plus de la moitié des maisons, des bureaux, des écoles, des hôpitaux condamnés au froid. L'industrie est paralysée. L'agriculture recule d'un siècle [...]. Presque toutes les matières premières, les fibres artificielles ont disparu. Plus de Nylon, plus de stylos à bille, plus de chemises, plus de vêtements imperméables, plus de lainages antimites, plus de disques [...]. Dans un bureau moderne, de la moquette au combiné téléphonique, du revêtement mural aux meubles métalliques peints, des corbeilles au ventilateur, tout est en pétrole [1]. »

Jean-Jacques Servan-Schreiber cite également les propos du professeur Barry Commoner, spécialiste en vue de l'environnement, qui décrit l'enchaînement qui transforma le pétrole combustible en pétrole matière première : « Un comité d'ingénieurs, dans une société de pétrochimie, se réunit pour étudier le projet d'une unité de production d'éthylène. Ils savent que l'un des sous-produits de la fabrication d'éthylène est le propylène. On peut évidemment le brûler, ce qui économiserait du gaz naturel. Intervient alors un jeune ingénieur plein d'idées et d'ambitions. Il signale une nouvelle réaction qui permet de transformer le propylène en acrylonitrile, matière première des fibres acryliques. Ses collègues n'ont pas besoin d'ordinateur pour comprendre qu'ils feront gagner beaucoup plus d'argent à leur société en transformant le propylène qu'en le brûlant. Alors, pour vendre leur éthylène avec le maximum de profits, ils créent un nouveau marché.

« Cette valorisation systématique a conduit à édifier en un quart de siècle une incroyable collection de molécules et de macromolécules. Plastique, fibres et caoutchouc, synthétiques, insecticides, engrais, peinture, médicaments, colorants, détergents, adhésifs, encres. On estime maintenant le nombre des produits issus de l'industrie du pétrole à plus de 80 000 [2]. »

1. Jean-Jacques Servan-Schreiber, *op. cit.*

2. Barry Commoner, *The Politics of Energy*, Random House, New York, 1979.

Ces écrits remontent à vingt-sept ans mais témoignent déjà de notre extraordinaire dépendance envers le pétrole. Les deux chocs pétroliers, survenus durant cette période, nous ont fait entrevoir le pire. Fugitivement. Puis nous avons oublié. Aujourd'hui, notre aveuglement est à la mesure de notre dépendance : total. J'ai compris à quel point les propos pessimistes tenus il y a près de trente ans par Jean-Claude Balaceanu étaient encore loin de la réalité en m'employant à recenser les secteurs, les domaines, les produits où le pétrole joue un rôle essentiel.

Notre arrogance nous a poussés à l'oubli et à l'inconscience. Il a fallu 500 millions d'années pour que les gisements de pétrole se créent, et moins d'un siècle pour arriver à leur épuisement. Depuis le début des années 80, la production annuelle de pétrole est environ le double des découvertes[1]. De toutes les matières premières, le pétrole est celle qui aura connu l'existence la plus brève, alors que nous pensions que notre prospérité sans équivalent serait éternelle. Née avec le pétrole, cette prospérité disparaîtra avec lui.

« La veine jugulaire de l'Occident »

Nous vivons pourtant dans un monde fragile et précaire où tout devrait nous inciter à la lucidité. Un seul exemple : 50 % de la consommation pétrolière du monde industrialisé transitent par le détroit d'Ormuz, surnommé avec justesse « la veine jugulaire de l'Occident ». À cet endroit, les côtes iraniennes et celles du Sultanat d'Oman se resserrent et ne sont plus distantes

1. Jean Laharrère, *op. cit.*

que de quelques kilomètres. Un tanker coulé ou attaqué bloquerait la circulation, perturberait les approvisionnements et affolerait les marchés.

Vérifier cette réalité exige trois heures de route, depuis Dubaï, et ensuite deux heures de mer. Un trajet qui conduit à l'est de la Fédération des Émirats en passant par les plus pauvres d'entre eux, tel Ras al-Khayma. À quelques kilomètres du luxe tapageur de Dubaï, ce voisin malchanceux ressemble à un gros bourg sous-développé, écrasé de soleil, où les coupures d'électricité sont fréquentes. Le poste-frontière est lui aussi un lieu improbable. Du côté des Émirats, un bâtiment de deux étages est en construction, juste à côté du poste de douane. Les hommes qui s'affairent sur le chantier sont des sikhs. À la terrasse du café à proximité, la température indique 48 °C et un glaçon plongé dans un verre d'eau fond en huit secondes. Un journal omanais en langue anglaise, posé sur une table, publie en une la photo d'immigrants illégaux pakistanais attendant d'être expulsés d'Oman. Quarante-deux mille d'entre eux ont ainsi été renvoyés au cours des deux dernières années, rappelant qu'à quelques encablures, de l'autre côté du golfe, vit une humanité démunie de tout, qui rêve de recueillir quelques miettes du festin pétrolier.

À Oman, le festin fut bref. Le pétrole, dans le Sultanat, a jailli tardivement, mais les découvertes semblaient prometteuses jusqu'en 2001. La production quotidienne de 1 million de barils chuta brusquement à environ 700 000 barils/jour aujourd'hui. Malgré l'utilisation de systèmes de forage sophistiqués et une méthode nouvelle de « forage horizontal », qui aboutit à des résultats décevants.

Au début d'avril 2004, le *New York Times* publie

des documents internes de la Shell qui révèlent que la compagnie pétrolière a surestimé de plus de 40 % les réserves du Sultanat d'Oman, en se basant uniquement sur les projections et les calculs opérés d'après les forages. C'est une nouvelle pierre dans le jardin des « experts » qui défendent aveuglément, ou cyniquement, la rigueur et la précision des estimations sur les « réserves prouvées ». Philip Watts, le chef de l'exploration et du développement de Shell, avait rédigé, en mai 2000, un rapport dressant l'état des réserves pétrolières d'Oman. En 2002, il découvre que ses évaluations sont trop optimistes, mais ne fait rien pour les corriger[1]. Cette longue chaîne de falsifications, d'erreurs, de mensonges et d'omissions décrédibilise peu à peu toutes les informations émanant du milieu pétrolier. Un expert me confie, ironique : « Toutes les estimations pétrolières sont hautement spéculatives. »

La pénurie d'énergie à quelques centaines de mètres

À Oman, les lieux et les gens paraissent avoir déjà refermé une parenthèse pétrolière dont ils n'ont jamais bénéficié. La route en lacet serpente au pied de falaises abruptes et arides, aux couleurs brunes. Un paysage minéral qui descend vers le port de Khasab. Quelques boutres, une jetée, un bureau de la douane maritime déserté. Cette agglomération assoupie reste un haut lieu de contrebande entre le Sultanat et l'Iran voisin. J'ai la conviction que le boutre où j'embarque, large, ventru, avec six hommes d'équipage, effectue ces navettes semi-clandestines. Le capitaine est un

1. Peter Maass, art. cit.

homme rond et chauve dont le sourire se fige lorsque je lui demande :

— Allez-vous souvent en Iran ?

Les mains posées sur le gouvernail, il fixe l'étrave du navire avant de répondre :

— Rarement. Les autorités des deux pays sont très pointilleuses et obtenir les autorisations prend beaucoup de temps.

Il me jette un bref regard pour voir s'il m'a convaincu. Le commerce clandestin entre Oman et l'Iran existe toujours et les autorités ferment les yeux.

Le bateau fend une eau transparente, tandis que sur la droite de majestueuses côtes de pierre blanche plongent abruptement dans la mer. Les flancs de certaines, sculptés par l'érosion, ressemblent à des masques humains aux traits sévères.

Tandis que le boutre progresse, roulant légèrement, deux dauphins l'accompagnent, frôlant ses flancs. Nous sommes sur le pont supérieur et soudain le capitaine tend le bras : « Ormuz. » Il répète le nom à plusieurs reprises, la voix à moitié couverte par le bruit des moteurs. La côte est découpée, avec de nombreux fjords qui s'enfoncent à l'intérieur. Au loin, la chaleur est si forte qu'une brume épaisse flotte à la surface de la mer comme un halo. Soudain, j'aperçois les silhouettes des supertankers transportant le pétrole vers l'Europe, le Japon et les États-Unis. Leurs coques émergent du brouillard comme dans un mirage, ils progressent lentement, séparés par quelques centaines de mètres. Le boutre ressemble à un minuscule bouchon face à ces géants. Quelques hommes d'équipage s'affairent sur les ponts. La cargaison contenue dans leurs flancs, vitale pour nos économies, sera peut-être revendue plusieurs fois avant qu'ils n'atteignent, dans trois mois, leur port de destination.

Pour l'instant, ces symboles de prospérité côtoient le dénuement. Ils longent des côtes escarpées où sont enchâssés de minuscules villages de pêcheurs aux façades blanches, privés d'eau, d'électricité, de pétrole. La pénurie d'énergie existe à quelques centaines de mètres de la plus grande route pétrolière mondiale.

Un discours trompeur

Durant les années 1960, le monde consommait annuellement environ 6 milliards de barils, alors qu'entre 30 et 60 milliards de barils étaient découverts chaque année. Désormais, le ratio s'est totalement inversé : nous consommons plus de 30 milliards de barils par an, alors que les découvertes réalisées chaque douze mois n'excèdent plus 4 milliards de barils.

Nous avons consommé, produit, bercés depuis près de trois décennies par un discours rassurant et trompeur : « Les mesures prises depuis les deux chocs pétroliers de 1973 et 1979 ont efficacement réduit notre dépendance envers le pétrole et notre vulnérabilité aux hausses du prix du baril. »

C'est une argumentation fallacieuse totalement démentie par les faits. Le monde consomme près de 50 % de pétrole supplémentaires depuis le milieu des années 1970, et le nombre de véhicules a pratiquement doublé durant cette période. Le transport reste le premier secteur consommateur de pétrole, qu'il s'agisse de voitures, camions, bateaux ou avions. Près de 50 % de toute la consommation mondiale sont consacrés à ces domaines d'activité.

À la veille de la Seconde Guerre mondiale, la Terre comptait 2,3 milliards d'habitants et 47 millions de véhicules. Aujourd'hui, les chiffres sont de 6,7 milliards d'habitants et 775 millions d'automobiles, auxquelles s'ajoutent 209 millions de camions. Alors que la croissance de la population n'est que de 1,3 % par an, le nombre de voitures augmente, lui, de 6 %. Aux États-Unis, le pourcentage est de 775 voitures pour 1 000 habitants, un pourcentage supérieur de 25 % à ceux du Japon ou de la Communauté européenne[1]. Le nombre de véhicules privés a triplé en trente ans et désormais les pays qui dopent les achats n'appartiennent plus au groupe des nations industrialisées. Le nombre de voitures particulières en Chine devrait passer de 16 millions en 2005 à 176 millions en 2020, avec un nombre de voitures en activité à travers le monde dépassant le milliard.

Ces véhicules répandront tous les ans dans l'atmosphère 1 800 millions de tonnes de carbone, soit près du tiers des 6 000 millions de tonnes émises aujourd'hui par toutes les sources de pollution.

Les 16 000 avions commerciaux actuellement en activité génèrent plus de 600 millions de tonnes de dioxyde de carbone, le principal gaz à effet de serre. L'ampleur de notre pollution peut être décrite autrement : l'activité aérienne déclenche plus de dioxyde de carbone que l'ensemble des activités humaines sur le continent africain[2]. Le nombre de passagers devrait doubler au cours des quinze prochaines années tandis

1. Institut français du pétrole, « Energy Consumption in the Transport Sector », *Panorama 2005*.

2. Antony Barnett, « Pace Hots up in a World forever on the Move », *The Guardian*, 27 juin 2005.

que 16 000 nouveaux appareils seraient achetés entre 2000 et 2020, ce qui signifie 700 nouveaux appareils chaque année[1].

Transport, nourriture et pollution

Transport, nourriture et pollution sont indissolublement liés. La CIA considère désormais que l'alimentation des Américains relève d'un problème de sécurité nationale, depuis qu'elle a découvert que les aliments consommés dans le pays effectuent en moyenne un trajet de 1 700 kilomètres. Une étude divertissante et instructive, conduite en Grande-Bretagne, révèle que le transport d'une laitue des États-Unis en Grande-Bretagne occasionne la dépense de 127 calories d'énergie (le fuel de l'avion) pour acheminer 1 calorie de laitue ; 97 calories (d'énergie) sont nécessaires pour importer, par avion, du Chili 1 calorie d'asperge ; 66 calories sont dépensées pour 1 calorie de carotte sud-africaine.

Des chercheurs de l'Institut suédois pour la nourriture et la biotechnologie ont comptabilisé les différentes opérations aboutissant à la mise en vente de ketchup en Suède. De la cueillette des tomates en Italie, en passant par les activités de transformation, de conditionnement, d'emballage, jusqu'au stockage final, plus de 52 opérations de transport ont été nécessaires[2].

1. International Society of Transport Aircraft Trading, « Membership Directory », 2005.

2. K. Anderson, P. Ohlsson, P. Olson, *Life Cycle Assessment of Tomato Ketchup*, The Suedish Institute for Food and Biotechnology, Göteborg, 1996.

Des recherches conduites par S. Cowell et R. Clift en 1996, et présentées devant la Société royale d'agriculture du Commonwealth, révèlent que 83 milliards de tonnes/ kilomètre sont nécessaires pour acheminer chaque année l'ensemble de la nourriture importée en Grande-Bretagne par air, mer, route et chemin de fer ; ces transports consomment 1,6 milliard de litres d'essence. Toute cette énergie utilisée, en se basant sur une hypothèse basse de 50 grammes de dioxyde de carbone émis pour chaque tonne/kilomètre, génère 4,1 millions de tonnes de dioxyde de carbone[1].

Depuis 1996, date de cette recherche, la quantité de nourriture importée en Grande-Bretagne a augmenté de près de 20 %, tandis que les distances effectuées pour les transports se sont accrues de 50 %. En Grande-Bretagne toujours – mais ces chiffres sont applicables à pratiquement chaque pays européen –, la nourriture consommée chaque année par une famille de quatre personnes, en comptabilisant la production, le transport, l'emballage et la diffusion, engendre 8 tonnes de CO_2[2].

1,134 tonne de nourriture par an

Qui se préoccupe de tels chiffres qui pourtant brossent une réalité inquiétante lorsqu'ils sont mis bout à bout ?

1. J. Cowell, R. Clift, *Farming for the Future*, présenté à la Royal Agricultural Society of the Commonwealth, Université du Surrey, juillet 1996.

2. Building Research Establishment, *Building a Sustainable Future*, Garston, Grande-Bretagne, 1998.

La satisfaction de notre consommation quotidienne se paie d'un prix énergétique et environnemental de plus en plus élevé. Que 5 kilos de tomates siciliennes voyageant pendant près de 3 000 kilomètres émettent 771 grammes de dioxyde de carbone peut encore prêter à sourire. Mais découvrir que toute la chaîne du système alimentaire américain consomme près de vingt fois plus d'énergie que cette même nourriture n'en produit confine à l'absurde ou à l'odieux. Aux États-Unis, chaque personne consomme en moyenne près de 1,134 tonne de nourriture par an et quotidiennement plus de 3 600 calories, alors que la moyenne mondiale est de 2 700 calories. Calcul d'ailleurs fallacieux puisque près de la moitié des 6,3 milliards d'habitants de la planète vit dans un état chronique de sous-alimentation [1].

Aujourd'hui, selon l'économiste Lester Brown, la Chine a dépassé pour la première fois les États-Unis comme premier consommateur mondial de blé avec 382 millions de tonnes contre 278 millions. Situation semblable pour la viande, la Chine consommant désormais 63 millions de tonnes contre 37 millions pour les États-Unis. Mais alors que la consommation américaine est diversifiée entre bœuf, porc, volaille, en Chine le porc domine la consommation [2]. Bien entendu, ces chiffres sont trompeurs, étant donné l'écart de population : 1,3 milliard de Chinois et 250 millions d'Américains.

1. « Eating Fossil Fuels », Dale Allen Pfeiffer, *From The Wilderness*, 3 octobre 2003.

2. Lester Brown, « China Replacing the United States as World's Leading Consumer », Earth Policy Institute, 16 février 2005.

Les exportations de céréales dépendent d'une poignée de pays, essentiellement les États-Unis et le Canada, où l'agriculture est particulièrement intensive. L'Amérique demeure le plus important importateur de pétrole et le plus gros exportateur de blé au monde. Dans ce pays, qui consomme en moyenne trente fois plus d'énergies fossiles que les pays en développement, le seul secteur agricole utilise 17 % de toute l'énergie disponible. Cette agriculture intensive dégrade l'environnement, provoque l'érosion des sols et exige toujours plus de pétrole pour alimenter les systèmes d'irrigation, faire tourner les tracteurs et autres véhicules agricoles, ainsi que pour l'équipement des usines qui fabriquent les herbicides et pesticides, eux aussi à base de pétrole, dispersés dans les champs.

Les cultures intensives ont provoqué l'érosion des sols. Chaque année, aux États-Unis, plus de 809 000 hectares de terres à blé sont perdus. Partiellement en raison de l'usage excessif des pesticides, reposant sur les hydrocarbures, dont l'utilisation est aujourd'hui trente-trois fois plus importante qu'il y a vingt ans ; tout comme l'emploi d'engrais fabriqués à partir d'ammoniac, provenant en partie du gaz naturel. Pour avoir une idée de l'importance de l'énergie, et notamment du pétrole dans ces fabrications, il faut savoir que la production de 1 kilo de nitrogène utilisé comme engrais requiert l'équivalent de 1,4 à 1,8 litre de pétrole, sans prendre en considération le gaz naturel [1].

Selon l'Institut national de l'engrais, les États-Unis ont consommé, entre le 30 juin 2001 et le 30 juin 2002, l'équivalent de 12,3 millions de tonnes d'en-

1. Dale Allen Pfeiffer, art. cit.

grais nitrogènes, ce qui équivaut, en se basant sur une évaluation modeste de 1,4 litre de fuel par kilo de nitrogène, à 96,2 millions de barils de pétrole. Plus d'une journée de consommation mondiale.

Un pétrole omniprésent

Le pétrole est encore omniprésent dans les systèmes de réfrigération qui stockent les aliments de base, ainsi que dans les vitamines, minéraux, colorants qui leur sont ajoutés. La fabrication de boîtes, papier, plastique, cellophane pour micro-ondes, destinés à la protection et à l'emballage, repose aussi sur le pétrole ; tout comme la livraison de ces aliments par camions frigorifiques dans les hôpitaux, écoles, mais aussi magasins et restaurants où les acheteurs se rendent plusieurs fois par semaine en utilisant leur voiture.

L'utilisation du pétrole a favorisé le développement de l'agriculture – grâce à tous les dérivés des combustibles fossiles, engrais, pesticides – et la croissance mondiale de la population, mais une réalité s'impose désormais : nous consommons aujourd'hui ces énergies fossiles non renouvelables à un rythme un million de fois supérieur à celui auquel elles se sont créées.

Cette utilisation croissante du pétrole a permis au cours des cent cinquante dernières années des progrès considérables en médecine, qu'il s'agisse de la fabrication de médicaments ou du développement des infrastructures médicales comme les hôpitaux, ambulances, routes d'accès.

Les pannes de courant survenues en août 2003 dans les États du Michigan, de l'Ohio, de la Pennsylvanie, de New York et du Vermont ont souligné cette dépendance et affecté plus de 50 millions de personnes. Dans les hôpitaux, des générateurs sont tombés en panne, des organes en attente de transplantation ont été perdus et de nombreuses opérations ont dû être interrompues ou se sont terminées dans une quasi-obscurité, sans air conditionné.

Le pétrole est le composant essentiel de nombreux équipements et fournitures médicaux, tels les pochettes de sang, drains, valves cardiaques, seringues, aiguilles, tubes, gants, prothèses, chimiothérapies contre le cancer, éthylène-oxyde pour la stérilisation des équipements, anesthésiants, aspirine, bandages, cortisone, antihistaminiques.

Commentant notre dépendance croissante, Burt Kline, l'ancien directeur de la division de politique énergétique au sein de l'administration américaine chargée des ressources de santé, écrivait dès 1981 : « Les nouvelles technologies [dans le domaine médical] sont sans valeur sans l'énergie pour les développer, puis les faire fonctionner[1]. »

Personne n'imagine l'ampleur de l'énergie potentielle contenue dans le pétrole ou le gaz : un baril de pétrole, 159 litres, équivaut à presque 25 000 heures de travail humain ; un simple gallon de fuel (4,546 litres s'il s'agit d'un gallon britannique et 3,785 litres pour un gallon américain) équivaut à 500 heures de travail.

Je pensais naïvement que la révolution informatique avait aboli cette réalité héritée de la révolution industrielle du XXe siècle. Il y a vingt ans, j'avais enquêté,

1. Caryl Johnston, *Modern Medicine and Fossil Fuel Resources*, Center for Research in Medical Education and Health Care, Jefferson Medical College, Philadelphie.

fasciné, dans la Silicon Valley, cette pointe extrême du capitalisme où, à 12 000 kilomètres d'une Europe en désarroi déjà, la crise n'existait pas, grâce à un pari constant sur l'audace et l'intelligence. Le résultat : des milliards de dollars prêts à s'investir, une nouvelle entreprise créée chaque semaine, plus de 500 millionnaires en dollars, à l'époque, dont la majorité avait moins de trente ans.

À 60 kilomètres de San Francisco, je découvrais une économie reposant sur « du sable et des cerveaux » – du sable pour le silicium permettant la fabrication des puces, et des cerveaux pour les concevoir – qui allait remplacer l'économie traditionnelle.

En 1984, je publiais *La Puce et les Géants*, décrivant cette extraordinaire course à la vitesse et à la miniaturisation. Chez Intel, on installait 450 000 transistors sur une surface si minuscule qu'elle se perdait entre les lames d'un parquet. Les chercheurs se déclaraient capables de doubler chaque année le nombre de composants placés sur une puce, alors que dans le même temps les coûts de production baissaient de plus de 30 %. Un phénomène semblable dans le domaine de l'automobile, m'expliquait-on, permettrait l'achat pour 2,85 dollars d'une Rolls Royce qui parcourrait 200 000 kilomètres avec 2 litres d'essence.

Nous sortions de deux chocs pétroliers et, brusquement, je discernais l'ébauche d'une nouvelle économie qui nous permettrait de rompre cette dépendance, cet assujettissement envers le pétrole. Comme le communisme, au fond, l'or noir s'était développé au cours du XXe siècle, mais allait mourir avec lui.

J'écoutais, fasciné, Robert Noyce, le fondateur d'Intel, premier producteur mondial de microprocesseurs, me dire : « D'un point de vue social et culturel, il existera toujours des gens et des résistances aux changements, mais qui seront de plus en plus injustifiées : déjà moins de 40 % de la population active travaillent dans le secteur de la production. »

Je revois ses mains pliant soigneusement la seule note posée sur son bureau : « En termes d'énergie pure, ce papier est une absurdité. Il serait plus simple et beaucoup moins coûteux de communiquer l'information à travers une simple impulsion. » De sa fenêtre, on apercevait l'autoroute El Camino, traversant le cœur de la Silicon Valley et reliant San Francisco à Los Angeles : « La plupart de ces voitures, confiait Noyce, ne transportent rien d'autre que des informations, sous la forme des cerveaux des conducteurs et de leurs passagers. Pourquoi donc ces trajets et ces dépenses d'énergie ? Bientôt toute cette circulation ne devrait plus se justifier[1]. »

Le pétrole pour les ordinateurs

Je repense à Noyce chaque fois que je me rends dans la Silicon Valley. Mort depuis plus de quinze ans, cet homme hors du commun n'a jamais pu savourer l'extraordinaire essor d'Intel, devenu un géant industriel et qui reste une des firmes les plus innovantes de la planète. Il n'a jamais eu à subir non plus l'incroyable embouteillage quotidien qui commence aux portes de San Francisco pour s'achever 50 à 60 kilomètres plus loin dans la Silicon Valley. Sa prédiction ne s'est pas réalisée. Des hommes solitaires, en

1. Entretien avec l'auteur, 1984.

beaucoup plus grand nombre qu'il y a vingt ans, continuent d'« acheminer des informations » pare-chocs contre pare-chocs. Les acteurs visionnaires de la Silicon Valley continuent visiblement de conserver des réflexes antédiluviens : rouler au pas, immergés dans des bouchons gros consommateurs d'énergie traditionnelle.

Cette observation m'a conduit à un certain nombre d'informations : la construction d'un modèle ordinaire de voiture consomme l'équivalent de 27 barils de pétrole et le montant des matières fossilisées utilisées dans cette fabrication équivaut à deux fois le poids final du véhicule. Cela est excessif mais au fond assez logique. En revanche, la Société de chimie américaine révèle que la production d'un seul gramme de puce électronique consomme 630 grammes de combustible fossile ; la fabrication d'une seule puce 32 megabyte DRAM requiert 1,5 kilo d'énergie fossile et 31 kilos d'eau. La construction d'un simple ordinateur de bureau consomme deux fois son poids en énergie fossile, tandis que l'énergie utilisée pour la fabrication de neuf ou dix ordinateurs est suffisante pour produire une voiture[1].

Cette économie nouvelle est donc étroitement dépendante de l'ordre énergétique ancien. Ce qui prouve à quel point nous prolongeons nos illusions et notre aveuglement par une fuite en avant.

1. Life After the Oil Crash, ASPO, 2005. www.lifeaftertheoilcrash.net

Imposture et désinformation

Il nous faut admettre aujourd'hui que la domination du pétrole ne fut qu'une brève parenthèse dans l'histoire du monde et qu'aucune source alternative d'énergie ne pourra s'y substituer, ni permettre de faire fonctionner nos systèmes actuels de production et de développement. L'imposture et la désinformation atteignent leur comble lorsque l'on sait que tous ces systèmes « alternatifs » – panneaux solaires, nanotechnologie, éoliennes, hydrogène, centrales nucléaires – reposent sur une technologie sophistiquée, à base d'informatique, où le pétrole demeure essentiel.

Passer en revue toutes les « alternatives énergétiques », c'est se retrouver à la place d'un joueur d'échecs évaluant toutes les combinaisons possibles et contraint d'admettre qu'il est échec et mat. Première remarque : même si, face à la pénurie de pétrole, nous pouvions développer une source crédible et efficace d'énergie, un tel changement impliquerait des investissements financiers colossaux. Or il est à craindre que les banques et les systèmes financiers soient les premières victimes du déclin pétrolier. Selon Colin Campbell, « les banques ont créé du capital en prêtant plus qu'elles ne possédaient au départ, persuadées que l'expansion de demain, alimentée par du pétrole bon marché, fournirait la garantie correspondant à la dette actuelle.

« Le déclin du pétrole, principal moteur de la croissance, sape la validité de cette réciprocité qui en retour érode les valeurs de nombreuses entités cotées en Bourse [1] ».

1. Colin Campbell, « The Second Great Depression : Causes and Responses », *Energy Bulletin*, ASPO, 3 mai 2005.

Les propos de Campbell sont tenus par des dizaines d'autres experts aujourd'hui. Le pétrole est le bien que nous avons gagé pour justifier nos dépenses futures. Avec réussite pendant des décennies, avec aveuglement désormais.

Quelques exemples pratiques suffisent à démonter les illusions qui entourent les soi-disant sources alternatives.

L'hydrogène est une idée séduisante parce que le seul résidu de la combustion de l'hydrogène est la vapeur d'eau, ce qui soulagerait de la plupart des inquiétudes sur le réchauffement de la Terre et la pollution de l'air. Son emploi est lié à la technologie des piles à combustible. Seul petit problème, l'hydrogène est plus un « vecteur d'énergie » qu'un véritable carburant. Et fabriquer de l'hydrogène consomme plus d'énergie qu'elle n'en fournit. Produire de l'hydrogène exigerait donc la consommation de pétrole, devenue singulièrement aléatoire, et ne permettrait jamais de faire rouler les centaines de millions de voitures existant de par le monde.

Une étude réalisée en Californie a montré que les 13 000 turbines à vent installées dans cet État produisent autant d'électricité qu'une seule centrale de 555 mégawatts alimentée au gaz naturel. Dans son ouvrage *La Fin du pétrole*, Paul Roberts écrit : « Si vous ajoutez toutes les cellules photovoltaïques solaires en activité à travers le monde, vous obtenez une puissance de 2 000 mégawatts, rivalisant difficilement avec la production de deux centrales à charbon. »

Il faudrait installer des panneaux solaires sur une superficie équivalant à quatre blocs de Manhattan, soit 1 600 mètres carrés, pour produire la même énergie que celle délivrée chaque jour par une banale station-service. Alimenter l'économie mondiale à l'énergie solaire exigerait de recouvrir de panneaux 220 000 kilomètres carrés. À l'heure actuelle, tous les panneaux solaires installés à travers le monde ne représentent qu'une superficie de 17 kilomètres carrés [1].

Pour remplacer l'énergie produite par une seule plate-forme off shore, qui pompe 12 000 barils de pétrole par jour, il faudrait l'équivalent de 10 000 turbines à vent ou de 9,324 hectares de panneaux solaires.

Tous ces scénarios de substitution n'intègrent pas l'hypothèse, fondée, d'un déclin rapide des ressources et des approvisionnements énergétiques. Je ne voudrais pas sembler iconoclaste, mais la conviction qu'il existera toujours des sources d'énergie illimitées repose chez beaucoup d'êtres humains sur le même postulat que la croyance en Dieu : un pari par l'horrible. Ce serait trop horrible si Dieu n'existait pas. J'ai tendance à penser : c'est horrible, mais le pétrole n'existera plus [2].

L'admettre, c'est évidemment envisager un monde plongé dans les tensions ou les guerres, comme l'écrit Michael Klare, ne reposant plus sur l'idéologie mais sur l'épuisement des précieuses matières premières [3].

James Wolsey, ancien directeur de la CIA et membre influent des néo-conservateurs américains, a déclaré récemment, au cours d'une conférence sur les énergies renouvelables : « Je crains que nous ne soyons en guerre, non pas pendant des années, mais durant des décennies.

1. Paul Roberts, *The End of Oil*, Bloomsbury Publishing, Londres, 2004.

2. Joseph Auer, *Energy Prospects After the Petroleum Age*, Deutsche Bank Research, Francfort, 2 décembre 2004.

3. Michael Klare, *Resource Wars. The New Landscape of Global Conflict*, Henry Holt, New York, 2001.

À terme, nous vaincrons, mais la clé de cette guerre sera le pétrole. »

En juin 2005, le *Financial Times* a publié un article où l'ancien secrétaire d'État Henry Kissinger, dont les liens d'affaires avec le monde pétrolier sont étroits, déclare :« La demande et la compétition pour l'accès à l'énergie peuvent devenir source de vie et de mort pour beaucoup de sociétés. (Et il ajoutait :) Quand les armes nucléaires sont disséminées entre trente ou quarante pays et que chacun agit selon ses propres calculs, avec moins d'expérience et à partir de systèmes de valeur différents, nous aurons un monde en permanence menacé de catastrophes imminentes [1]. »

1. Caroline Daniel, « Kissinger Warns of Energy Conflict », *Financial Times*, 1er juin 2005.

Postface
La face cachée du Pétrole

J'ai été surpris de l'accueil extrêmement favorable réservé à ce livre, dès sa parution en mars 2006. Écrire sur le pétrole, qui plus est d'une manière qui remet en cause les vérités admises, n'est pas un exercice facile. Les grandes compagnies, les pays producteurs et de nombreux journalistes spécialisés, qui reproduisent servilement les discours et les chiffres officiels sur un pétrole abondant et bon marché, n'aiment guère qu'on vienne leur porter la contradiction. Depuis des décennies l'univers pétrolier est celui du règne de la désinformation. Mais j'ai pu observer au cours des douze derniers mois un phénomène passionnant qui bat en brèche toute cette stratégie : la prise de conscience de l'opinion et sa mobilisation.

Un changement radical est en train de s'opérer. Les individus deviennent à la fois plus lucides face à la gravité des défis et plus sceptiques face aux propos lénifiants que leur tiennent les responsables politiques. Désormais nous savons que nous allons devoir vivre dans un contexte mondial dangereux et incertain, avec un pétrole de plus en plus cher qui ira en se raréfiant.

Pourtant, face à ces échéances critiques les acteurs pétroliers, grandes compagnies et pays producteurs, continuent impassibles de pratiquer la même stratégie du secret. Bien sûr, ils inondent les médias de chiffres censés refléter le niveau de production et l'état des réserves prouvées. Mais aucune de ces données n'est vérifiable. Selon un banquier britannique : « Pas un investisseur à travers le monde n'accepterait d'investir de l'argent à partir d'informations aussi vagues. » Le seul moyen de déterminer avec précision l'état des réserves mondiales et l'ampleur de leur déclin, serait de connaître la production, gisement par gisement. Deux cent cinquante champs pétrolifères produisent entre 80 et 85 % des 85 millions de barils consommés quotidiennement à travers la planète. Pour l'immense majorité d'entre eux il est impossible d'avoir accès à ces informations.

Nous savons seulement que la taille des gisements découverts décline depuis plusieurs décennies. Les dernières zones pétrolières de grande ampleur, une partie de l'Alaska, la Sibérie occidentale et la mer du Nord, ont été localisées entre 1967 et 1969. La découverte du dernier gisement « super-géant », Cantrell au Mexique, remonte à 1976. Et pourtant les progrès technologiques permettent désormais de forer à plus de 12 kilomètres de profondeur, à un coût pratiquement identique à celui des forages effectués en 1859 par le colonel Drake à 20 mètres.

La flambée des prix du brut a renforcé la position financière et l'influence politique des quatre premiers pays producteurs, l'Arabie Saoudite, la Russie, l'Iran et le Venezuela. Les revenus annuels du Venezuela sont passés de 21 milliards de dollars en 2002 à 50 milliards de dollars en 2006 ; durant la même période les revenus annuels de l'Iran sont passés de 19 milliards à 60 milliards de dollars. Les gouvernements de ces pays, avec des stratégies diverses, utilisent l'arme du pétrole au service d'une politique ouvertement anti-américaine et souvent anti-occidentale. Les pétro-dollars saoudiens financent l'extrémisme islamique et souvent le terrorisme ; l'Iran veut asseoir son hégémonie régionale et menace d'interrompre ses approvisionnements pétroliers au cas où une intervention militaire serait envisagée contre son territoire ; le Venezuela utilise sa manne pétrolière sur le continent sud-américain pour étendre son influence et réduire celle des États-Unis. Moscou développe une véritable diplomatie gazière et pétrolière. Elle lui permet de remettre au pas d'anciens satellites indociles, comme l'Ukraine, de retrouver une influence en Asie, courtisé par Pékin et Tokyo. Enfin, le projet de gazoduc en Europe offrirait à la Russie un moyen de pression sur les pays de cette zone et l'occasion d'une revanche sur l'embargo décrété par l'administration Reagan au début des années 80. Ces quatre pays producteurs de pétrole ont également un autre point en commun : leur volonté de rester en marge de la mondialisation en cours. Un expert a écrit : « Le capitalisme à l'échelle planétaire crée une demande, qui contribue à créer des espaces non-capitalistes. » Ces pays rentiers sont des îlots d'exception au sein de l'économie mondiale. Des acteurs incontournables mais hostiles qui pèseront lourds dans la guerre des ressources qui se dessine actuellement à travers le monde.

Eric Laurent
9 janvier 2007

Bibliographie

Aburish Saïd, *The House of Saud*, Bloomsbury, Londres, 1994.

Benoist-Méchin Jacques, *Ibn Séoud*, Albin Michel, Paris, 1962.

Brown Cave Antony et Mac Donald Charles, *On a Field of Red*, Putnam, New York, 1981.

Brown Cave Antony, *Bodyguard of Lies*, Harper & Row, New York, 1975.

Cabestan Jean-Pierre, Vermander Benoît, *La Chine en quête de ses frontières*, Presses de Sciences-Po, Paris, 2005.

Carré Henri, *La Véritable Histoire des Taxis de la Marne*, Librairie Chapelot, Paris, 1921.

Chevalier Jean-Marie, *Les Grandes Batailles de l'énergie*, Gallimard, Paris, 2004.

Churchill Winston, *Mémoires*, Plon, Paris.

Commoner Barry, *The Politics of Energy*, Random House, New York, 1979.

Davenport E. H. et Cooke S. R., *The Oil Trusts and Anglo-American Relations*, MacMillan, New York, 1923.

Defay Alexandre, *La Géopolitique*, Paris, PUF, 2005.

Fisher Louis, *Oil Imperialism : the International Struggle for Russian Petroleum*, 1926.

Ford Henry, *My Life and Work*, Garden City, New York, 1922.

Gibb G. S. et Knowlton E. H., *History of the Standard Oil Company*, Harper and Bros, New York, 1956.
Gulbenkian Nubar, *Pantaraxia*, Hutchinson, Londres, 1965.
Halberstam David, *Le pouvoir est là*, Fayard, Paris, 1980.
Hayes Denis, *Days of Hope*, Norton, New York, 1977.
Hepburn James, *The Plot*, Frontiers Publishing Company, Vaduz, 1968.
Hewins Ralph, *Mr Five Percent : the Story of Calouste Gulbenkian*, Rinehart and Company, New York, 1958.
Kahn David, *The Codebreakers*, Mac Millan, New York, 1967.
Kapuściński Ryszard, *Le Shah*, 10-18, Paris, 1994.
Kissinger Henry, *Years of Uphaeval*, Little Brown, Boston, 1982.
Klare Michael T., *Resource Wars, The New Landscape of Global Conflict*, Henry Holt, New York, 2001.
Kunilhom Bruce R., *The Origins of the Cold War in the Near East*, Princeton University Press, 1980.
Kunstler James, *The Long Emergency*, Atlantic Monthly Press, New York, 2005 ; édition française *La Fin du pétrole*, Plon, Paris, 2005.
Laharrère Jean, « La fin du pétrole bon marché », *Futuribles*, nº 315, janvier 2006.
Laurent Éric, *La Corde pour les pendre. Relations entre milieux d'affaires occidentaux et régimes communistes, de 1917 à nos jours*, Fayard, Paris, 1985.
Laurent Éric, *La Puce et les Géants*, préface de Fernand Braudel, Édition Poche, Complexe, Bruxelles, 1985.
Lestrange Cédric de, Paillard Christophe-Alexandre, Zelenko Pierre, *Géopolitique du pétrole*, Éditions Technip, Paris, 2005.
Lundberg Ferdinand, *The Rich and The Super Rich*, Lyle Stuart, New York, 1988.
Nevins Allan, *Ford, the Times, the Man, the Company*, Scribners, New York, 1954.
Mosley Leonard, *Power Play*, Weidenfeld and Nicholson, Londres, 1973 ; édition française *La Guerre du pétrole*, Presses de la Cité, Paris, 1974.

Myer Kutz, *Rockefeller Power*, Simon and Schuster, New York, 1974.
O'Connor Harvey, *The Empire of Oil*, Monthly Review Press, New York, 1956.
Odell Peter, *Le Pétrole et le pouvoir mondial*, Alain Moreau, Paris, 1970.
Philby Harry Saint-John, *Arabian Jubilee*, Hale, Londres, 1952, et *Arabian Days*, Hale, Londres, 1948.
Prothro Warren James, *The Dollar Decade*, Baton Rouge, Louisiana State, 1954.
Robert Paul, *The End of Oil*, Bloomsbury Publishing, University Press, Londres, 2004.
Rovere Richard, *The American Establishment*, Harcourt, Brace & World, New York, 1962.
Salinger Pierre, Laurent Éric, *Guerre du Golfe, le dossier secret*, Orban, Paris, 1991.
Sampson Antony, *The Seven Sisters*, Hodder and Staughton, Londres, 1975.
Sarkis Nicolas, *Le Pétrole à l'heure arabe, entretiens avec Éric Laurent*, Stock, Paris, 1975.
Schweizer Peter, *Victory*, Atlantic Monthly Press, New York, 1994.
Servan-Schreiber Jean-Jacques, *Le Défi mondial*, Fayard, Paris, 1980.
Simmons Matthew R., *Twilight in the Desert*, Wiley, New York, 2005.
Solberg Carl, *Oil Power*, New American Library, New York, 1976.
Soviet Natural Ressources in the World Economy, University of Chicago Press, 1983.
Sutton Antony C., *Wall Street and the Rise of Hitler*, Hoover Institute, California Press, Seal Beach, 1976.
Tarbell Ida M., *The History of the Standard Oil Company*, volume 2, New York, 1904.
Unger Craig, *House of Bush, House of Saud*, Scribner, New York, 2004.
Wall Bennett H. et Gibb George S., *Teagle of Jersey Standard*, Tulane University, 1974.

White Theodore, *Forfaiture à la Maison-Blanche*, Fayard, Paris, 1976.

Winterbothom F. W., *The Ultra Secret*, Harper and Row, New York, 1974.

Yergin Daniel, *The Epic Quest for Oil, Money and Power*, Simon and Schuster, New York, 1991.

ÉTUDES, RAPPORTS, ARTICLES

Alhajji A. F., *The Failure of the Oil Weapon : Consumer Nationalism vs Producer Symbolism*, College of Business Administration, Ohio Northern University.

House of Representatives, Permanent Select Committee on Intelligence, Subcommittee on Evaluation, *Iran : Evaluation of US Intelligence Performance Prior to November 1978, Staff Report*, Washington, 1979.

Federal Trade Commission, *The International Petroleum Cartel*, Washington, 1952.

Oil and Gas Journal, 20 septembre 1928.

US Congress, Senate Committee on Armed Services, *Crisis in the Persian Gulf Hearings*, Washington, 11 septembre 1990.

Fortune, janvier 1946.

Archives du Sénat, Bibliothèque du Congrès, Washington, 1960.

Milton Friedman, *Newsweek*, 26 juin 1967.

Archives du Centre d'études et de recherches sur le Moyen-Orient contemporain, Beyrouth, 1960.

Ian Seymour, *Middle East Economic Survey*, 28 octobre 1960.

Wall Street Journal, 8 février 1972.

New York Times, 7 octobre 1973.

« Details of Aramco Papers Disclosed », Jack Anderson, *Washington Post*, 28 janvier 1974.

Committee of Foreign Relations, *Multinational Corporation Hearings*, Sénat des États-Unis, Washington, 1974.

Commission d'enquête du Sénat des États-Unis, 1948.
Commission d'enquête du Sénat des États-Unis sur les ressources pétrolières, 1945.
« Saudi Oil Capacity Questioned », Seymour Hersh, *New York Times*, 4 mars 1979.
Seymour Hersh, *The New Yorker*, 22 octobre 2001.
PBS, *« Frontline »*, 9 octobre 2001, entretien avec Bandar Bin Sultan.
State Department Memo, janvier 1986.
New York Times, 2 avril 1986, et *New York Times*, 3 avril 1986, p. A1, D5 et D6.
Washington Post, 8 avril 1986.
CIA, Directorat of Intelligence, *USSR : Facing the Dilemma of Hard Currency Shortages*, Washington, mai 1986.
London Institute of Petroleum, Autumn Lunch, 1999, discours de Dick Cheney.
Kyell Aleklett, *Peak Oil and the Final Count Down*, Université d'Uppsala, Suède.
Is the World's Running out Fast ?, BBC On Line, 7 juin 2004.
« The Future of the Oil and Gas Industry : Past Approaches, New Challenges », *World Energy*, vol. 5, nº 3, 2002.
Petroleum Finance Week, avril 1996.
« Cheney and Halliburton : Go Where the Oil Is », Kenny Bruno, Jim Valette, *Multinational Monitor Magazine*, mai 2001.
« Cheney's Lies About Halliburton and Iraq », Jason Leopold, *Counter Punch*, 19 mars 2003.
« So You Want to Trade with a Dictator », Ken Silverstein, *Mother Jones*, 28 avril 1998.
« Energy Task Force Works in Secret », Dana Milbank, *Washington Post*, 16 avril 2001.
« Dick Cheney Has Long Planned to Loot Iraqi Oil », Scott Thompson, *Executive Intelligence Review*, 1er août 2003.
« Cheney Emergency Task Force Documents Feature of Iraqi Oilfields », *Judicial Watch*, 17 juillet 2003.
« Map of Iraqi Oilfield », *Judicial Watch*, 17 juillet 2003.

Department of Defense, *Briefing Pentagone*, 24 janvier 2003.
« Report Offered Bleak Outlook about Iraq Oil », Jeff Gerth, *New York Times*, 5 octobre 2003.
National Energy Policy Development Group, *National Energy Policy*, Maison-Blanche, Washington, mai 2001.
CBS, « *Sixty Minutes* », 18 avril 2004.
« Enormous Wealth Spilled into American Coffers », *Washington Post*, 11 février 2002.
« Forecast of Rising Oil Demand Challenges Tired Saudi Fields », *New York Times*, 24 février 2004.
L'impasse énergétique, 28 novembre 2003 ; www.transfert.net/d51
Conférence internationale de l'ASPO, Institut français du pétrole, 27 mai 2003.
« The End of Oil is Closer than You Think », John Vidal, *The Guardian*, 21 avril 2005.
ASPO, *T Boone Pickens*, www.peakoil.net
« Top Oil Group Fail to Recoup Exploration », James Boxell, *New York Times*, 10 octobre 2004.
Department of Energy, *Report of National Energy Technology Laboratory*, Washington, février 2005.
« Shell Forced to Make Fourth Downgrade », *The Guardian*, 25 mai 2004.
« Now Shell Blew a Hole in a 100 Years Reputation », Carl Mortished, *The Times*, 10 janvier 2004.
« The Breaking Point », Peter Maass, *New York Times*, 21 août 2005.
« World Oil Production Capacity Model Suggest Output Peak by 2006-2007 », A. M. Samsam Bakhtiani, étude *Oil and Gas Journal*, 26 avril 2004 ; Wocap Model.
Institute for the Analysis of Global Security, *Energy Security*, Washington, 31 mars 2004.
World Energy Outlook 2005, Agence internationale de l'énergie.
Le Monde, 20 septembre 2005.
« Beijing Joins the Club », *Asian Wall Street Journal*, 29-31 juillet 2005.

« The Price of Oil », Seymour Hersh, *The New Yorker*, 9 juillet 2001.
Washington Times, 20 juillet 2001.
International Eurasian Institute for Economic and Political Research, The Kazakhstan 21st Century Foundation, 5 juillet 2001.
FRUS, 1946, volume 6.
« BP Accused of Backing Arms for Oil Coup », *Sunday Times*, 26 mars 2000.
Export-Import Bank of United States, *Ex-Imb Bank Approves 160 Millions Guarantee to Support Baku-Tbilissi-Ceyhan Pipeline*, Washington, 30 décembre 2002.
« BP Accused of Cover-up in Pipeline Deal », *The Sunday Times*, 15 février 2004.
Fortune Magazine, 26 janvier 2004.
Michael Cantazaro, *The Revolution in Military Affairs Has an Enemy : Politics*, American Enterprise Institute, Washington, octobre 2001.
Bruce Berkowitz, *War in Information Age*, Hoover Institute, printemps 2002.
Kay Davidson, *San Francisco Chronicle*, 25 février 2004.
« Now the Pentagon Tells Bush : Climate Change Will Destroy Us », Mark Towsend et Paul Harris, *The Observer*, 22 février 2004.
« Who's Marc Rich ? », Josh Gerstein, *Business Week*, 18 juillet 2005.
Michael Dobbs, *Washington Post*, 14 mars 2001.
« The Spot Oil Market : Genesis, Qualitative Configuration and Perspective », *OPEC Review*, vol. 3, 1979.
« Corruption Flourished in Abacha's Regime », James Rupert, *Washington Post*, 9 juin 1998.
« Pace Hots in a World Forever on the Move », Antony Barnett, *The Guardian*, 22 juin 2005.
« City Fed Probes Eyes Pardongate Billionaire as a "Major Player" in Saddam Scan », Niles Lathem, *New York Post*, 13 décembre 2004.
Life After the Oil Crash, ASPO, 2005.

« The Rich Boys. An Ultra-secretive Network Rules Independent Oil Trading. Its Mentor : Marc Rich », Marcia Vickers, *Business Week*, 18 juillet 2005.

« The Oligarch Who Came in from the Cold », Paul Klebnikov, *Forbes*, 18 mars 2002.

Institut français du pétrole, *Energy Consumption in the Transport Sector, Panorama 2005*.

K. Andersson, P. Ohlsson, *Life Cycle Assessment of Tomato Ketchup*, Rueil-Malmaison, The Swedish Institute for Food and Biotechnology, Göteborg, 1996.

S. Cowell, R. Clift, *Farming for the Future*, Royal Agricultural Society of the Commonwealth, Université du Surrey, juillet 1996.

Lester Brown, *China Replacing the United States as World's Leading Consumer*, Earth Policy Institute, Washington, 16 février 2005.

Mark Townsend et Paul Harris, « Now the Pentagon Tells Bush : Climate Change Will Destroy Us », *The Observer*, 22 février 2004.

Dale Allen Pfeiffer, « Eating Fossil Fuels », *From the Wilderness*, 3 octobre 2003.

Daniel Yergin, *Politique Internationale*, n° 98, hiver 2002-2003.

Building Research Establishment, *Building a Sustainable Future*, Garston, Grande-Bretagne, 1998.

Department of the Environment Transport on the Regions, *Data for Shipping an Airfreight from Guidelines for Company Reporting an Greenhouse Gas Emission*, Londres, mars 2001.

Caryl Johnston, *Modern Medecine and Fossil Fuel Resources*, Center for Research in Medical Education and Health Care, Jefferson Medical College, Philadelphie, États-Unis.

Colin Campbell, « The Second Great Depression : Causes and Responses », *Energy Bulletin*, ASPO, 3 mai 2005.

The Fighting Next Time, why war.com/news/2002/0

Symposium on the Future of Military, Petterson School of Diplomacy, University of Kentucky, 11 juillet 2002.

« The Real Problem with Oil : It's Going to Run out », David Fleming, *Prospect*, novembre 2000.

International Society of Transport Aircraft Trading, *2005 Membership Directory*, Gainesville, Floride.

« The End of Cheap Oil », C.J. Campbell et Jean Laherrère, *Scientific American*, mars 1998.

Colin Campbell, « The Second Great Depression : Causes and Responses », Energy Bulletin, ASPO, 3 mai 2006.

Oilgram, volume 79, n° 15, 23 janvier 2001.

Nwangwu, USAfricaonline.com

« Kissinger Warns of Energy Conflict », Caroline Daniel, *Financial Times*, 2 juin 2005.

« An Abrupt Climate Change Scenario and Its Implications for United States National Security », Peter Schwartz et Doug Randall, Rapport du Pentagone, octobre 2003.

« The Marc Rich Case : a Primer », Jessica Reaves, *Time*, 13 février 2001.

Table des matières

Secrets inavouables

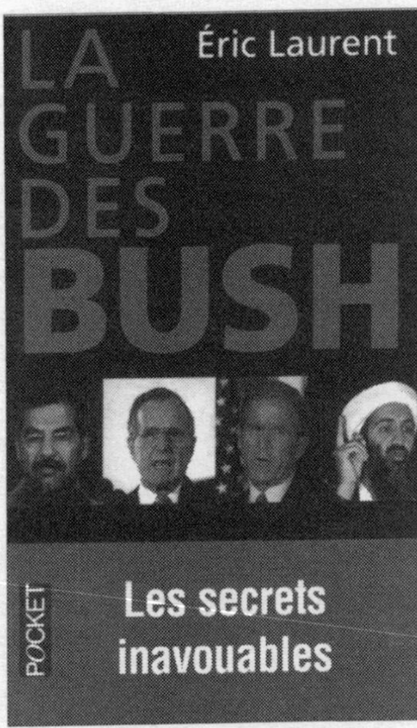

Éric Laurent
LA GUERRE DES BUSH
POCKET
Les secrets inavouables

(Pocket n° 12046)

Après les terribles attentats du 11 septembre 2001 qui ont plongé les États-Unis dans une guerre sans merci contre l'Irak, la lutte du « Bien contre le Mal » est engagée. Mais les liens tissés entre les deux pays ne datent pas d'hier. George Bush père avait en effet œuvré avec acharnement pour armer et financer Saddam Hussein. Douze ans plus tard, le fils veut en finir avec ce même Saddam Hussein, devenu un peu trop encombrant. Quels accords cachés unissaient donc les deux pays ?

Il y a toujours un Pocket à découvrir

Dans les coulisses du pouvoir

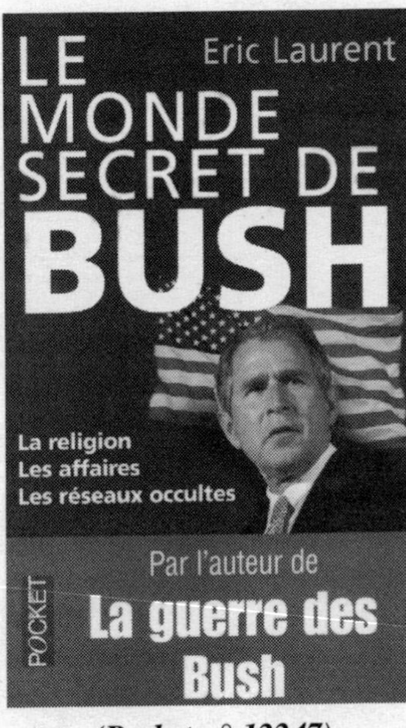

(Pocket n° 12247)

Bien qu'arrivé à la Maison Blanche au terme d'une élection controversée, jamais un président américain n'a détenu autant de pouvoir ni manifesté autant d'arrogance que George W. Bush. Sa trajectoire, cependant, reste entourée de secrets, marquée par des alliances troublantes et des manipulations financières inavouables. Qui gouverne réellement l'Amérique ? Des idéologues, des financiers, des fanatiques religieux ?

Composition et mise en page
NORD COMPO

Impression réalisée sur Presse Offset par

43750 – La Flèche (Sarthe), le 12-10-2007
Dépôt légal : mars 2007
Suite du premier tirage : octobre 2007

POCKET – 12, avenue d'Italie - 75627 Paris cedex 13

Imprimé en France